谨以此书献给我的太太李墨

创作本书占用了大量

本该陪伴你的时间

Eyes of Fortune

财富之眼

用经济思维看清世界

汤山老王◎著

See Through Logics
Behind The World

电子工业出版社·
Publishing House of Electronics Industry
北京·BEIJING

内 容 简 介

一切社会现象都是经济现象，我们只能赚到自己认知范围内的钱。我国社会主要矛盾已经转化为人民日益增长的美好生活需要和不平衡不充分的发展之间的矛盾，其中"不平衡不充分"很大程度上也表现在老百姓的认知水平上。要想看清周围发生的事情，做出正确的选择，就必须具备一定的经济思维，拥有一双"财富之眼"。

本书作者汤山老王，作为科班出身的一线金融从业人员，短短一年时间在全网获得数百万个粉丝，深知普通老百姓建立经济思维的痛点和障碍。本书通过货币思维、经济思维、趋势思维、投资思维四个部分，带领读者朋友由上至下梳理财富运行的逻辑，拆解社会现象背后的经济原理，观察中国经济未来的方向，探究投资方法论，从而帮助读者以经济的视角审视世界，找到自己的财富机会，早日实现"财富自由"。

图书在版编目（CIP）数据

财富之眼：用经济思维看清世界 / 汤山老王著. —北京：电子工业出版社，2022.11

ISBN 978-7-121-44390-9

Ⅰ. ①财… Ⅱ. ①汤… Ⅲ. ①经济学－通俗读物 Ⅳ. ①F0-49

中国版本图书馆 CIP 数据核字（2022）第 185849 号

责任编辑：林瑞和
印　　刷：天津千鹤文化传播有限公司
装　　订：天津千鹤文化传播有限公司
出版发行：电子工业出版社
　　　　　北京市海淀区万寿路 173 信箱　　邮编：100036
开　　本：880×1230　　1/32　　印张：13　　字数：312 千字
版　　次：2022 年 11 月第 1 版
印　　次：2024 年 11 月第 22 次印刷
定　　价：89.00 元

凡所购买电子工业出版社图书有缺损问题，请向购买书店调换。若书店售缺，请与本社发行部联系，联系及邮购电话：（010）88254888，88258888。

质量投诉请发邮件至 zlts@phei.com.cn，盗版侵权举报请发邮件至 dbqq@phei.com.cn。

本书咨询联系方式：（010）51260888-819，faq@phei.com.cn。

推荐序

中国经济的高速发展创造了很多致富机会，处于时代的风口之下，为何抓住机会先富起来的人总是少数？

我们常听说，"选择比努力更重要"。在多年的教学和职业生涯中，我发现所谓财富、地位的差距，除了少部分的运气使然，更多的是基于认知水平的差距。人的认知一旦被打开，思维惯性得以打破，我们就会看到一个更加透彻、真实的世界。

信息技术的发展使我们得以轻松触及海量的信息，但同时又非常容易迷失在信息的碎片中，流于浅薄，浮躁求快。再加上认知的局限，思维的禁锢，互联网算法的绑架，我们的视野变得狭隘，判断力和行动力受到影响，这就使得我们在吸收信息的时候，很难看清楚事件的底层逻辑。

汤山老王是为数不多的真正能用老百姓听得懂的语言，把发生在我们身边的经济事件的底层原理讲明白的，我想这是他的节目在短时间内得到数亿次播放的重要原因。他的这本《财富之眼：用经济思维看清世界》，就是从认知的激发这一角度，让老百姓都有机会洞悉经济、社会现象的奥秘与规律，是值得推荐的一本经济科普类读物。

思维是知识的养料，认知升级，远远不只是知识储备的增加，更是思维能力的提升。经济学并不是高居庙堂的，但经济知识的普及在中国仍是一条漫长的路。希望每个人都可以像本书的名字那样，拥有一双财富之眼，用经济思维看清世界。

谢平

经济学博士

中国人民银行金融研究所前所长

中央汇金首任总经理

2022 年秋

前　言

财富自由，先从认知方面做起

当你不是非常有钱的时候，不要急着去理财，因为你无财可理，也不要急着去创业，因为你的认知水平大概率和真正合格的创业者有很大的差距。

什么是认知水平差距？

都说高考是改变人生命运最公平有效的一种途径，于是很多人从小寒窗苦读，努力考上好大学，大学毕业后找份普通的工作。这样往往没有太多存款，但是上有老下有小，为了不让孩子落后，什么都给孩子用最好的，生活开支非常大，并且身上还背有巨额房贷。

我们从小信心十足，相信有一天通过自己的努力，能实现财富自由。但随着年龄日益增长，凑合活着，才是对生活最贴切的描述。我们疲于奔命，试图通过"追求"财富，实现财富自由。

但是真正实现财富自由的人，往往不会刻意去"追求"财富。因为他们弄懂了普通人百思不得其解的一个问题——财富究竟是如何分配的？

请牢记下面的一句话。

经济社会最基本的原则是交换原则：你所能获得的财富永远等于你为社会创造的总价值的其中一部分；而你为社会创造价值的多少，取决于你能否提高自己的"可复制性"！

普通人可能终其一生，都没能想明白这看似普通的一句话。而真正实现财富自由的人，却深谙其中的道理。

举个例子，同样是老师，有些人靠着工资，勉强成为"中产阶级"，而有些人，通过在互联网上销售自己的课程，搭着"知识付费"崛起的东风，取得了不菲的收入。前者满足的是数量有限的学习需求，是用时间在换取经济回报；而后者则是利用"可复制性"满足互联网上数量庞大的需求，实现了真正的"睡后收入"。

老板招聘员工为企业打工，实际上也是在提升自身的"可复制性"，建立自己的批量化解决方案。而被招聘的员工，往往就是对财富分配原则百思不得其解的普通人。

不要试图"追求"财富，而要"追求"快速为尽可能多的人创造价值，这样财富自然会反过来追求你。

己欲立而立人，己欲达而达人。

这是经济运行亘古不变的底层逻辑，也引出了普通人和财富自由的人最大的差距：认知水平的差距。我们中国人习惯叫它"战略眼光"，换句话说，战略懒惰比战术懒惰可怕一万倍。

你的贫穷往往不是因为你不努力。我们寒窗苦读，考上理想的大学，目的绝不仅仅是去学习知识，知识本身只是帮助你去认知这个世界如何运转的工具而已。

就像你读这本书，读的并不是知识本身，而是背后的逻辑。

知识本身并不完全等同于能力，这也是"读书无用论"者常常为自己辩护的理由，但是对逻辑的认知，会牢牢刻在你的意识深处，并且在不知不觉中影响着你的每一个决策。

我们赚不到认知范围以外的钱，就算凭运气赚到了，最后也会凭实力亏光。我们每个人都有认知的局限性。好在，只要我们认识到并且接受了这个局限性的事实，每个人都可以摆脱它的制约。

大道至简，看似高高在上的经济、金融学，背后都遵循着最简单的逻辑和规律，并没有那么复杂。

只是我们大多数人，常常被眼前看似复杂的表象蒙蔽。

再举个例子，大部分读者都在抱怨通货膨胀（简称"通胀"），那大家有没有想过通胀的本质？

大多数通胀源于货币超发，货币超发又是信贷扩张的结果。每一次的信贷扩张，本质上都是离银行"比较近的"企业或个人，从市场上低价买入原材料和金融资产（如房地产和股票），再以高价卖给离银行"比较远的"的实体（如小微实体企业和普通人）。

达到这个认知水平，读者朋友自然知道如何去应对信贷扩张和通胀，那就是在适当的时候通过一定程度的杠杆，让自己离银行这个货币出口"近一些"。

当下全球经济变幻莫测，老百姓最直观的感受就是：钱越来越难赚，财富的风险越来越高。随着中国经济进入新的阶段，理财环境发生了本质变化。

套用桥水基金创始人瑞·达利欧的一句话：接下来的时间，我们很可能会遇到我们一生中前所未有的事情，但这些事情，却在过去的五百年间反复发生。

即使我们可能会告别像中国过去四十年那样奇迹般的经济增速，但是普通人依然有机会实现财富自由！最大的机会，就藏在全球经济环境的转向和中国崛起之中。

中国特色社会主义进入新时代，我国社会主要矛盾已经转化为人民日益增长的美好生活需要和不平衡不充分的发展之间的矛盾。这里面的"不平衡不充分"当然也表现在普通人的认知水平上。这也是我写作本书的初衷所在。

要学会以一种战略的眼光，认知身边财经事物的本质，从而做出更加正确的决策。

本书不单单是一本财经科普读物，更是对财经逻辑思考和认知的激发。

是否能抓住新时代的机会，是建立在你的视野和认知基础上的。机会总是留给有准备的人，看得清大势是一切决策的前提。

最后，要特别感谢谢平教授、马蔚华博士和林传辉董事长等学术及行业前辈对本书的推荐。感谢电子工业出版社的林瑞和、高丽阳、李利健三位老师，以及参与本书文字和图表编撰工作的彭倩、牟昱东、张亚舟、李若凡、张梅、龚泓、周林娜、任沐霖。没有你们，就没有这本书的问世。

谨以此书与所有有梦想的读者共勉。由于我的水平有限，疏漏在所难免，请社会各界朋友批评指正。

汤山老王
2022 年 8 月
于加拿大汤山

目 录

目录

第 1 章

货币思维：
理解财富的起点

当代货币体系中的"钱"早已超出大家对"钱"这个概念的传统认知。它既是财富的一种载体，又和财富本身是两个完全不同的概念。

全球货币体系是当代经济秩序乃至社会秩序的重要组成部分，加之当代主流货币体系早已超出"经典"经济学范畴，在这种情况之下，理解货币的逻辑，是理解财富的起点。

第01讲
钱究竟是怎么被"印"出来的

自新冠肺炎疫情出现以来，发生了很多事情，相信大家最大的感觉就是，经济不是特别理想。不管从各种报道里听到的，还是切身感受到的，总之就是什么都不好做。大企业裁员，小厂子关闭，社会打工人的收入也很难说得到了满意的上涨，楼市也是不景气。大家可能会问，之前发了那么多货币，都跑哪里去了？感觉各行各业都缺钱。

大家之所以会有这种疑问，还是因为普遍存在一种误解：认为社会上的钱，总量不变，不是在你手里就是在我手里，有人亏了就一定有人赚了。而大多数人会有这样的误解，根本原因是没有搞清楚：我们靠努力和勤奋挣来的"钱"到底是如何被"印"出来的？

归纳来说，钱主要通过三种形式被"印"出来：

一是"印"钱，即各国中央银行（简称央行）印钞厂物理意义上"印刷"的货币；

二是"借"钱，银行借贷加杠杆创造的"派生货币"；

三是"造"钱，通过量化宽松政策"大放水"产生的货币。

"印"钱：央行印钞机的启动

"钱"作为市场交易的媒介，全球主要国家和地区大多由央行掌握货币发行权,掌管本国印钞机印"钱"的权力。

央行直接发行的货币也就是"基础货币",或者称为"始初货币",直观感受就是社会上流通的现金。由于央行本身是没有资产的,其印发的货币,在未来需要向公众兑换成社会商品和服务的"购买力",因此,货币发行本质上是央行对公众的"负债"。

以美国为例,1862年美国国会通过《法定货币法案》,开始发行"绿钞",并于1913年通过《联邦储备法案》,建立起了美国中央银行体系——联邦储备体系,在全国设立12个联邦储备区和12个联邦储备银行,这就是现在的"美联储"。

美联储负责发行由美国财政部"雕刻和印刷局"(Bureau of Engraving and Printing)统一印制的"联邦储备券"(Federal Reserve Note)作为法定货币,也就是美元。美联储发行的实物美元属于基础货币,此类货币主要承担商业银行存取、居民日常交易等流通职能,比如储户在银行取钱,银行需要随时能够提供实物货币兑付给储户。

肯定有人会疑惑,美元就是一张纸,为何美国政府不大量印刷,实现美国国家级的财富自由呢?为什么还要征税,惹得纳税者不高兴呢?

人和政府的行为,都不能脱离客观经济规律的制约,不然就会被经济规律"教做人"。货币本身是市场交易媒介,与市场商品和服务价值要维持一定比例,这种"比例"就是价格。如果美联储通过大量印钱来吸纳社会财富,美元就会超发贬值,造成物价普遍上涨,普通公众的实际财富就会减少,而货币发行方(即美国政府)的财富就会增加，这种经济现象也就是传说中的"铸币税"①。铸币税和其他税种并无本质区别，一旦过量征收，公众财富被洗劫，政府信用也将受损，甚至荡然无存，美元也将失去公信力变成"一张废纸"。

古今中外，此类事例不胜枚举。前有魏玛共和国的马克当"钱砖"搭积木，国民政府车拉金圆券买火柴；现有津巴布韦人均"亿万富豪"，委内瑞拉钱不如纸。货币发行者可以通过市场垄断权力从货币发行中获得利润，也就是铸币税，在货币超发（通胀）的情况下，普通民众"被征收"的铸币税将剧增。

钱虽是被"印"出来的，但本质是一种有公允价值的法定交易凭证。若掌握货币发行权的国家机器，为解决缺钱问题开足马力"印"钱，将不可避免地造成普通民众辛苦劳作才赚得的钱发生贬值。也正因此，包括美联储在内的各国中央银行及政府，也都尽力对发动印钞机印"钱"秉持权衡利弊、深思熟虑的审慎态度。

"借"钱："派生货币"的创造

由央行"印"发的初始货币，是"钱"的最初来源，但初始货币占整个经济体量的比重并不高，这是因为目前世界上大约97%的货币供给，都是通过商业银行体系"借贷"创造出来的，也就是经济学中

---

① 铸币税，亦称货币税，指发行货币的组织或国家的政府，享有货币发行面值减去发行成本后，换取实际经济资源的利益，从中攫取发行货币所产生的特定收益。这部分由货币发行主体垄断性地享受"通用货币面值超出生产成本"的收益，就被定义为铸币税。比如，一张100美元的钞票印刷成本也许不足1美元，政府支付1美元成本可购买"价值100美元"的商品。正常来说，政府的主要收入是税收，也因此这99美元差价就被形象地命名为"铸币税"。

所谓的"派生货币"。

"派生货币"是什么

货币的派生过程在本书第 08 讲"牵动市场心弦的货币政策"中有详细描述。举个例子，做生意的老王在美国 A 银行存了 100 美元纸币，银行存款准备金率为 20%。那么美国 A 银行可以将 80 美元放贷给老李，即划账到老李在 B 银行的账户。同样，B 银行又可以将其中 64 美元放贷给老刘，并划账到 C 银行老刘的账户。以此类推，最后，银行的存款货币量最多将会有 100×(1/0.2)=500 美元，其中 1/0.2 指的就是"货币乘数"[①]，新增的 400 美元存款就是商业银行借贷业务创造出来的"派生货币"。派生货币的创造渠道就是银行"存款-贷款"的循环，这 400 美元是没有对应的实物货币的，只存在于银行账户数字上。

政府颁发的金融牌照，赋予了银行创造贷款的权力。商业银行创造的"派生货币"，实质也是一种信用货币，一种连"纸"都不需要的货币。

通过"存款-贷款"的无限循环，商业银行创造出来的信用货币流通到实际的经济活动中，成了影响市场和经济的重要力量。比如，老王在银行贷款 100 万美元购买了一幢别墅，这 100 万美元就从存款变为贷款，进入日常经济的循环当中。房地产开发商收到这 100 万美元后，就可以用来购买原材料、支付工人工资或者给股东分红，从而

---

① 完整的货币乘数的计算公式是：$k=(R_c+1)/(R_d+R_e+R_c)$，其中 R_d、R_e、R_c 分别代表法定准备金率、超额准备金率和现金在存款中的比率。本例假设 R_c 为 0，R_d+R_e 之和为 20%。

投资更多房地产项目，建设更多的楼盘，进一步推动房地产市场发展……

理论上，只要"存款-贷款"无限循环，银行创造出来的"派生货币"规模就可以无限扩大。可见，信用是现代货币的基础，信用的规模有多大，货币的规模就可能有多大。

"派生货币"的水龙头在哪里

自新冠肺炎疫情暴发以来，全球通胀日益加剧，各国频繁出台货币政策，调整货币供应量，拉动经济增长。商业银行的"派生货币"规模及其货币流向，会受到央行货币政策和银行信贷经营的双重作用。因此，我们有必要简要了解货币是如何在中央银行和商业银行之间流转，并逐渐进入社会经济活动的。

大家首先应搞清楚两个概念，就是"宽货币"和"宽信用"。

"宽货币"是什么？央行降准、降息、逆回购等操作都叫宽货币。宽货币可以增加商业银行可支配的资金，扩大银行的信贷规模，增大社会上流通的货币量。注意，宽货币并不是我们传统意义上认为的"印钞"，"宽货币"只是增加了商业银行系统持有的货币量。

"宽信用"又怎么理解呢？宽信用实际上就是商业银行通过贷款等方式，更加积极地把央行通过宽货币获得的这些钱，真正注入社会。

换句话说，宽货币讲的是央行和商业银行的层面，宽信用讲的则是商业银行和实体经济的层面。要想把宽货币真正变为宽信用，那最直接的做法就是降低企业以及个人贷款的门槛。

商业银行通过央行宽货币得到了钱，为了取得一定的收益，不能让这些钱长时间停留在账户上，但同时商业银行也不敢随便把钱往外贷，需要控制风险。那么，在经济形势动荡、实体经济不稳的时期，银行贷款就只有两条出路：一条是贷给有政府信用背书的机构或企业，另一条就是贷给有完美实物抵押物的行业，如房地产。

货币发行的本质是债务的累积

继续来看老王贷款 100 万美元买别墅的例子。对银行来说，这笔贷款是资产；对于贷款买别墅的老王来说，这笔贷款是负债。

资产等于负债，二者实质上是一个事物的两个方面。

每当银行发放一笔贷款（假设是 50 万美元），那么在创造一笔货币的同时，也创造了一笔需要还本付息的债务。可见，货币的发行过程伴随着债务的累积。

在货币数字化的时代，存贷款都是银行账户上的一串数字。上述所谓的创造过程，也极其简单——银行只需要把"500 000"美元这个数字输入电脑，在银行账目上计为"贷款"即可。

这个创造过程中最大的受益方就是银行，因为银行可以收利息。当借款人偿还这笔贷款后，银行只需要将电脑中的"500 000"美元的数字删除，就像什么都没发生过。

这里用老王贷款买房来举例，是因为房地产市场已经是全球最大的"债务"货币蓄水池：银行认为房屋是最安全的抵押品，所以越来越多"新"的被创造出来的"钱"直接或间接流入房地产市场，使得房地产的体量越来越大。

这里应注意，我们不能简单地认为因为"宽货币"和"宽信用"造成货币超发，所以房价上涨。这是一种普遍的误解，因为两者不是简单的因果关系，而是一个相互增强的过程。

简单来说，就是房地产市场处于上行阶段，银行扩大信用借给客户买房，房地产相关的信贷行为凭空创造出来的货币流入经济社会，又进一步推高了房价，二者相互增强。只要这个相互增强的循环不被人为或者非人为的因素打断，那么所谓的楼市泡沫，就可能越吹越大。

现在，你明白为什么工资增速总是追不上房价增速了吧？

在某些时期，每个人都去银行贷款来支付他们本来付不起的东西。最后，总有人还不起贷款，或者无法承担更多的贷款——银行放慢贷款速度，违约增多，最终经济下行，甚至引起金融危机。

从这个角度来讲，经济周期实质上就是债务周期。这是历史规律，一遍又一遍地发生，直到 2008 年的金融危机。

在 2008 年美国次贷危机爆发之前，美国很多信用非常差的人都能在金融机构获得次级按揭贷款，用以支付他们本来承担不起的房产，这导致房地产市场盲目扩张，泡沫巨大。

随着美国住房市场的降温尤其是短期利率的提高，还款利率也大幅上升，购房者的还贷负担大为加重。同时，住房市场的持续降温也使购房者出售住房或者通过抵押住房再融资变得困难。这种局面直接导致大批借款人不能按期偿还贷款，银行收回房屋，却卖不到高价，大面积亏损，最终引发了次贷危机。

那时候美国各大银行资产规模巨大，环环相扣，当它们面临崩溃的时候，美国政府只能出手相救。因为商业银行体系以债务的形式创造了经济中大约 97% 的货币，如果这些"钱"不能被偿还，整个世界金融体系将会瘫痪。

所谓的货币超发，其实就等于整个社会债务的累积。我们要记得，所有的债务都是需要还的。而美国帮助企业偿还次贷危机的"钱"，也就是下文将要介绍的"量化宽松"产生的另一种钱。

"造"钱:"大放水"的量化宽松

2008 年金融危机引出了又一种货币创造方式——量化宽松。

量化宽松,指的是中央银行在实行零利率或近似零利率政策后,通过购买国债、企业债等中长期债券来增加基础货币供给,以向市场注入大量流动性资金的干预方式。简单地说,量化宽松就是央行各种"买买买",就好像央行在"间接印钱"。

量化宽松是对经济实体的一剂猛药,一般只有在利率等常规工具不再有效的情况下才会实施量化宽松。实际上,量化宽松正是日本为了应对经济泡沫在 20 世纪 80 年代发明的,只不过在 2008 年金融危机后被美国"发扬光大"。

量化宽松以极低的利率环境让债务的形成更加容易,这实质上是以长期的痛苦换取短期利益。

在次贷危机后,美国于 2008 年—2012 年进行了三轮量化宽松,释放了超过 4 万亿美元货币。2020 年新冠肺炎疫情暴发之后,美国更是开启无限量化宽松,累计释放超过 5 万亿美元基础货币,导致美国 M1 接近 21 万亿美元,通胀率屡创新高。

那么美联储通过量化宽松"造"出来的这些钱是怎样进入经济体系的呢?

一是直接在债券市场上买入政府和企业债券,典型案例是 2008 年—2012 年期间的量化宽松。虽然大多数民众对股票市场了解得更多一些,但其实美国债券市场是一个比股票市场体量大得多的市场。债券,实际上就是政府或者企业按照标准化流程和模式发行的欠条。理论上来说美联储是没有任何资产做基础的，但凭着新创造出来的这些"数字"货币，美联储购买了实实在在的企业资产（未来的现金流）和政府资产（未来纳税人的税收）。

二是以居民补贴方式直接向民众发钱，典型案例是新冠肺炎疫情期间的量化宽松。比如从 2020 年 3 月到 2021 年 3 月，美国一共进行了三轮量化宽松，财政刺激规模高达 4.8 万亿美元，如此天量的财政支出主要用于美国居民补贴。举例来说，如果一对年收入 10 万美元的夫妻同时失业，在补贴最低的密西西比州也能领到约 4 万美元，在补贴最高的马萨诸塞州甚至可领到 7 万美元，考虑到税收、交通等工作必要支出，领取补贴可能比正常工作一年到手的收入还要高。

那么"量化宽松"这种好事，谁受益？谁买单呢？

2008 年—2012 年的量化宽松，美联储以接近零利率的价格贷款给商业银行和对冲基金，间接把钱投入股市和债市，导致股票价格和公司利润上涨。本来就持有大量公司股权和不动产的富人成为最大受益者，与之相伴的是穷人相对更加贫穷。

而自 2020 年以来，美国量化宽松通过低利率贷款或者直接发钱的方式，全面进入股市、债市、一般消费市场和房地产市场，短期提振了经济和改善了居民生活，但恶果也随之而来。截至 2022 年 6 月末，美国房价连续两年上涨超过 30%，CPI 也上涨到 9.1%，美国国债规模超过 30 万亿美元，美国股市泡沫也开始破裂，普通民众的生活水平下降，资产更是受损。

同时，美国也正在通过"美元霸权"将这种危机转嫁到世界各国，让全世界为美国量化宽松买单。所以，量化宽松本质上是向未来借钱，是对未来信用的一种透支，是向美国中产和世界其他国家转移危机的方式。

历史上没有任何时候，人们的财富像现在这样严重被"钱"绑架。这是一个疯狂的时代，钱可以被凭空"印"出来、"借"出来、"造"出来，但是财富却不能。我们不得不直面现实，很多现代金融和经济的规则实际更有利于富人，许多人辛辛苦苦挣来的财富可能在悄无声息中流失。

第 02 讲
不能明说的"现代货币理论"

不知道大家有没有想过一个情景：在古代经常发生国库空虚的情况，统治者往往面临进退两难的局面，如果不悄悄多"印"点钱，或者在金银铜币里面掺杂"水分"，就会因为财政枯竭而政权崩溃。但如果无限度地超发货币，恶性通胀一定不可避免，政权最终还是走向崩溃。

但是为什么在今天，这个困扰了统治者上千年的艰难选择，好像销声匿迹了呢？

这就要从美联储在 2008 年金融危机之后，悄悄转向的"现代货币理论"（Modern Monetary Theory，MMT）说起了。

何为"现代货币理论"

从定义来说，"现代货币理论"是一种"非主流"的宏观经济学理论，但是对后世影响深远的"新"经济学理论，往往都是从"非主流"开始的，比如凯恩斯主义，初期并没有得到主流经济学家的认可，但后来几乎每个国家都离不开它，"现代货币理论"也是。

该理论认为现代货币体系实际上是一种政府信用货币体系，即主权国家的货币并不与任何商品和其他外币挂钩，只与未来税收和债务相对应。

我们以美联储为例来看主流经济学的观点：主流经济学主张美联储（中央银行）要和联邦政府（财政部）分离，美联储发行的货币不能直接给联邦政府花，否则就是明显的舞弊。

"正确"（主流经济学理论）的做法是：联邦政府（财政部）通过税收把这些钱吸纳回来，或者至少以未来的税收作为担保，发行国债来融资。有了收入才能有支出，量入以为出，这才合理。

而美联储应该是独立负责国家范围内的货币流通、发行的绝对主体，联邦政府理论上不应该也没有权力干涉美联储。但这只是"理论上"，现实情况是美联储的货币政策和联邦政府的财政政策难以完全互相独立。"现代货币理论"不能明说的原因就在这里。

"现代货币理论"认为，传统的货币理论所主张的美联储和财政部分离这种安排多此一举，应当将联邦政府和美联储实质上合二为一，先由联邦政府直接向美联储借钱，也就是美联储购买联邦政府债券[①]，然后由联邦政府主导把钱投放到市场来实现货币流通。

也就是说，美联储应当用新"印"出来的钱，直接买下联邦政府发行的债券，从而完成货币的发行和投放。这其实也是我们俗称的"财政赤字货币化"。

如果真是这样，联邦政府想花多少钱，就可以花多少，只要发国债给美联储就可以有源源不断的资金，只要通胀数据说得过去，财政赤字和债务压根没必要设上限。

但是不赚钱就有钱花，哪里有这么好的事？

还真有！这得先从日本说起，因为它是第一个真正实践这套理论

---

① 实际情况比这复杂，牵扯到商业银行，但最终的效果就是如此。

的主要经济体。

日本:"现代货币理论"的开创者

可以说 2008 年次贷危机之后,美国的货币政策就是在摸着石头过河,这个石头是谁呢?就是日本。因为日本在过去的三十年里验证了这个理论的可行性。

20 世纪末,日本泡沫经济破裂,债台高筑的日本政府急需向市场注入更多资金来维持经济稳定,钱从哪来?

病急乱投医,日本政府选择了实践"现代货币理论"。

2001 年至 2006 年,日本央行开始发动"印钞机",直接买下日本政府发行的国债,立即缓解了日本政府的财政压力。紧接着,在日本政府的主导下,超发的货币流入市场,企业获得了大量流动性后逐渐复苏,市场就业率逐渐企稳。日本政府达到了自己的短期目标:财政问题解决了,同时也完成了保就业的职责。

在日本看来,内债不是债,但这实际上是一个左手倒右手的把戏。

在"现代货币理论"体系之下,政府只需要维持就业率即可,至于债务的多少,并不是政府首先考虑的问题。

尝到甜头之后,日本政府对这个套路越用越顺手,只要经济低迷就发国债,"责令"日本央行去购买,拿到钱后的日本政府再去买市场不愿接手的绩差股和企业债,以延缓本应到来的资产泡沫破裂危机。二十多年后的今天,日本央行不仅是日本债券市场最大的债主,也成了日本股市最大的股东,大有买下全国的趋势。

但这恰恰是符合"现代货币理论"预期的,因为该理论认为,只有"大政府"才能够妥善协调社会资本运作,维持社会稳定。

比如，在经济疲软的时候主动扩大财政赤字来扩大就业率、盘活经济；在经济过热的阶段增加税收，来实现财政盈余并抑制通胀。

"现代货币理论"也完美印证了蒙代尔不可能三角理论（一个国家在汇率稳定、资本自由流动和货币政策独立这三点中，只能同时做到两点，本书第 04 讲"什么决定了货币的价值"中有介绍）。很明显，在"现代货币理论"体系之下，该国放弃了货币政策独立性，因为一定要确保中央银行被政府控制，货币政策要服务于财政政策。

日本通过舍弃货币政策的独立性，换来了日元汇率的稳定和日元的自由流通，这是日元国际化的保障，更是日元成为国际重要避险货币的根本原因之一。

美国：将"现代货币理论"发扬光大

美国是全世界最大的单一债务主体，根据美国财政部 2022 年 2 月 1 日公布的数据，美国国债首次突破 30 万亿美元大关，而 2021 年美国 GDP 总量为 23 万亿美元，即美国国债占 GDP 高达 130%。而 2007 年 12 月，即 2008 年金融危机前夕，美国国债总额为 9.2 万亿美元。

根据美国财政部的数据，持有美国政府债务的投资者，从投资者性质角度，可以划分为美国公众、美联储、各类退休和社保基金、美国国防部、外国政府等五大类；从投资者国别角度，可以划分为本国投资者和其他国家投资者两大类，其中其他国家投资者包括他国的货币当局（如中国的中国人民银行），以及他国的各类投资机构。

如图 2-1 所示，美债的外国持有者主要有日本、中国、英国、爱尔兰等国家。美元是国际上最具信用的资产，世界各国持有美元本身就是一个给自身增加信用的重要举措。

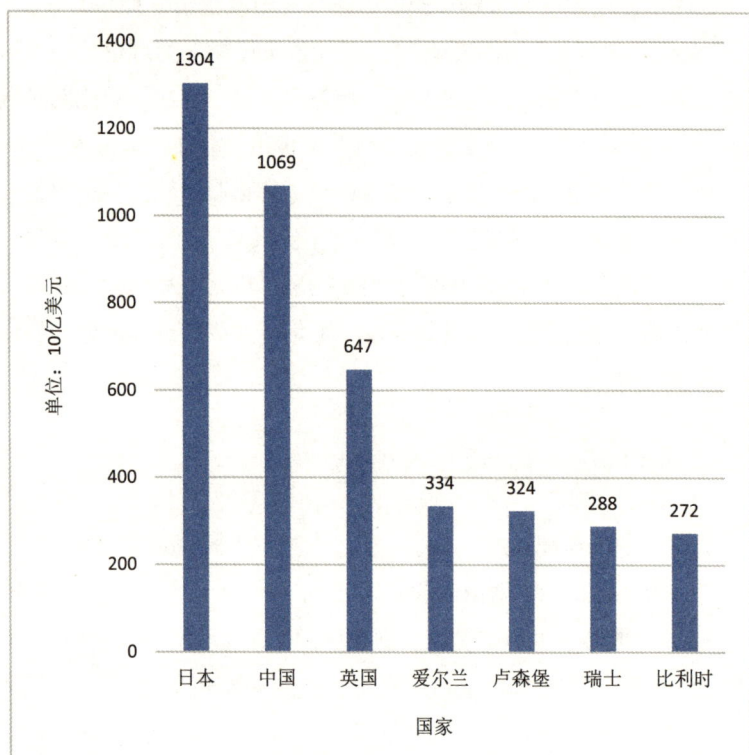

图 2-1　2022 年 1 月美债的主要外国持有者

数据来源：美联储官网

持有美债规模仅次于其他国家投资者的机构主体，就是美联储，截至 2022 年 1 月，美联储持有美国国债总量高达 5.7 万亿美元[①]。这

[①] 美联储持有美国国债的数据来自美联储官网，美联储每天都会对诸如美联储资产负债表的数据进行统计与更新。

实质上不就是美联储把新"印"出来的钱直接给联邦政府用吗?

2008 年次贷危机以前,美联储持有的美国国债与美国政府债务总和之比均不超过 10%,最低的时候甚至不足 5%。但从次贷危机之后,美国政府不负责任地拼命借债,而美联储又不断地购入国债,为美国政府的财政赤字买单,美国政府债务货币化的比例越来越高。

特别是自从 2020 年 3 月以来,因为美国深陷新冠肺炎疫情泥潭,美国政府以接近于 0 的利率,无限量向美联储发行国债,无底线地将债务货币化。截至 2022 年 1 月,美联储所持有的国债在美国政府的国债持有量中的比例已超过 40%[①]。

虽然美国政府很乐意接受"现代货币理论",但是这个理论最大缺陷就是政府债务产生的利息会越滚越多。所以美国政府作为最大的利息负担者,自然更倾向于美联储维持低利率甚至负利率,否则高利率下的利息支出都将难以负担。

单单新冠肺炎疫情刚暴发的 2020 年,全球各国央行累积降息就超过 200 次。虽然期间几次试图开启加息周期,但是明显一浪弱于一浪,每一次加息的最高点都不超过前期,甚至有些国家已经变成负利率。就拿美国来说,在联邦政府的"要求"之下,美联储实际上已经永久性失去持续大规模加息的能力了。

2022 年 2 月 1 日,美国国债首次突破 30 万亿美元大关,创下历史新高。如此高昂的本金,利率每增加一个基点,美国政府增加支出的利息都是天文数字。以美国为代表的西方国家,债务已经飙升到了

---

① 数据来源:圣路易斯美联储(Federal Reserve Bank of ST.Louis)官方数据以及美国著名财经资讯网站 The Balance 对于过去近 100 年美国政府的负债进行总结的报道。

难以控制的水平，除了实践"现代货币理论"以外，别无他法。

英国自 2020 年起，持续加大英国央行直接购买国债的力度，日本也在同年取消了央行购买国债的最高限度。英国、日本等世界主要经济体的央行虽然没有提出"现代货币理论"的政策指引，但本质上，都是在用实际行动实践"现代货币理论"。

资金出海：一种毫无压力的花钱方式

除此之外，践行"现代货币理论"的美国，或许还有一个更大的如意算盘，而且我们依然可以从日本经济历史中找到答案。

日本的经济泡沫破裂后，其国内消费力一直疲软，但是国力依然坚挺，奥秘就在于资本出海。除美元外，日元也是全球最主要的避险货币之一，同时也通常作为其他各国主要的货币储备之一。因此，日本可以依靠"现代货币理论"以及其稳定的币值，用凭空"印"出来的日元发力海外投资。

截至 2021 年底，日本海外净资产达到创纪录的 411.2 万亿日元，连续 31 年保持全球最大净债权国的地位[①]。

2021 年日本的 GDP 总量达到 542 万亿日元，日元的海外净资产规模占 GDP 的 76%，相当于日本的海外资产创造了四分之三个日本的 GDP。可以说，海外的丰厚战果补充了日本国内疲软的经济。

根据这个结果反推美国的未来，美国资本在美国国内低利率的推动下，未来可能会大肆出海寻求价值洼地，最终通过这样的方式给美国国内经济输血。

---

① 数据来源：日本经济新闻 2022 年 5 月 27 日报道。

而这样的新型"收割"方式甚至比运用加息周期收割来得更有效，因为加息周期本质上是一种"伤敌一千，自损八百"的策略。但是，国内"印"钞国外花就完全不同了，这是一种主动并且可以精准定向"收割"的武器，因为这些钱去哪儿、买什么资产、怎么构建基于美元的攻守同盟、何时统一退出，都是可以明确计划出来的。

所以，加息周期如果是大范围自杀式炸弹的话，"印钞出海"就是更先进的精确制导导弹。

美国政府大手大脚花钱，短期来看买单者是美联储，是美国老百姓，但实际上，最终为他们买单的，还是全球其他国家。

"现代货币理论"将走向何方

本质上，"现代货币理论"的实践是 21 世纪全球经济陷入停滞，各国财政赤字飙涨的必然产物，也是货币发展进程的倒退——美联储沦为联邦政府的"代理人"。

天下并没有免费的午餐，任何形式的"金融创新"，暗地里都标好了价格，总有人最终为此买单。短期来说，全球主要经济体践行"现代货币理论"，确实能有效解决财政赤字问题，延缓危机到来，不过那仅仅是因为欧美国家货币体系长期以来积累的信誉。

但是这种信誉，正在被"现代货币理论"的操作所不断侵蚀。

经济发展并不是生硬地重演历史，"现代货币理论"早已经超出了大部分人的思维定式。在西方国家依次开始践行"现代货币理论"的环境之下，以美联储为代表的一众西方中央银行，可以说是当今世界上最庞大的财富掠夺机构。

　　我们千万不能照搬历史，否则就会掉入认知陷阱。没有什么是简单的重复，加息不是，通胀也不是。

　　幸运的是，大道至简，局势也许纷繁复杂，但是无数碎片化的信息背后，始终有一个简单的脉络，如果可以敏锐地抓住，并且把它作为自己投资决策的指南针，无疑会让你在实现财富自由的道路上抢占先机。日拱一卒无有尽，功不唐捐终入海，短线波动我们不可能全都把握住，政策性的影响来来去去，但大趋势的脉络是非常清晰的，选对方向然后坚守，这样才能收获厚积薄发的投资快乐。

第03讲
像"内行人"一样看懂货币供应量的门道

　　货币供应量是各国中央银行编制和公布的主要经济统计指标之一，是影响经济运行的一个重要因素。一定程度上，货币供应量还可作为我们进行投资的参考依据，不管是买房，还是投资股票、基金或者其他金融产品，都有必要把货币供应量及其主要指标搞明白。

　　货币供应量指某一时点流通中的现金量和存款量之和。货币供应量按照货币流动性强弱可划分为不同的层次，即 M0、M1、M2、M3、M4 等。M 是 Money 的首字母，数字代表不同流动性，数字越大流动性越差。M0 到 M4 的关系类似于俄罗斯套娃，涵盖的货币范围逐级增大。其中，M0、M1、M2 是三个核心指标。

M0、M1 和 M2

　　M0：即"基础货币量"，指的是银行体系以外流通中的现金，包括居民手持现金和单位库存现金之和。其中"单位"指银行体系以外的企业、事业单位、部队等。M0 是原始的货币供应量，也是货币家族里流动性最强的代表。

　　M1：被称为"狭义货币"，包括流通中的现金（M0）+单位活期存款，由于随时可支取，因此可反映经济中的现实购买力。若货币供应结构中 M1 的占比较高，则表明实体经济的交易和投资较为活跃，有利于促进实体经济发展。

M2：被称为"广义货币"，是指 M1+各类存款（包括：个人储蓄存款、单位定期存款、其他存款等），是所有现金、活期存款、定期存款的总和，可反映经济中的潜在购买力。M2 是货币供应量指标中最为重要也最受关注的对象。

在经济活动之中，M0、M1、M2 的货币规模是在不断调整和转化的。举例来说，当我们每天获得经济收入时有两种安排：一种安排是"今朝有酒今朝醉"型，把绝大部分甚至全部收入都立即消费掉；另一种安排是"未雨绸缪"型，花一小部分，存一大部分。那么，这两种不同的消费理念就会对 M1 和 M2 的规模产生影响。

"今朝有酒今朝醉"型使得 M1 增速很快，"未雨绸缪"型会使 M2 增速很快。放眼整个经济社会，如果一段时间内人们对经济形势乐观，消费和投资就会活跃，那么 M1 增速便会更快；反之，人们对经济形势悲观，就不敢去消费和投资，那么 M2 增速便会加快。

由此可见，当下的经济形势以及对经济的预期，可以在 M1 和 M2 的变化趋势上体现出来。

"内行人"获取货币供应量指标的方法

货币供应量作为重要的宏观经济数据，各国央行一般都会定期发布，如美联储在每个周四公布，而中国央行定期公布月度数据。中国的货币供应量数据涵盖在"金融统计数据报告"中，每月 15 日左右公布前一月度的数据，在中国人民银行官方网站可查阅。

包含货币供应量在内的金融统计数据比较重要，其受到投资市场广泛关注的原因有二：一是金融统计数据受统计手段、统计方法的干扰较少，相对较为客观、准确；二是金融统计数据往往是宏观经济的领先指标。

从逻辑上来讲，"兵马未动，粮草先行"，要拉动实体经济，必须"钱"先到位，重大项目有了配套融资才能上马，才能促进经济增长。从实际经验来看，货币供应量等金融数据变动，往往可领先经济变化一两个季度。

在运用这一指标的时候，有一点需要注意，那就是在春节期间，由于工资奖金支付的需要，企业的活期存款会大幅转向居民储蓄存款。如果春节时间错位，则会对 M1 同比读数产生较大的扰动。为了消除这种干扰，我们一般会对每年 1 月和 2 月的 M1 余额数据做平均处理。

如果我们充分了解货币供应量指标，能够捕捉和解读 M1、M2 等指标变化的信号，就能发现货币供应量指标的变化之中蕴含了许多重要的经济信息，成为会"看门道"的宏观经济分析"内行人"。

当然，这些只是货币供应量的基础知识，我们还需要了解货币供应量相关的常用指标工具，包括：M1-M2 同比增速差（俗称"剪刀差"）、M2-GDP 同比增速差以及社融-M2 同步增速差。此外还需要了解，在现实中，应该如何利用这些指标来辅助宏观经济分析和投资决策。

"剪刀差"：宏观经济预期的"镜子"

M1-M2 同比增速差，俗称"剪刀差"，是将 M1、M2 的同比增长率进行比对，是货币供应量最常用的指标，一般与 GDP 增速成正比，是宏观经济形势研判、股市投资决策的重要参考之一。注意，我们不能把"剪刀差"当作一个静态的指标去看待，一个时期内"剪刀差"的变化趋势更能说明问题，趋势永远比静态指标更为有用。

一般来说，"剪刀差"与宏观经济预期正相关。如果企业对经济增长前景乐观，准备扩大库存或资本开支，企业会选择将存款活期化，以随时应对活跃的交易和投资。此时，企业账户的活期存款占比会相对提高，M1 的增速大于 M2 的增速，"剪刀差"走阔，预示着经济形势向好。反之，如果企业对未来预期谨慎，对增长前景悲观，企业会倾向于控制生产和减少投资，将存款定期化或购买低风险金融产品，此时 M1 会向 M2 转化，"剪刀差"就会收窄，预示着经济运行回落。

由此可见，"M1-M2 同比增速差"这一指标理论上确实可被用于分析和判断企业对未来的预期以及经济景气程度。

以中国人民银行发布的 2022 年 6 月末金融统计数据为例，如图 3-1 所示，该月广义货币（M2）同比增长 11.4%（上月为 11.1%），狭义货币（M1）同比增长 5.8%（上月为 4.6%），M1 增速仍然明显低于 M2 增速。虽然"剪刀差"有改善趋势（6 月为–5.6%，5 月为–6.5%），但当前实体经济活跃度依然不足，后期经济想要修复至常态增长水平还有一段路要走。

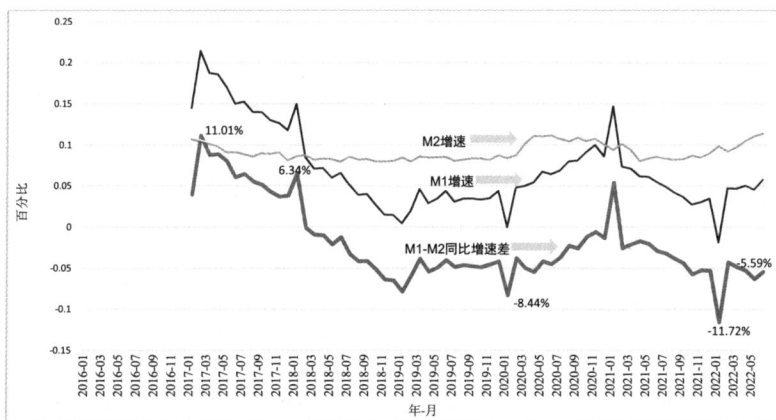

图 3-1　M1 增速、M2 增速及 M1-M2 同比增速差

数据来源：中国人民银行

"剪刀差"：与牛市和熊市的相生相伴

一直以来，投资界和学术界均认同：M1 与 M2 的增速会对股市产生影响。我们可以观察一下 21 世纪以来 M1 增速与 M2 增速差值的走势，并将其与上证指数的走势进行对比。如图 3-2 所示，M1 增速与 M2 增速的差值与上证指数呈现出较明显的正相关关系，也就是"剪刀差"扩大往往伴随着股市的上涨，相反，"剪刀差"缩小一般伴随着股市的下行。

这是巧合吗？我们回忆一下前文所讲的 M1、M2 的范围，以及二者之间的关系。

前面说到，M1 主要包括"流通中的现金+企业活期存款"等。一定时期内，社会上流通中的现金总量比较稳定。由 M1 的构成可知，M1 的增长主要来源于企业活期存款的增长。也就是说，该时期内企业手里的"活钱"（比如销售回款、定期转活期等资金）比较多，企业这部分资金通常倾向于在短期内支出，比如短期投资或为员工发奖金等。

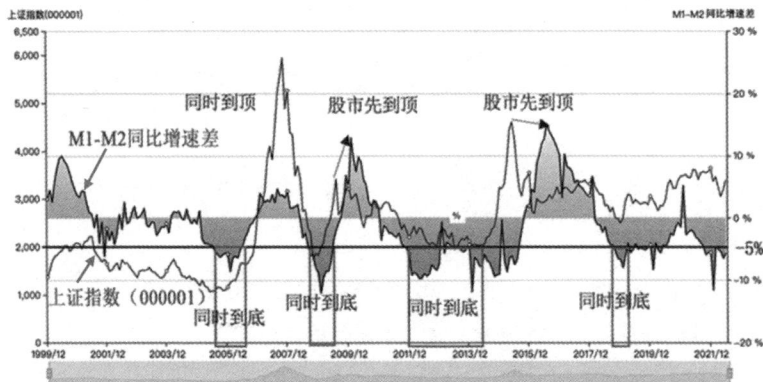

图 3-2　M1-M2 同比增速差与上证指数历史走势图

　　总之，如果 M1 的增速快于 M2 的增速，就表明存在定期存款活期化的现象，当大量的资金转化为活跃的 M1 后，一定程度上会对股市的资金供给产生积极的影响。相反，当企业投资意愿较低时，往往会把钱从活期账户转移到定期账户，而定期存款不是包含在 M1 中的，而是包含在 M2 中的，此时"剪刀差"缩小（M1 增速减小，M2 增速增大），股市增量资金受到限制，对股市也将产生消极影响。

　　根据上述分析，我们了解到"剪刀差"与股市存在正相关性，具有"同涨同跌"的特点。那么，如何利用"剪刀差"来指导我们的投资呢？

　　根据图 3-2 所示的历史数据：2005 年 12 月到 2021 年 12 月这 16 年期间，历次牛市的起点，均与剪刀差最低峰相重合。

第一次牛市：股市与"剪刀差"同时到达低点和高点。

第二次牛市：股市和"剪刀差"基本同时到达低点，但股市先一步冲向高点。

第三次牛市：股市和"剪刀差"同步在低位波动，但股市先一步冲向高点。

对上述历史数据的观察可以得到结论：

（1）M1、M2与股市相关性较高，可作为股市判断的参考依据；

（2）"剪刀差"并不能预测股市最高点的发生时间；

（3）"剪刀差"到底之后，股市也基本到底。

虽然我们无法得知"剪刀差"何时到达底部，但根据历史数据的表现，一旦"剪刀差"低于–5%或–10%（如图3-2所示的"同时到底"），就说明此时市场流动性已经接近停滞，股市也基本触底。

M2-GDP 同比增速差：更"真实"的通胀率

M2-GDP 同比增速差，即"M2 增速减去 GDP 增速"，可通俗理解为"印钞机的速度比经济增长的速度快多少"。当 M2 增速超过 GDP 增速时，也即货币量增长速度超出财富增长速度，在很多情境下，"M2 增速减去 GDP 增速"的值常常被当作"真实通胀率"。

以中国 2022 年一季度金融统计数据为例[①]，第一季度国内生产总值（GDP）同比增长 4.8%，3 月末广义货币（M2）同比增长 9.7%，居民消费价格指数（CPI）同比上涨 1.1%，那么一季度"真实通胀率"

---

① 数据来源：《2022 年第一季度中国货币政策执行报告》，中国人民银行官方网站。

约为 4.9%，远高于居民消费价格指数（CPI）同比上涨的 1.1%。

根据中国国家统计局的公开数据，2000 年—2020 年的二十年间，M2-GDP 同比增速差的累计值为 241.81%，折算成年化增长为 6.3%。

也就是说，如果你的钱在年初没有做任何投资，那么在年底的时候，你的钱就贬值了 6.3%；假如你的钱在年初拿去银行买理财产品，并且年回报率为 5%，那么在年底的时候你的资产仍会缩水 1.3%；假如你在年初拿钱进行股票投资，并且亏损了 4%，那么你在年底，实际亏损的可不止 4%，加上通胀带来的影响，你亏损的可能就是 4%+6.3%，即 10.3%。

因此，相较于 CPI 指数计算出的偏低的通胀率，"M2 增速减去 GDP 增速"计算出的通胀率可能会让大家觉得更贴近现实。因为，它不只反映了现金的贬值速度，同时也为我们的投资设定了一条及格线。

所以，我们在投资中不妨将 M2 增速与 GDP 增速的差值设为通胀率，简单来说，就是当我们的投资理财实现年化 6.3%以上的收益时，就视为跑赢通胀。

社融-M2 同比增速差：对经济景气度的判断

用一句老话来讲，社会融资规模（简称"社融"，是指一定时期整个社会从金融体系获得的资金总额）和 M2 是同一枚硬币的两面。两者既相似，又有不同。

其中，"社融"代表的是所有金融机构表内表外业务创造出来的总资产；"M2"的主体是银行存款负债，银行的负债与资产相伴共生，存款负债实际是由银行各类资产所派生的。换种说法，"社融"代表

"银行+非银机构+表外业务"的资产端，M2 代表"银行"的资产端。两者之差，最简单的表达就是"非银机构+表外业务"的资产扩张情况。

当社融增速与 M2 增速的差值走阔，非银机构资产规模扩张时，说明实体融资需求较强，银行体系融资渠道已不能完全满足融资需求，需要依靠非银机构等渠道支持未被满足的融资需求。一般来说，银行无法满足融资需求的行业都包括哪些呢？

常规来说，主要是一些根据监管部门的规定有明确融资限制的行业，这些行业需借助非标①或通道业务②来支持融资，例如房地产、城投基建和"两高一剩"等行业，而这些行业也正是中国经济周期波动的主要推手。因此，当社融-M2 同比增速差走阔时，往往说明经济景气度较好，反之则表示经济有下行的趋势。

让我们依旧采用中国 2022 年 6 月末的金融统计数据进行分析实践。6 月末，社会融资规模同比增长 10.8%，广义货币（M2）同比增长 11.4%，社融-M2 同比增速差为–0.6%（10.8%–11.4%），为负值。上述数据可反映出两方面信息：一方面社融强劲反弹，实体经济融资需求有所好转；另一方面，社融-M2 同比增速差继续保持负值，可以

---

① "非标"指非标准化债务融资工具，指未在银行间市场及证券交易所市场交易的债权性资产，包括但不限于信贷资产、信托贷款、委托债权、承兑汇票、信用证、应收账款、各类受（收）益权、带回购条款的股权性融资等。

② "通道业务"指券商向银行发行资管产品吸纳银行资金，再用于购买银行票据，帮助银行取现完成信托贷款，并将相关资产转移到表外。在这个过程中，券商向银行提供通道，收取一定的过桥费用。通道业务的主要形态曾经是银信（银行与信托机构）合作，因为银监会的叫停，银行转而与证券公司开展银证合作。

理解为虽然实体融资需求有所反弹，但仍旧较弱，经济活力需要缓慢修复。

总之，央行能够通过 M0、M1、M2 了解"货币去哪儿了"，掌握社会中流通货币量的多少，从而调整货币政策，比如利率、存款准备金率等，以保持经济合理增长、物价基本稳定。对我们普通老百姓来说，学习和理解货币供应量的基本常识和运用方式，也将更好地指导家庭和个人资产配置。

第 04 讲
什么决定了货币的价值

你可能会对这个标题产生疑惑，货币还有啥价值？难道货币的价值不是纸币上标注的数字吗？

为了解答这个问题，我们先来看两组数据的对比：在美国，20世纪初，1 美元可以买一双漆皮皮鞋，到了 2010 年，1 美元只能在麦当劳买一小杯咖啡；1935 年，民国开始发行法币，发行之初用 100 法币可以购买两头牛，到 1948 年，100 法币就只能买四粒大米了。货币的价值，本质上体现为其能够兑换成商品数量的多寡，同样的 1 美元、100 法币，在不同的时间可以买到的商品的价值却截然不同。

再说一个小故事。2007 年，一个美国人带着 50 万美元来到中国，那时美元兑人民币的汇率是 1∶7.8，他兑换到 390 万元人民币，在中国旅游了 2 年，花了 50 万元人民币。到了 2009 年，这个美国人以 1∶6.8 的汇率将手上剩余的 340 万人民币换回 50 万美元，回到了美国。这个故事说明货币的价值一直在发生变化，货币价值的变化实际上受到了各国汇率的影响。

哪种货币更"值钱"：汇率

汇率始于国际贸易。商业个体进行商品、劳务和技术的互换时，这些互换便与货币交易产生了联系。汇率指的是一国货币与另一国货币的比率或比价，直白地说，就是用一国货币表示的另一国货币的价格。

在金本位时代，各国按照各自货币的含金量直接换算，童叟无欺。无锚货币时代，没有可比较的参照物，汇率就成了各个国家的贸易厂商博弈后的结果。

在一个主权国家构成的国际经济体系中，各国都有自己的法定货币，各种汇率制度互有不同，只要相互有贸易关系，汇率就会对其他国家造成影响。一国经济体量越大，溢出影响越大。他们要进行贸易和金融合作，要解决的就是不同货币之间的比价问题，也就是确定"汇率"。

想象现在有一个 A 国，因科技领先，创造的产品种类非常丰富。而 B 国，因科技落后，创造的产品种类比较匮乏，但是 B 国人民对 A 国的产品又有刚性需求。那么 B 国便会甘愿用更多的其他产品或生产资料去换取 A 国的货币，从而用来购买 A 国的产品，也因此，A 国的货币就具有更高的市场溢价。后来 B 国奋发向上，不断提升科技水平。在科技方面有了大幅提升后，B 国原先对 A 国产品的刚性需求便会下降，于是 B 国的货币就会面临升值的预期。

马克思主义政治经济学的理论告诉我们："货币是作为一般等价物的特殊商品。" A 国和 B 国的货币实际上就是 A 国和 B 国的两种商品，是商品就都要遵循商品的一般规律，其价格就会受到供需关系的影响。如果以 A、B 两国的贸易为例，A 国货币兑 B 国货币的汇率，本质上就是两国商品的供需关系。

按照这个思路，我们就能够理解 2022 年俄乌冲突中卢布汇率变化的逻辑了。

俄乌冲突中卢布为何逆势上涨

处于军事冲突中的俄罗斯，2022 年第一季度的 GDP 数据同比增长 3.5%，前 4 个月的财政盈余超过 9580 亿美元[1]，是上年同期的 3 倍多，负债水平也远低于其他国家。卢布汇率的变化更是让人只猜到了开头，却没猜到结尾：俄乌冲突开始后，卢布经历了预料之中的短暂暴跌，2022 年 3 月 7 日对美元汇率跌至最低点，卢布兑美元汇率为 139∶1，1 卢布的价值连 1 美分都不到。但是到 5 月 25 日，卢布兑美元汇率升至 56∶1，两个多月的时间里涨幅超过一倍。

基于本节内容的主题——货币价值，我们不禁要去探索，卢布在俄乌冲突中为什么不跌反升了呢？

事实上，俄罗斯央行采取的一系列措施，支撑了卢布的上涨。在美国宣布冻结俄罗斯央行的外汇储备后，俄央行开启加息，将利率从 9.5% 上调至 20%，这就大大提升了储户存钱的意愿，也防止了银行出现挤兑，保持了俄罗斯银行体系的正常运转。此外，俄罗斯还实施了资本管制：要求原本以外币赚取收益的出口商（主要是石油和天然气的出口商）将 80% 的收益兑换成卢布。同时，限制外国投资者在资本市场出售股票或卢布债券。目的就是为了避免俄罗斯国内资本的转移，稳定国内的资产价值，进而让市场对卢布的需求保持强劲。

---

[1] 俄罗斯 2022 年第一季度的 GDP 增长与 2021 年同期超过 5% 相比有所下降，但因为全球油价和能源价格的飙升，俄罗斯的财政盈余在 2022 年前 4 个月翻了 3 倍，达到了创下历史记录的 9580 亿美元，数据来源于彭博社及路透社。

除了加息和资本管制，"卢布结算令"的签署要求俄方向"不友好"国家和地区供应天然气时改用卢布结算。货币是需要有锚定物的，锚定物所代表的实际上是兑换商品的能力，即话语权。正如布雷顿森林体系解体后美元和石油绑定，美元才得以稳住世界货币的地位，俄罗斯宣布购买天然气必须用卢布结算，相当于将天然气作为了卢布的锚定物。

"卢布结算令"的背后是俄罗斯强大的能源优势。俄罗斯不仅是能源大国，其拥有超过 1700 万平方千米的国土面积和丰富的自然资源，几乎可以称得上是"全要素资源大国"。

在俄罗斯这片超大规模的土地上：森林资源占世界的 20%，天然气已探明储量世界排名第一，石油产量约占世界的 10%，煤炭资源世界排名第二，重要的金属矿产中，俄罗斯出口了全世界 49% 的镍、42% 的钯、26% 的铝、13% 的铂……可以说欧洲对俄罗斯能源有着巨大的依赖，欧洲每年消费约 5000 亿立方米天然气，俄罗斯供应的天然气在其中的占比高达 48%[①]，芬兰和保加利亚所需要的天然气更是 100% 来自俄罗斯。

除了天然气，欧洲对俄罗斯的石油和煤炭也有很大的依赖，2020年欧盟进口的石油和硬煤，俄罗斯供应占比分别是 26% 和 53%。对于欧洲来说，即使是对俄罗斯实施诸如能源脱钩、削减天然气进口量等制裁，短期内也无法摆脱对俄罗斯能源的依赖。

在军事冲突和经济制裁的刺激下，俄罗斯的能源价格猛涨，这大

---

① 根据 Forcast International 专栏记者 Joakim Kasper Oestergaard 报道，2021年上半年欧洲天然气总消费量为 2260 亿立方米，相较于 2020 年同期上涨 10%，其中约 48% 的天然气进口于俄罗斯。

大增加了市场对卢布的需求量。俄罗斯丰富的资源，是许多国家所依赖的，也是其面对欧美国家制裁的底气。

俄罗斯是世界上最强大的资源国之一，卢布又是俄罗斯商品的一般等价物，这就是卢布坚挺的基础。未来随着欧洲对俄罗斯能源依赖局势变化或其他形势的发展，卢布在俄乌冲突中的走势也许会发生变化，但货币汇率变动的底层逻辑将长久稳定。

货币的价值取决于它能买到什么

现代社会，在人们的惯性认知下，用纸币交易成了一件习以为常的事情，很少有人去探究为什么纸币是有价值的。货币的出现为的就是使不同的商品可以按照一定的比例相互交换。

因此，纸币只不过是承载货币价值的外在形式，印出来的"纸"本身并没有价值。随着交易方式的不断更新迭代，在数字货币逐渐取代纸币后，人们数字钱包里显示的数字也没有任何价值。

再来回顾本讲开头的几个例子，货币价值的本质体现在其能够兑换成商品数量的多寡——货币的价值真正在于它所代表的购买力。

相信读者朋友们都能明白一个简单而又朴素的道理：能兑换商品的货币才有用，买不到商品的货币和废纸没什么两样。

我们之所以认为拿钱就能买到商品，实际上是商品的价值在支撑着货币的价值，换句话说，货币是商品价值的标准化计量方式。

货币的购买力需要有两样东西来维持和保障：一是发行货币的国家的信用，二是货币需要有等价值的实物做背书，也就是锚定某种高价值品。

美元得以维持世界货币体系的中心地位就有赖于美国的国家信

用，和美国的经济实力，跟它选择锚定黄金、石油等高价值物也息息相关。在俄乌冲突中，俄罗斯虽然遭到一些国家的经济制裁，但"卢布结算令"签署后，在俄罗斯天然气储备的支持下，卢布却逆势上涨。

在 17 世纪荷兰的"郁金香泡沫"中，一个稀有的郁金香球茎可换一栋别墅，但郁金香本身并不具备如此高的价值，这只是追求财富的一场狂热投机，泡沫注定是会破掉的。

货币的价值体现在人们使用货币时可以获得想要的物品。正如一个饥饿的人急需一个汉堡充饥、一个处在冰天雪地中的人需要一件羽绒服御寒，持有货币就能够换取汉堡、羽绒服。毕竟货币本身不能吃，也不能御寒，人们获取货币实际上是为了获取货币本身的购买力。无论这种货币是石头、贝壳、贵金属还是纸张，抑或是数字钱包里的数字，都是如此。

币值的稳定取决于国际收支状态

在国际贸易中，如果一国出口贸易总额大于进口贸易总额，也就是形成了国际收支顺差，其他国家用外币兑换该国货币的需求增加。这个时候就意味着该国外币的供给超出了外币的需求，流入该国的外汇增多，就会产生外币贬值的预期和该国货币升值的预期，该国货币汇率就会上升。

相反，如果一国出口贸易总额小于进口贸易总额，就形成了国际收支逆差。其他国家对该国货币的需求减少，该国对于外币的需求增加，就会产生外币升值的预期和该国货币贬值的预期，从而导致该国货币汇率下降。

外汇的供求关系决定了汇率的变动，也就是说，一个国家的国际收支状态决定了该国货币是否稳定。

从 1997 年开始，俄罗斯得益于丰富矿产资源的出口，始终维持贸易盈余。在此背景下，俄罗斯央行的资本管制就相当于把外汇收入留在了国内，卢布的汇率自然不会跌。

关注外汇市场的读者朋友们，可能会关注到在 2022 年俄乌冲突时期，卢布升值的同时，一直被视为"避险货币"的日元竟然跌了：2022 年 3 月以后，日元对美元汇率跌出近 5 年的稳定区间（103 ~ 115 日元兑 1 美元）。

据央视财经报道，当地时间 2022 年 4 月 20 日，日元汇率一度跌破 1 美元兑换 129 日元关口，创下 2002 年 5 月以来新低。日本是一个资源匮乏、极度依赖进口的岛国，俄罗斯是其重要的资源国。但日本却选择在俄乌冲突的背景下"追随"美国制裁俄罗斯，相当于斩断了资源进口的路径。对于日本的制裁，俄罗斯的"卢布结算令"宣布：天然气用卢布结算。在天然气短缺的预期之下，日本本国的能源价格应声暴涨。

在国际秩序稳定的时期，资源国之间为了争夺订单大打价格战，不存在资源供应短缺的担忧，原材料价格自然没有上涨的道理。因此在和平时期，资源国在国际分工中处于较低的位置，在全球产业链分工中，原材料的供应这一环是最没有技术含量的。

而在国际秩序不稳定的时期，生产和供应受阻，能到手的原材料才是硬通货，进口国对于资源短缺的恐慌会推动全球资源价格上涨。换句话说，全球局势不稳定时，利好的恰恰是资源国，因此俄罗斯卢布汇率上涨，日元汇率下跌也就理所当然了。

国家主权：一个不可忽略的因素

通过卢布和日元的对比，我们要明白主权对于国家的重要性。放眼世界，有巨大能源储量的国家很多，但是像俄罗斯这样资源种类齐全，且有强大武装力量保卫自己的国家，独一无二。俄罗斯有军事力量做支撑，资源才能够作为其反制西方的手段。而同样是资源输出国，沙特阿拉伯等中东石油国家反而经常被美国"拿捏"。

再来看一下日本，据日本经济新闻 2022 年 5 月 27 日报道，截至2021 年年底，日本海外净资产达到创纪录的 411.2 万亿日元，连续 31年保持全球最大净债权国的地位。巨大的海外资产和外汇储备曾给日本的经济带来优势，在 1987 年，日本的人均 GDP 甚至超越美国，成为世界第一。但它能决定自己的命运吗？

20 世纪 80 年代，由于美国财政赤字剧增，美国为了缓解其国际收支，与日本、西德、法国以及英国形成 G5，于 1985 年 9 月 22 日签订"广场协议"（细节请参考本书第 18 讲"广场协议：如何让日本失去了三十年"），日本只能走向悲剧。在俄乌冲突中，日本即使自己资源紧张也要"追随"美国制裁俄罗斯，所以"主权"这个地基不牢，上面的建筑可能全部坍塌。

巴菲特在1994年的股东大会上说："Only when the tide goes out do you discover who's been swimming naked."（当潮水退去，才知道谁在裸泳）。俄罗斯和日本的经历告诉了全世界，在动荡的国际局势之下，比起人才和技术，更珍贵的是主权，有了强有力的主权，才能够强有力地维持和保障主权货币的购买力。

第 05 讲
美元的逻辑：美国的金融称霸之路

美国前财政部长约翰·康纳利曾说："Our currency, your problem"。翻译成中文就是"美元是我们的货币，却是你们的麻烦"。

然而就是这个"麻烦"，全世界都不得不用，甚至还将它视作重要的避险资产，这是为什么呢？

让我们抽丝剥茧，拨开重重迷雾，探究美元让人"又爱又恨"背后的根本逻辑。

而这一切都要从美元的霸权史开始说起。

迈出第一步的"黄金美元"

二战末期，随着旧秩序的瓦解，世界各国的领导人都在为战后的各种安排做准备，其中一条就是关于国际金融与贸易秩序的重建。

1944 年 7 月，美国、苏联、中国、法国等 44 个国家在美国新罕布什尔州的布雷顿森林镇召开货币金融会议，当然，会议的进行其实并没有想象中的那么顺利，参会国家都有各自的"小算盘"。比较有代表性的就是英国和美国。

英国派出了自己的代表——经济学家凯恩斯来说明国家的主张，没错，就是你听过的"凯恩斯主义"中的那个"凯恩斯"。凯恩斯提出成立世界中央银行，英国占 16% 份额。这个比例表面上看起来似乎也不多，但如果加上英国当时的殖民地国家，都算在一起的话就不止这个数了，英国及其殖民地大概就能占到 35% 以上。

这个主意你想想美国会同意吗？所以时任美国财政部部长助理怀特坚决反对，他提出，一定要用美元作为结算货币，让各国货币与美元挂钩，而美元与黄金挂钩。

美国在那时已经彻底取代英国，成为世界第一大经济强国，其国内生产总值（GDP）占全球 GDP 70% 以上，注意，是占全球 GDP 总量的 70% 以上。而英国在二战结束时，国家债务占到该国 GDP 总量的 240%，拿什么跟美国争高下？

这样一来，美国的提议也就顺利通过了，由此产生了世界历史上非常重要的一个协定——《布雷顿森林协定》。

《布雷顿森林协定》确立了以美元为中心的国际货币体系，后称"布雷顿森林体系"（Bretton Woods System）。布雷顿森林体系规定了世界各国的货币与美元挂钩，与此同时，由于美国在国际黄金储备方面实力较强，美元和黄金直接挂钩，即 1 美元固定等于 0.888 671 克黄金，各国可按此价格用美元向美国兑换黄金。

这就是著名的"黄金美元"，这也是为何人们总把美元称为美金的原因。这种方式也被称为"双盯住、双挂钩"，美元等同于世界货币，等同于恒定的黄金值。

自此之后，美元就不仅仅是美国人的美元了，更是世界的美元。美元同时具有美国主权货币、国际支付结算货币、国际储备货币、国际定价货币等多重角色。

但其中也有隐患。

我们可以想象当时的画面：山姆大叔（Uncle Sam，是美国的绰号）拿着两个麻袋站在路边，这两个麻袋里面，一个装着美元，另一个装着黄金，世界各地的人们纷纷跑来，有的兑换美元，有的兑换黄金。经济运转需要大量的美元输出，美国就疯狂印钞，人们又不断地拿着美元换黄金。但黄金的总数是有限的，如果美国不加以限制，世界人民总有一天会搬空美国的黄金。无限的美元面对有限的黄金，这也是"黄金美元"的矛盾点所在。

所以说，世界经济的正常运转需要美国不断输出美元，以满足国际市场交易与储蓄的需要；同时，由于美元与黄金之间的固定比价和可兑换性，美国就不得不控制美元对外输出的数量。因为输出过多会使美国的黄金储备不足以保证美元和黄金之间的兑换，造成潜在的"违约"。

显然，这两种需求是相互矛盾的：在美元与黄金挂钩的规则下，美国要维持合理的货币供应，但多印发的美元无法确保能全部兑换成黄金，这就导致人们对美元的信心不足，而如果印少了美元，又容易导致国际清偿手段不足。这就是"特里芬两难"（Triffin Dilemma）①。

因此，布雷顿森林体系自身具有致命性矛盾，这就导致了"黄金美元"体系的崩溃。

随着战后世界各国经济和国际贸易的快速发展，全球对美元的需求也日益增加，市场上流通的美元也越来越多。其他国家意识到美国的黄金储备可能是不足的，进而纷纷将美元兑换为黄金，黄金大量流

---

① 由经济学家罗伯特·特里芬在 20 世纪 50 年代提出，他指出"布雷顿森林体系"下的美元会面临崩溃，因为它承担了相互矛盾的双重职能，即为全球提供清偿能力和维持美元信誉。

出美国。

直到 1971 年，美国不得不停止美元和黄金之间固定的兑换关系，同时宣布美元贬值，实行浮动汇率制。

然而，美元的主导地位并没有终结。

紧急接任的"石油美元"

尽管"布雷顿森林体系"是美元霸权的产物，但是它对当时国际金融、贸易的稳定和发展起到了关键作用。虽然美元与黄金脱钩大大打击了美元的信用，但一时之间，大家并没有找到一个更加合适的货币代替美元，来成为这个"一般等价物"，尤其是美元一直以来是国际清算的支付手段和各国主要的储备货币。因此，和黄金脱钩之后的美元"惯性地"并没有失去作为全球主导货币的地位。

但一种货币长期以来没有任何"硬通货"作为支撑，终归不是个办法。所以，对于美元来说只有一种选择，那就是找到新的、可靠的"硬通货"来支撑美元的价值，它就是石油。

由于石油这种能源具有稀缺性和重要性，它成了黄金的完美替代品，"石油美元"的时代就此开启。实际上，"石油美元"比"黄金美元"更具威力，因为它使美国具有了"无限印钞"的动机与能力。

1974 年，美国和沙特阿拉伯达成了"不可动摇协议"，约定美国向沙特阿拉伯提供军事保护和武器售卖，沙特阿拉伯承诺将美元作为石油出口唯一的计价和结算货币，这使得全世界无法用美元之外的货币向沙特阿拉伯购买石油。

这意味着，世界各国将更离不开美元。就像中国计划经济时代流通的粮票，并不是粮票这张纸本身有什么价值，而是拿着它才能换到我们需要的粮食，这就"硬"给粮票这张纸创造了需求。

然而，"石油美元"体系下，第一个被"收割"的国家就是沙特阿拉伯。在美国和沙特阿拉伯达成的"不可动摇协议"中，有一项内容是，沙特阿拉伯出口石油赚取的美元除了满足国内建设之需，剩余的都必须投资美国国债。

对经济体量有限、资金吸纳能力不足的沙特阿拉伯来说，若让出口石油获得的大量美元直接流入国内，可能会引起通胀，所以必须为过量流入的美元找到一个安全的投资渠道，被誉为"全球最不可能违约"的美国国债就成了沙特阿拉伯的投资首选。

对美国来说，印发的美元转一圈之后又回到了美国手中，付出的代价只是一点国债利息而已。

最终"继位"的"信用美元"

从 21 世纪初开始，美元和石油的绑定逐渐松懈，世界主要石油出口国家沙特阿拉伯、俄罗斯等在石油交易中都开始采用非美元结算。石油用非美元结算的口子不断被打开，各国也在进行能源结构和产业结构的调整，美元早已经不是"石油美元"，这时候"信用美元"开始"继位"。

转了一圈，我们可以发现，美元本质上是根据时代的变化来不断转变背后的支撑物。实在找不到合适的支撑物了，也没关系，就像一个企业可以向银行申请抵押贷款，也可以申请无抵押贷款。即使没有背后的抵押物了，也不代表申请不到贷款，因为，这个世界上还有一个非常神奇的东西——信用。

企业能申请到无抵押贷款，是因为银行认为它有"信用"。黄金美元也好，石油美元也好，都只是手段，美元本身所带有的"信用"才是真正让人们接受美元的本质。

而美国"信用"的基石，说到底还是它的科技、经济以及军事实力。

这样就形成了世界各国货币以美元为锚，而美元以"美国信用"为锚的体系。这种体系的形成直接导致了"美元霸权"的产生，而美国凭借美元的"信用机制"大肆收割世界财富。

收割世界财富的美元潮汐

在了解了美国的货币霸权之路后，我们再来看看美元是如何在各个国家形成环流的。

在全球化产业链的分工体系中，可以分为三类国家，消费国、生产国和资源国。消费国主要是美国和南欧各国，生产国的典型代表是中国、日本、韩国等，而资源国以俄罗斯、中东石油国家、巴西等为主。

作为消费国的美国，会向生产国输出美元资本，主要表现为外商直接投资。而生产国的企业在拿到资本和项目后，会去资源国采购原材料进行生产，产品生产完后卖给美国等消费国，美国向生产国支付美元作为货款结算。

生产国拿到了美国支付的美元，想去购买美国的核心优质资产，美国是肯定不会卖的，所以就只能选择购买低息的美国国债（详见本书第 09 讲"中国的外汇储备之谜"）。而美国拿到生产国通过购买低息美国国债流回的美元，会到生产国进行再投资和控制生产国的优质资产，以获得高额的投资收益，由此美元流出美国。

可见，消费国、生产国、资源国之间的美元环流就这么建立起来了。那么，美国是如何在这个环流中制造"潮汐"来收割世界财富的呢？

复盘历史经验，这个收割套路可以分为三步：

第一步，美国会实施宽松的货币政策，大量超发货币。这个时候，美联储扮演着洪水制造者的角色，向全世界大放水，即全球的美元供给剧增。而实业资本家们、华尔街的金融大鳄们拿着大笔美元进行海外投资，疯狂购买国外的商品、房地产、股票、债券等各类资产。美元流入国的资产价格会在短期内急速攀升，房价、股价等大涨，由此产生资产泡沫。

第二步，随着大批资本涌入，美元流入国的资产严重泡沫化，美联储就开始加息缩表（减少美元供应量）。有时，甚至采用在其他国家和地区制造动乱等各种手段，驱使美元资金出逃。此时华尔街的资本家们也开始了表演，在高位时疯狂抛售各类资产，国际资本像潮水一样迅速退去，大量美元回流美国。

第三步，加息周期下的美元不断升值走强，相对应地，其他国家的货币开始贬值，资产价格缩水。而此前的资金大规模流出，也使得这些国家的资产泡沫破裂，处于高位的房价和股价往往大跌，最终跌成了白菜价。在一地鸡毛之后，撤离的美元再来个"回马枪"——在资产价格压缩到极限时，美元再次卷土重来，大肆抄底这些国家便宜又优质的资产。从中赚取的巨额利润差价，使得美国的资本家们赚得盆满钵满。

一个轮回，先放水，再收水，有人叫它"美元周期"，也有人叫它"美元潮汐"。而最后的结果是，经历资产价格泡沫破裂的国家很容易一蹶不振，而美国却完成了一次对这个国家的"收割"。

这样的收割方式，美国屡试不爽，比如 1997 年的亚洲金融危机就是这样产生的（详见本书第 20 讲"1997 年亚洲金融危机"）。

超发的美元寻找资本的"蓄水池"

美元潮汐，看起来只是一放一收，操作似乎很简单，但其关键点就在于寻找资本蓄水池。我们以第一轮美元潮汐的实践地拉丁美洲来举例。

说起拉丁美洲，步入 21 世纪后，大家对它的印象可能大多是贫穷、混乱，但在 20 世纪 60、70 年代，拉丁美洲还是有段繁荣时光的。二战后，美国在政治上扶持拉丁美洲的亲美势力上台，高呼"消除贸易壁垒"的口号，想方设法诱使拉美国家实行资本自由化，以使美国金融资本自由出入，这是美元潮汐形成的关键一步。

随后，美国以援助拉美国家发展为由，向多个拉美国家诸如智利、巴西、阿根廷等投放大量美元，美其名曰海外投资。由于美国资本的不断流入，表面上，拉美的经济一派繁荣，然而，危机的种子已经悄然埋下。在当时，没有人觉得借美元发展经济有什么问题。

1979 年，美国开启了收割的第二步。一方面美联储不断加息，导致大量美元回流；另一方面制造拉美地区矛盾，大量在拉美的美国资本撤资回国，拉美国家的资产泡沫瞬间破裂。由此，拉丁美洲各国的资本流动性枯竭、资金链断裂、投资环境恶化。智利、墨西哥、阿根廷等国纷纷遭遇主权债务危机，还不起钱的国家只能以资源抵债。美国顺利地将这些国家优质的矿山、油田等收入囊中。

拉丁美洲接受美国金融资本的自由出入，实际上就使得大放水的美元终于找到了适合接盘的资本蓄水池。试想一下，假如美国没有找到足够体量的蓄水池，这些海量的超发美元一定会使得美国通胀，国内物价飞涨。历史上的日本也曾充当了这样的蓄水池（详见本书第18讲"广场协议：如何让日本失去了三十年"）。

所以从这个角度看就不难理解，为何一直以来，中国都保持着资本流动管控和金融领域有限度地开放了。此外，中国是一个完整地拥有经济金融主权的国家，国家牢牢掌握着很多最核心的领域，比如银行、航空、电信、石油等涉及金融、能源、民生领域的诸多行业。

对比起来，很多国家实施彻底地经济自由化，使得外资控制了国家的核心产业，从而在美联储放水与收水的过程中，大规模美元投资一去一回，致使本国核心资产的价格受到极大影响，成为被美国收割的对象。

美国政府的"欠条"：美债

聊完美元如何"收割世界财富"，让我们再聊聊"美债"——这个"收割"过程中的"利器"。

美债，即美国国债，是以美国联邦政府信用为担保的债券。1789年新组建的美国联邦政府承接了历史积存债务，形成了第一批美国国债。美国国债是美联储实施公开市场操作的主要操作品种，也是金融市场中一种重要且常用的抵押品。

美国国债根据债券的偿还期限不同，大致可分为短期（1年以下）、中期（1~10年）和长期（10年以上）3类。一般来说，期限越长，美国国债的票面利率就越高。因为时间越长，不确定的风险越大，作为补偿的风险溢价（票面利率）就会越高。

对于美国国债的利息、交易价格和收益率，读者朋友们也需要有一定的认识。美国国债每年的利息收益是个固定值，比如，一笔票面价值为 100 美元的一年期美国国债，票面利率为 5%，这就意味着持有人在一年后，当美国国债到期时，可以获得 5 美元的利息。票面利率是在美国国债发行的时候就决定好的，是不变的，无论最初花了多少钱买的前文所说的美国国债，每年都能获得 5 美元的利息。

那么，为什么美国国债的价格和收益率会变动呢？

举个例子，假如老王花 100 美元买入了一笔票面利率 5% 的一年期美国国债，一年后到期能拿到 105 美元。但突然间股市大跌，楼市也不景气，于是大量的资金来到债市避险。此时，当市场上想买美国国债的人多了，原本 100 美元的美国国债被炒到了 103 美元，老李就花 103 美元买了一笔与老王相同的美国国债。到期后，老王和老李都能拿到 105 元，但因为买入价格不一样，两人的收益也是不一样的。老王收益是 5 美元（105–100），老李的收益只有 2 美元（105–103）。可见，美国国债的收益率与交易价格是呈反向关系的。

总结起来就是，当美国国债的需求增加时，出现供不应求的状况，美国国债的交易价格就会提高，而美国国债收益率就会下降；而当美国国债的需求减少时，大家纷纷卖出美国国债去买其他金融资产，那么美国国债的交易价格就会下降，美国国债收益率就会上升。

我们再来看看美国国债的持有人有哪些。在美元环流中，我们提到美国通过美元向其他国家支付商品价款，其他国家拿到美元后因为无法购买到美国的核心资产，而选择购买风险低、流动性高的美国国债。所以，其他国家的政府或企业是美国国债的主要持有人之一。美国国债也可以看作美国金融霸权的核心工具，与美元具有同等作用。

美国国债的另外两类主要持有人是美联储和美国国内的企业及老百姓。美联储印发美元后，向美国政府购买美国国债，这就可以理解为美国政府"打欠条"（美国国债）来取得美联储的美元。实际上，这就是美国基础货币的创造过程。也就是说，美国政府如果发行了一批 1 亿美元的美国国债，美联储通过印发美元，然后花 1 亿美元把这笔美国国债买下来，这就形成了 1 亿美元的基础货币。

所以，美国国债就相当于美国政府的借条，美国国债收益率就代表了美国借钱的成本。

美国国债收益率也一直是全球投资界时刻关注的重要指标，国际上通常将 10 年期美国国债收益率当作无风险投资利率，也被称为"资产价格锚定物"。全球其他的金融资产、商业资产的利润率，就自然会被投资人拉出来和美国国债收益率进行比较。因此，"不赚不赔"并不是衡量企业盈利能力的零轴，10 年期美国国债的收益率才是真正的零轴。

美元的逻辑到底是什么

当美国国债收益率持续走高时，根据前文的分析，就意味着市场对美国国债的需求在下降，世界各国不愿意继续买美国国债这个避险资产了。那么，美国国债——美国向世界融资的工具也就失去了它的作用，这对美国政府而言可不是什么好事。

从图 5-1 可以看到，近一百年来，美国国债占 GDP 的比重节节攀升，债台高筑的美国政府似乎靠着"打欠条"过日子。

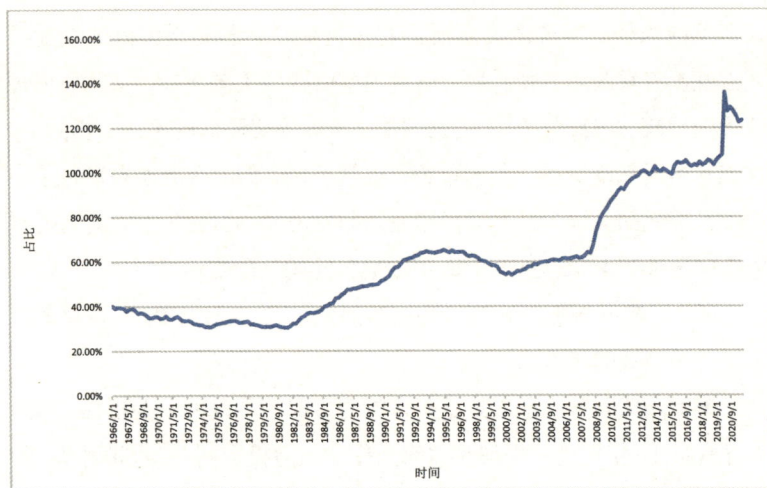

图 5-1　美国国债占 GDP 的比例

数据来源：美联储官网

如果我们结合历史事件仔细分析会发现，当美国国债收益率接近或高于 2% 时，通常会和一些国际事端有某种微妙的"契合"，这会不会是美国政府为了维持世界各国对美国国债的需求，而采取的一些"非常行动"呢？

"俄乌冲突"就是一个典型的例子。

乌克兰是号称军事实力世界排名前 20 名以内的国家，而俄罗斯就更不用说了。这样的情况下，不管是俄罗斯还是乌克兰，其实两个国家谁都不想真刀真枪地打，但战争却真实地发生了，这与美国在旁边不停地"添油加醋""煽风点火"是脱不了干系的。

这时候大家可能会有这样的疑问：这是为什么呢？

答案是：鹬蚌相争，渔翁得利。

如图 5-2 所示，从 2020 年全球新冠肺炎疫情大流行直至俄乌冲突爆发前，美国国债收益率从绝对低位的 0.54% 一口气涨到 2%，紧随其后，俄罗斯和乌克兰之间的军事冲突爆发了。美国关于俄乌冲突前后的态度，与美国阻止国债收益率进一步大幅上行，防止带崩自己的财政货币体系和股市的政府努力之间，出现了一种巧合的"同频"，经济形势和国际政治之间总有一种难以分说的交融。

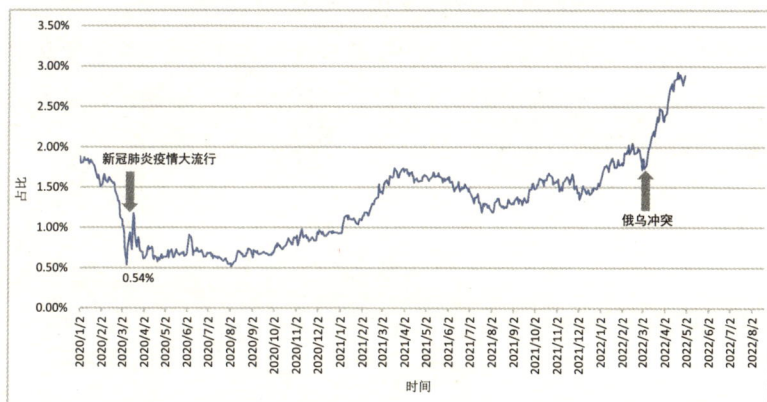

图 5-2　2020 年 1 月至 2022 年 4 月美国十年期国债收益率

数据来源：美联储官网

让我们从客观事实角度梳理一下整个事件的来龙去脉。

2022 年 1 月 18 日，美国 10 年期国债收益率即将触碰到 1.9% 的高位。次日，美国总统拜登发表谈话称俄罗斯很可能会"入侵"乌克兰，受到恐慌情绪影响，大量美元回流美国避险，当天美国国债收益率开始掉头向下。

一周之后的 1 月 25 日，美国国债收益率又一次上攻 1.9%。次日，美国五角大楼表示：正在向乌克兰方面移交 80 吨军火物资用来协助可能发生的"战争"，与此同时国债收益率再一次暴跌。

随后，受到通胀数据的刺激，2 月 10 日，美国国债收益率一举突破 2%的重要关口。次日，美国白宫又发布声明，声称掌握了俄罗斯入侵乌克兰的时间表，并且敦促美国公民在 48 小时内离开。在强调地区局势突然升级之后，国债收益率走势也出现迅速回落到 2%之下的现象。

从图 5-3 中我们可以看到，美国十年期国债收益率最后一次试图突破 2%是在 2 月 15 日。当天下午，俄罗斯国防部长确认了俄罗斯的大部分演习部队已经从俄乌边境撤离的消息。国际股票市场应声大涨，投资者是开心了，但是美国政府仿佛有点坐立不安了。

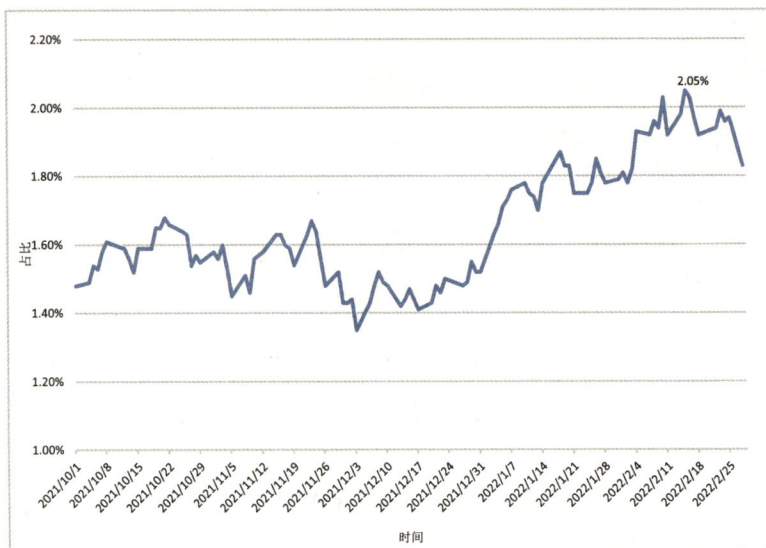

图 5-3 2021 年 10 月至 2022 年 2 月美国十年期国债收益率

数据来源：美联储官网

到了 2 月 24 日，俄罗斯宣布开战的一瞬间，美国国债收益率直接暴跌到 1.8%之下。同时，美联储开始有官员出来放风声说，战争可能会导致加息延迟，于是，24 日收盘时，美股三大股指尾盘强势转涨，上演 V 形反转，这对于美国简直是双喜临门。

你能说这一切都是巧合吗？

俄乌冲突当然不是特例，1990 年以来的七次主要战争（海湾战争、科索沃战争、阿富汗战争、伊拉克战争、俄格战争、利比亚战争和叙利亚内战）期间，在避险情绪的推动下，十年美债收益率均处于下行阶段。

所以，地缘危机永远都发自于深层的经济博弈。制造或激化远端地缘危机，或许是美国阻止其国债收益率攀升的一种措施。

经济问题和经济逻辑，无处不在，无孔不入。

作为孤悬海外的大陆，地理上可以避开一切纷争，把自己变成资金的避风港，这是美国从二战开始就屡试不爽的套路。历史上，美国不断拱火战争，目的只有一个，那就是通过营造一种世界大乱的压迫感，使资本产生恐惧，本能地避险流向美国。资金丰富了，美国国债才能卖个好价钱，才能给美国的财政金融体系续上命。

利用别国事端或战争创造一次又一次收割全球的机会，这是美国惯用的手段。外加美国像巨型吸水海绵似的金融市场，使得美国无论是加息还是缩表，无论是打仗还是制裁，都会让全球资本源源不断地向美国本土回流，这对于全球资本而言也是难以抗拒的力量。

究其根本，这是美国主导的全球金融体系下的游戏规则，是美元的逻辑所在。

第 06 讲
日元的"避险货币"属性从何而来

日元，被投资者视为传统的三大避险货币之一。

日元在国际市场的使用率整体上不如欧元和英镑，而作为第二次世界大战的战败国，日本虽然上演了战后经济奇迹，一度成为世界第二大经济体，但随着 20 世纪 90 年代初经济泡沫的破裂，经济陷入停滞，进入了"失去的三十年"。

那么，为什么日元能成为避险货币呢？

什么是避险货币

避险货币，从名称来看，就是回避风险的货币，指的是在国际政治或经济基本面的不确定性上升、全球避险情绪上升等时期，币值稳定或相对升值的一类主权信用货币。也就是说，避险货币不容易受到政治、战争、市场波动等因素的影响，能够最大限度地避开这些风险。

避险货币总体上是比较稳定、不易贬值的，但避险其实是一个相对的概念，是暂时的。风险事件发生时，并不是说避险货币就绝对不会贬值，毕竟任何货币的市场价格都会有波动，只是说，在风险时期，作为机构投资者都可能出现"手足无措"的情况，对风险事件和环境的分析和解读需要时间，利好或利空无法第一时间做出判断。所以，投资者就普遍愿意持有高流动性的资产，而避险货币不仅流动性强，其表现也与其他风险资产的表现负相关。基于此，全球资金在风险时期就会快速流入避险货币市场，从而使得避险货币的价值在短期内不降反升，最终帮助投资主体实现风险规避和保值增值的效果。

当然，短线资金进入避险货币市场，是为了尽可能多地保护自己的资本免受损失，相当于"少亏就是赚"。也就是说，用大量资金买入作为避险货币的日元，不是为了去炒作赚一笔大钱，是为了一时的"安宁"，而等市场风险缓解或转变，投资机会来临时，便会"离开"这些避险货币。

我们来看一下日元作为避险货币的表现。

当世界范围内发生重大经济危机或政治风险时，日元往往呈现出升值的态势。比较典型的时期有，1997 年亚洲金融危机期间、2001年美国互联网泡沫破灭时期、2008 年全球金融危机期间以及紧随其后的欧债危机期间等。

甚至在"黑天鹅"频现的 2016 年，无论是英国脱欧公投（6 月23 日），还是美国总统大选（11 月 8 日），日元都如实反映了市场恐慌情绪的起伏，在上述两项事件发生的次日，也就是 2016 年的 6 月24 日和 11 月 9 日，日元相对美元的最大涨幅分别达到了 7.1%和 3.7%。

可见，日元的避险属性是较为突出的。在市场躁动不安的时候，日元往往就成为投资者们的避风港之一。

日元第一支柱：缺乏通胀预期

引起国家人口老龄化的直接原因可以说都是一样的：一方面是长期的较低人口出生率，导致年轻人口的占比降低；另一方面是老年人的寿命提高，从而老年人口的占比走高。

2019 年，日本女性的平均寿命是 87.45 岁，男性是 81.41 岁，整体的平均寿命达到 84.43 岁，已连续 20 年保持世界第一[①]。而 2020 年，日本总务省发布数据，称该国 65 岁以上的老年人口数量达 3617 万人，在总人口中的占比为 28.7%，为全球最高[②]。此外，自 2007 年以来，日本人口连续 15 年出现负增长，并于 2019 年负增长人数首次超过了 50 万人。

可以说，"年轻"的日本已逐渐变成了"老年"的日本，老龄化程度不断加深，而人口数量也在持续下降。

日本人口老龄化的最直接影响，就是劳动力规模的萎缩，导致劳动力价格上涨，生产投资成本上升。同时，老龄人口增加，年轻人口的比例下降，也使得消费下降，比如，房屋需求量下降或停滞不前，进而导致房价下跌，这是一个长期的过程。所以日本的社会总消费能力较低，总消费水平更是处于一个较低的水平，日本的物价也就难以上涨了。

而且日本科学技术依然在迅速前进，日本的社会总生产效率依然在逐渐提高，人均生产能力得以提升，这也促使日本物价持续下降。

物价下降在许多人看来是好事——大家可能觉得这种情况总比物价过高要好，但如果物价一直下降，可就不是好事了。

试想一下，如果你在日本开办一家企业，各种原材料价格一直在

---

① 数据来源:《日本人最新平均寿命数据公布:女性寿命连续 5 年世界第二》，人民网。
② 数据来源:《日本 65 岁以上老年人达 3617 万 占总人口的 28.7%》，光明网。

上涨，而你生产的产品，其销售价格却始终很低，产品的利润可以说是在不断地下降的，你该是什么样的心情？

企业在整个经济体中承担着促进生产和增加就业的使命，当企业主没有足够的利润时，敢轻易开工吗？更别提雇佣更多的工人、做更多的投资了，反倒有可能变相地裁员或降低工资。

在经济长期低迷、缺乏通胀预期的背景下，日本社会整体消费不断萎缩。首当其冲的是企业经营收益下降，企业不能发展，国家税收也会面临困难。

由此，日本就陷入了无限死循环当中：年轻人不想消费，老年人不敢辞职，企业无法发展，整个经济仿佛一潭死水，日本更是处于长期通缩的状态。

但通缩不全是坏事，日本长期通缩的另一面，是日元的"保值增值"，这也是一种货币能成为国际避险货币的主要因素之一。

日元第二支柱：长期低利率形成套息交易"土壤"

从经济学的角度来讲，当一国通货紧缩时，应该采取宽松的货币政策，中央银行应该"放水"来刺激经济。事实上，日本央行也的确是这么做的。在第 01 讲"钱究竟是怎么被'印'出来的"中提到过，日本为了应对经济泡沫在 20 世纪 80 年代就发明了量化宽松政策。

为了化解日本长期通缩的经济难题，日本央行在 1999 年引入了零利率政策，即隔夜无抵押拆借利率被降至 0% 的水平。随后在 2001 年，日本央行又大力地实施量化宽松政策，进一步扩大基础货币投放。

这个时期的量化宽松政策，主要举措是从商业银行和金融机构手中购买长期国债。这么做有两个意图：一是增加了商业银行和金融机构手中的钱（流动性），从而提高其放贷的能力；二是降低了国债的长期收益率，带动市场的长期利率整体下降，从而提高投资者长期投资的积极性。

到了 2013 年，日本央行宣布实施 QQE（量化与质化货币宽松政策），旨在通过资产购买来扩大基础货币规模，从而实现 2% 的通胀目标。

然而，尽管基础货币投放大幅增长，通胀率目标却迟迟未达到。2016 年，日本央行再次抛出重磅消息，宣布成为负利率经济体，通过利率、量化和质化三个维度施行宽松货币政策。2016 年 9 月，日本央行宣布实施收益率曲线控制（YCC），将 10 年期国债利率控制在 (−0.1%, 0.1%) 区间内，后将控制区间扩大到 (−0.25%, 0.25%)，将货币宽松转向"持久战"。

虽然宽松的货币政策对于拉升日本的通胀水平并没有起到显著的成效，也没有起到挽救日本经济的作用，但是长期的低利率环境却构成了日元成为"避险货币"的另一主要因素。

在外汇市场中，不同参与者都将大部分资金配置在了套息交易中。因为即使在所有的货币对（由两种货币组成的外汇交易汇率）均保持稳定的情况下，这种交易方式依然能够获得稳定的收益。套息对于外汇市场来说，就相当于股票市场的分红。套息交易，简单地说就是做空低息市场的产品，同时在高息市场做多同等数量的产品，即借入低息货币（融资货币），买入高息货币，进而赚取利差。而风险就是即期汇率的变化。套息交易的最终收益就是利差，即高息货币相对融资货币的贬值幅度。

比方说，在日本长期低利率的市场环境下，把钱存入银行，可以近似地视为是得不到什么利息的。而假如美元的存款利率很高，比如年利率 8%，这时掌握家庭财政大权的日本家庭主妇便发现，可以先把日元兑换成美元，把美元存进银行获得利息，需要用钱的时候再把美元兑换回日元。在日元与美元的汇率保持稳定的情况下，这样的做法就能够获得比较高的利息回报了，而越来越多日本家庭主妇发现这种方法，于是在外汇市场上曾经有一个专门形容这类人群的称号——渡边太太。

低利率使得日元的融资成本较低，因此在日本以外的地区出现投资机会时，具备高信用和绝佳眼光的投资人就能够轻松地从日本融得巨量而又廉价的日元，也可以将日元轻松转换为其他货币，继而将资金投入其看好的项目。因为比较"便宜"，所以日元成为外汇市场参与者们的首选融资货币之一。

加上日元可自由兑换，那么，投资者就能够选择借入低息的日元资产，用以购买高收益的资产，而在汇率相对稳定的情况下，投资者的收益即为两者的息差。

当风险事件发生时，全球避险情绪升温，套息交易的投资者们会怎么做呢？平仓。

风险来临，外汇市场的不确定性将大大增加，大家都不知道市场会有什么样的走向，那么最明智的办法就是先平仓。投资者将卖出高收益资产，然后买入日元偿还贷款，从而导致日元需求在短时间内上升，推升日元汇率。

另一方面，低利率的环境一定程度上还限制了日本央行继续降息的空间，令日元突发贬值的概率降低。也就是说，当全球性的风险事件爆发时，世界经济面临的下行风险加剧，高利率货币对应的国家央行倾向于放松货币政策以促进经济复苏，而日本已处于负利率区间，进一步放松货币政策的空间就很小了。

总之，套息交易创造了国际投资者对日元的需求，而对一国货币的广泛需求是它成为避险货币的关键。

日元第三支柱：稳定性和国际化

币值的稳定性与国际化是促使日元成为避险货币的第三个支柱。

从避险货币的运行逻辑来看，海外投资者降低风险资产头寸，同时归还日元融资（需要买入日元）；日本本土投资者降低海外头寸，买入本土资产比如日本国债（同样需要买入日元）。两者殊途同归，都将推高日元汇率。

在这个过程中，如果日元的短期波动幅度很大，比如急速上涨或者下跌，那么投资者必然不会选择它来避险，因为这种货币本身的风险就很大。

而维持日元稳定的条件，有以下两点：

其一，巨量的外汇储备。日本官方不仅拥有世界数一数二的美元储备，民间也拥有大量的美元债权。在本书第 02 讲"不能明说的'现代货币理论'"中，曾提到日本连续 31 年保持全球最大净债权国的地位，这加大了市场做空日元的难度，对于维持日元币值的稳定有重要作用。

其二，失活但有韧性的经济。在本书第 18 讲"广场协议：如何让日本失去了三十年"中，对于日本在二战以后的经济发展历程有较为详细的介绍，最主要的结论就是，日本在大国经济博弈中的选择，导致日本经济踏入了慢慢"停滞"之路。步入 21 世纪后，日本的经济虽然难以重回 20 世纪 80 年代的巅峰时期，但整体上"家底"丰厚，经济还具有一定的韧性，国内政局也相对稳定，这些外部条件都为维持日元币值的稳定奠定了基础。

当然，日元的国际化也是必不可少的。"广场协议"签订后，日元进入升值周期，给日本提供了抄底的机会，大量日本财团去国外"买买买"。在当时的日本人眼中，美国的资产看起来很诱人，而用日元购买又是如此廉价，于是日本掀起了对美国资产的收购潮。可以说，这是日元国际化的重要一步。

日本长期的低利率，导致在日本国内进行投资很难实现可观的收益。基于此，在量化宽松政策下，大量的日本国内资金到海外投资，日本投资者持有的外国资产价值远远高于外国投资者持有的日本资产价值。

根据 2021 年 5 月日本财务省的数据，2020 年年末，日本政府、企业、个人在海外拥有的资产余额比 2019 年年末增加 5.1%，并连续 9 年刷新历史最高纪录[①]。低息的环境刺激日本本土投资者购买海外资产，使日本积累了大量的海外头寸。

这些跨境资本的流动不仅加速了日本与世界其他发达经济体间的金融整合，也使得日元成为一种高度"国际化"的货币，毕竟大量的交易发生在海外，使日元逐渐成为主要的国际货币，并能够自由流通。

---

① 数据来源：《日本财务省：日本海外资产余额创新高》，央视新闻。

日元会失去避险货币的地位吗

当全球经济动荡时，日元作为避险货币往往会升值，但在 2022 年俄乌爆发冲突后，日元走势却不如预期。据日本媒体报道，2022 年 6 月 7 日，东京外汇市场日元对美元汇率一度跌破 132：1，创造了自 2002 年 4 月以来的新低。这并不符合避险货币的属性。

那么，日元是否还有"避险"功能？其实，不少迹象表明，日元的"避险货币"光环正在消散。

一方面，新冠肺炎疫情暴发后，美联储进入加息周期，且与缩表配合，货币政策明显地向收紧转变。而在疫情与俄乌冲突的叠加影响下，日本经济面临较大的下行压力，日本央行还在实行宽松货币政策来刺激经济增长。于是，美日央行货币政策方向持续背离，直接导致了美元和日元走势的转变，日元的波动变得剧烈，从而就有可能不再满足套息交易的条件——币值稳定。

另一方面，前文提到，日本的海外资产丰厚，也就是说，日本的账户盈余主要归功于海外资产储备的现金流，而不是日本企业引以为傲的出口能力。而日本作为一个岛国，自然资源较为匮乏，在能源进口成本激增的情况下，日本在 2022 年上半年的贸易逆差也创新高。

贸易收支恶化和日元贬值之间的恶性循环或许已经开始，人们对日元避险货币所形成的固定认知也会发生变化。简单地说，以往每次有危机的时候，资金都往日本跑，大家有了固定意识，愿意用日元做对冲，形成一种避险情绪。一旦投资者们发现日元在风险事件后并没有出现想象中的升值，日元的表现已"大不如前"，就有可能去寻找新的避险货币。

最后，我们再来总结一下日元作为避险货币的三大支柱：人口老龄化使得日本缺乏通胀预期；日本央行开启无限兜底的量化宽松政策，日本成了"负利率俱乐部成员国"的一员，长期的低利率环境滋养了套息交易的"土壤"；日元的稳定性和国际化，支撑着日元成为投资者们套息交易的首选货币。

第 07 讲
人民币、美元、中国楼市和美国通胀

人民币、美元、中国楼市和美国通胀，有什么联系？我们首先需要了解一下经济学中非常有名的费雪方程式：

$$MV=PQ$$

在这个公式中，M 表示货币量，V 表示货币流通速度，P 表示价格水平，Q 表示交易的商品总量。由该方程式我们可以看出：在 V、Q 比较稳定时，货币流通量 M 决定着物价水平 P。

同样的道理，假设世界上各个经济体都是封闭的、独立运转的，在各国货币流通速度不变的情况下，根据费雪方程式，像美国那样无限制"印"钞的结果，必然就是商品和劳务价格的无限上涨。

但是，现实并非这样。

当今世界真正闭关锁国的经济体是极少数的，在美国主导的"全球化"之下，美国国内的货币供应量远远小于美国"印"出来的钞票。

一进一出：美国控制物价的关键

美国既有超发美元的动机，又有控制物价的现实需求。在第 05讲"美元的逻辑：美国的金融称霸之路"中提到，美国靠着美元霸权和发行美债,将通胀的压力转移到其他国家,而美国国内既获得了从世界各国进口的物美价廉的产品,又维持了美元的价值和购买力。

美元霸权形成的过程,也是美国持续向全球市场输出美元的过程。无论美国发行多少货币,只要其他国家对美元有持续和稳定的持有需求,美国就可以用"印"出来的钞票购买全世界的商品,供自己居民消费。

按照这样的操作,美国就成功将超发货币和通胀压力输出到了其他国家,并且通过商品购买获得了诸多好处。而美国只有 3 亿多人口,只要不像津巴布韦、委内瑞拉那样,极其夸张地印发钞票,全世界发展中国家"供养"美国的模式仍然可以持续下去。

以费雪方程式的思路解释,美国就是"输出信用货币(M 减少)+输入消费品(Q 增加)",这"一进一出"就成了美国控制国内价格水平的关键!

花不出去的美元

2001 年,中国加入世界贸易组织(WTO),中国改革开放进入新的历史阶段。之后,中国充分发挥劳动力资源和规模生产等优势,设立各类工厂,正式确立了"出口导向型"的经济模式,开始大量出口服装、日用品、钢材等产品。通过对外贸易,中国积累了大量的外汇储备。

2001 到 2005 年,短短四年时间里,中国的外汇储备就从约 2000 亿美元猛涨到 8000 亿美元以上(如图 7-1 所示),这是第一个台阶。

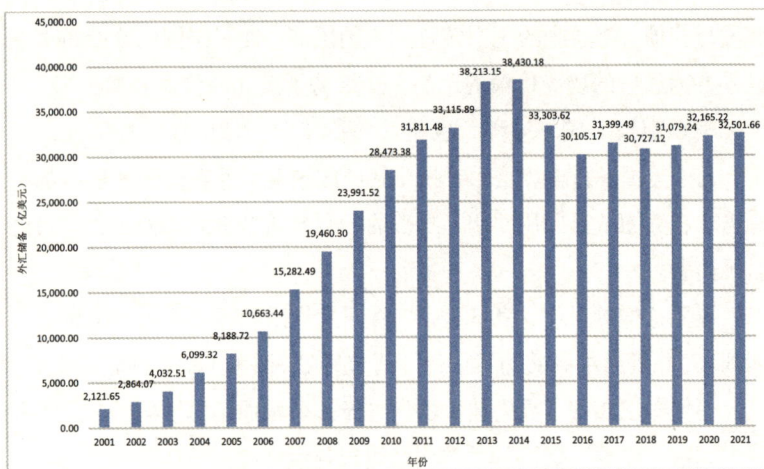

图 7-1　2001 年—2021 年 中国外汇储备

数据来源：中国国家外汇管理局

那么，如此天量的外汇储备为什么不考虑用出去呢？

不是不想用，是因为买不到真正想要的东西，或者说买不到那么多想要的东西。就拿日常消费品来说，由于当时中国具有消费品生产方面的成本优势，产能也非常充足，大可不必将外汇储备用于进口这类商品。

中国希望购买高科技公司股权、高端数码机床等高价值的东西，但发达国家概不出售这些产品。不仅如此，美国还向其同盟国表示：向中国出售先进技术和产品者，会受到制裁！

即便如此，中国在对外直接投资的道路上也做了诸多探索。

改革开放以来，中国企业在参与国际经济合作与竞争的过程中一直坚持"走出去"的战略。"中字头"企业发挥了带头作用。在这个过程中有过失败和教训，但也不乏许多成功的案例，其中最典型的要属 2007 年成立的中国投资有限责任公司（简称"中投公司"）。

中投公司就是为了实现国家外汇资金的投资多元化而成立的，2007 年曾分别斥资 30 亿美元和 50 亿美元入股著名的黑石集团和顶级投行摩根士丹利，2017 年，中投公司牵头，中国多家投资机构收购了欧洲大型物流设施资产组合项目——Logicor，交易金额高达 122.5 亿欧元。2020 年，中投公司境外投资净收益率达到了 14.07%。

必须要强调的一个事实是，即使有越来越多的优质海外投资项目可供中国的企业投资，但数量总是有限的，远远无法匹配中国快速积累的外汇储备金额。从 2010 年开始，中国持有的美国国债规模维持在 1.1 万亿美元左右，这得要多少投资项目才能承接这么大一笔钱？就算是把外汇储备都存在银行，世界上也没有哪家银行可以接下这么大一笔存款。

全球大宗商品、房地产和股票市场也是一样，"池子"太小，根本容不下中国外汇储备这条"大鱼"。况且，这类资产也没有稳定的价格预期，都不是外汇储备适合的投资方式。

所以，在当时，中国的外汇注定会形成"赚得多，花得少"的局面。

现在我们来想一个问题，假如中国一年出口 20 万亿美元的商品，进口 10 万亿美元的商品，外汇结余 10 万亿美元。这意味着什么？这相当于中国为外国提供了 20 万亿美元的商品，但只换回了 10 万亿的商品。剩下的价值 10 万亿的商品，实际上是白白给了外国。

虽然美国给了中国 10 万亿美元的外汇结余，并且美其名曰"中国人勤劳换来的储蓄，将来可以用来换美国的东西"，但如上所述，很多产品禁止售卖给中国，所以中国并不能买到全部的所需产品。事实上，除了石油、铁矿石等大宗商品，中国相当规模的外汇结余是没有合适的进口用途的。

我们不要忘记一个最基本的道理：当钱换不到想要的东西的时候，就是废纸！而且那时，又一个意外发生了。

2008 年那场金融危机，对中国意味着什么

正当中国手里攥着大量美元花不出去的时候，2008 年金融危机来了。

美国为了刺激经济，开启了长达六年的量化宽松（从 2008 年底至 2014 年 10 月，美联储先后出台三轮量化宽松政策），即美联储在实行零利率或近似零利率政策后，通过购买国债等中长期债券，增加基础货币供给，向市场注入大量流动性资金（"现代货币理论"的实践）。

这个过程可以简单直接地理解为增印美元钞票。

但实际上，美国的量化宽松并没有带来明显的通胀，其中也有上文提及的这个原因，中国及时向美国出口的廉价商品，帮助其维持了较低的物价水平。

对于 2008 年的金融危机，中国当时该不该帮助全世界拯救经济呢？当然该救，因为那次金融危机爆发时，中国成为"世界工厂"没几年，需要别人更多地"光顾"。所以那时候不仅仅是救美国，更是自救。如果不救美国，中国刚建好的大量工厂很可能会失去后续订单。

2008 年金融危机，中国为世界经济做出了重要贡献，伴随而来的，是中国的外汇储备也上了第二个台阶。回看图 7-1，2008 年—2014 年，中国的外汇储备继续快速上升。

中国的外汇储备多了，就意味着需要在中国境内发行等量的人民币，因为企业出口换来的美元不可能在中国花，需要在央行把美元换成人民币（详见本书第 08 讲"牵动市场心弦的货币政策"）。2012 年，中国取消了强制结汇制度，但外汇占款依然是央行最主要的资产。

中国在对外输出商品时相当于在对内输入货币，这与上文所说的美国输入商品、输出货币的模式恰恰相反。

再回头看费雪公式，$MV=PQ$。当中国向境外输出商品时，境内商品交易量减少，Q 下降；向国内输入货币，对应 M 升高。在货币流通速度 V 稳定的情况下，物价 P 的上涨，就会成为必然。此时，摆在中国经济面前的一道难题就是，如何为增加的货币供给找到去向和出口，来保证物价不会出现暴涨。

房地产市场在最需要它的时候，再次"不辱使命"。

中国房地产市场的使命：危机中自救

全球的房子都有部分金融属性，这是客观事实。既然房子有金融属性，那就不像一般消费品，能靠着降价来去库存。例如，带有金融属性的股票，越涨越有人买。

这是房地产和一般消费品的本质差异。

房地产的部分金融属性，和 2008 年金融危机后中国过多的货币供给"一拍即合"，于是，我们看到了后金融危机时代，普遍上涨的房价和房地产业的蓬勃发展。

社会各个阶层的财富相当部分变成了房子，费雪公式右边"P（价格水平）×Q（商品交易量）"中很大一部分就表现为房地产市场巨大的成交额。虽然当时也出现了"蒜你狠""姜你军"等个别消费品的价格上涨现象，但总体来说，中国并没有经历长时间、大规模持续的全面通胀，房地产"量价齐升"所带来的抵消作用功不可没[①]。

充当"蓄水池"，是房地产行业在中国外向型经济模式中的使命和任务。当然，房地产行业能担任这个角色，离不开全社会对"房价永远涨"的普遍共识。同样，这种普遍共识的瓦解，也必将要求下一个新的"蓄水池"的形成。

中国楼市能一直充当"蓄水池"吗

费雪公式告诉我们，美国需要中国，它需要中国居民把财富换成钢筋、水泥、混凝土，希望中国楼市继续充当人民币（美元）的蓄水池。同时，美国也希望持续低成本享用中国的廉价商品，直到中国的资产泡沫破裂。这样对于美国来说，既"白吃白喝"了几十年，又兵不血刃地像当年"干掉"日本那样"消灭"最强大的对手。

但是，中国已经不像 21 世纪初那样需要美国和美元了。相反，中国是美国无节制"印"钞最大的受害者。

很多朋友问美国会不会赖掉债务？理论上不会，但实质上，"印"钞稀释债务，就是赖账，只不过这是一种相对"高雅"的赖账。在美国主导的全球化下，中国能改变的并不多。但在"逆全球化"的时期，叠加中国的劳动力供给已经过了峰值，内部还有很多问题需要解决，不可能再疯狂扩产能给美国经济接盘。

中国的"房住不炒"实际上也可以看作对当前全球经济局势的一

---

① 2018 年 7 月，人民网曾转发《证券时报》文章《楼市"蓄水池"还能用多久？》，其中提到，"过量货币如同猛开'水龙头'放出来的'水'，总得有个去处。在中国，楼市成了'蓄水池'，超发货币大部分被其吸纳了。"

种必要应对。

　　当然,回到费雪公式中去理解,中国还有更远大的目标——当"一带一路"倡议和人民币国际化进程取得重大成果的时候,当中国不再以低价商品换取别国信用货币的时候,甚至开始向外输出人民币信用换取别国商品和资产的时候,以美国为主导的全球化的游戏规则,就真的变了。

　　变化的是国际经济环境,不变的是费雪方程式背后的经济原理。

第08讲
牵动市场心弦的货币政策

在谈到中国的货币政策时，我们绕不开存款准备金这个概念。

简单地说，存款准备金就是银行存放在央行，用来应对储户取款需求的资金。而存款准备金率就是指商业银行向央行上交存款的比例。

你往银行存款 100 元，假如当前存款准备金率是 10%，那么商业银行必须要先将 10 元存入到央行账户，只有剩下的 90 元才可以用来放贷。另外，除了法定存款准备金，银行也可以自愿把闲钱存在央行，多存进去的部分叫作超额存款准备金。

搞清楚了存款准备金和存款准备金率，接下来我们就来谈一下到底什么是"降准"？与西方发达国家经常采用的直接加息、降息等方式不同，中国央行为何更偏爱存款准备金率这一货币政策工具[①]？

---

① 货币政策工具是指货币当局为达到货币政策目标而采取的手段。货币政策工具可分为一般性货币政策工具和选择性货币政策工具。一般性货币政策工具主要包括法定存款准备金、再贴现机制和公开市场业务。选择性货币政策工具主要包括证券交易信用控制、消费者信用控制和不动产信用控制。

"降准"：央行在释放什么信号

"降准"，指的是降低银行的法定存款准备金率，减少各银行被央行"冻结"的资金，使商业银行可以将所吸收存款中更大的比例用于放贷或投资。

比方说，银行收进 100 元存款，央行降准前的存款准备金率是 10%，现在降准一个百分点，即存款准备金率变为了 9%，那么银行可以放贷的金额就从之前的 90 元变为了 91 元。

可以看到，降准意味着银行可以多放贷了，市场上的钱比之前更多了。

存款准备金的影响在于它直接决定了货币乘数以及货币供应量。举个例子来说明存款是如何派生的：假设甲客户将 100 元现金存入 A 银行，该银行在缴纳 10%的法定存款准备金（10 元）后，将剩下的 90 元放贷给乙客户。乙客户把这 90 元钱又存入 A 银行，A 银行缴纳 10%的存款准备金（9 元）后，将剩下的 81 元放贷给丙客户，丙客户又将这 81 元存入 A 银行，A 银行缴纳 10%的存款准备金（8.1 元）后，将剩下的 72.9 元放贷给丁客户，如此延续下去，A 银行共可以发放的贷款总额就是"90+81+72.9+…"。一直加到最后，贷款总额为 1000 元。

我们可以发现，A 银行经历多轮"吸收存款—上交法定存款准备金—发放贷款"的过程之后，社会获得的总贷款数额变为了 1000 元。

也就是说，理论上 10%的法定存款准备金，可以派生出 10 倍于基础货币的贷款投入社会，这个倍数就是经济学中的"货币乘数"，其数值等于存款准备金率的倒数。

法定存款准备金率上升，货币乘数就下降，二者呈反向变动关系。

可见，存款准备金率的调整可直接作用于社会资金供应。当经济形势一片大好时，不管大小老板还是打工人，都感觉生意好做、钱好挣，股市、房价、工资等都在大涨或小涨，给人的感觉就是哪儿都"不差钱"。这时，可能意味着市场上资金过多，也就是货币供给量较大。

这时政府就要稍稍给经济降一下温，让大家不要过于激动，其目的也是为了让挣钱的好日子更稳健、更持久。于是，央行作为货币政策执行者，通常会通过提升法定存款准备金率来降低货币乘数，也就是使吸收存款的商业银行将更大比例的钱存进央行，更小比例的钱拿出来放贷。

这样，经济体系中的个人或企业想要贷款的话，就会变得比以前难一点，贷款的成本高一点。如此，社会上的资金就变少了，大家"不差钱"的感觉不再强烈。

也就是说，当经济过热，市场上资金过多时，央行可以通过提升法定存款准备金率来降低货币乘数，使社会上的资金变少。反之，当经济增长乏力，或者社会上资金比较紧张的时候，央行则可以通过降低存款准备金率，扩大银行可贷资金的规模，达到货币宽松的效果。

中国为何偏爱调节"存款准备金率"

我们可以注意到，中国经常会提到存款准备金率的调整。事实上2012年—2021年的十年间，中国央行调整存款准备金率达16次之多，包括全面降准和定向降准。然而同在这十年间，利率调整只有8次，其中5次集中于2015年，而2015年10月至2022年6月期间再无利率调整。

反观欧美日等发达国家的货币政策，很少听说他们在存款准备金率上做文章，而通常是以调整利率为主。那为什么我们国家更偏爱调整存款准备金率，而西方发达国家却喜欢调整利率呢？

这是由中国经济发展阶段的特点决定的。

一般来说，对基准利率的调节有两种方式：一种是通过行政手段，典型代表是中国及一些东南亚和拉美国家；另一种是通过市场手段，典型代表是已经实现利率市场化的西方国家。

市场化的利率调节方式主要是央行通过公开市场操作直接参与到货币市场中去，把基准利率调节到合适水平。

虽然中国自 1996 年开始一直在推进利率市场化改革，对商业银行的利率上下限有所放开，但整体上放开程度有限，离完全市场化还有一定的距离。所以，中国央行对基准利率的调节主要通过行政手段进行，可以简单地理解为央行"要求"商业银行主要参考某一基准利率。

这种做法看似很直接，但是无法保证目标利率能够传导到整个市场。

因为商业银行本质上也是企业，它的最主要目标就是追求利润的最大化。如果央行强制"要求"商业银行按照某利率经营存贷款，可能造成的结果是，商业银行的部分贷款业务就赚不到钱了，那么商业银行或许就会直接"撂挑子"不玩了，减少放贷业务。

所以，中国通过利率渠道"降息"，往往效果不佳。但"降准"却可以真真正正地释放大量资金到社会，以增加货币供给的方式直接降低市场利率，从而实现真正的降息。

这就是中国更偏爱调节存款准备金率而不是利率的原因之一。

另一个重要原因是中国外向型的经济模式。伴随着常年的贸易顺差，中国央行外汇储备长期处于较高水平，外汇占款使得中国被动投放大量基础货币（本书第 07 讲"人民币、美元、中国楼市和美国通胀"有详细叙述）。人民币要与进入中国的美元对冲，即进来 1 万美元，我们要对等投放相应价值的人民币。于是，在中国经济发展的同时，老百姓可能会无缘无故地"被通胀"。

在这种情况下，为防止出现恶性通胀等问题，央行需要通过提升法定存款准备金率来"冻结"多余的基础货币。

根据中国经济网 2011 年 3 月 18 日报道，中国人民银行宣布自 2011 年 3 月 25 日起上调存款类金融机构人民币存款准备金率 0.5 个百分点。这是中国人民银行 2011 年第 3 次上调存款准备金率，此次上调存款准备金率后，大型银行存款准备金率高达 20%，再创历史新高。同时期，中国的外汇储备规模也处于历史高位。

中美"加息"的比较：基准利率与 LPR

当经济过热或者市场上流通的货币过多时，各国通常采用偏紧的货币政策，"加息"和"缩表"这类词汇出现的频率就会升高。我们先来看看什么是"加息"？中美的"加息"有什么不同？

实际上，中国的"加息"和美国的"加息"并非同一概念。

美联储加的"息"是联邦基金利率（Federal Funds Rate），指美国同业拆借市场利率。直白地说，就是银行业同行之间互相暂时借点钱，所支付的利息率。

银行之间相互拆借的原因很容易理解：某个银行由于日常的运营，账面上可能会出现赤字，这时就需要通过与其他银行进行短期拆借来弥补赤字。这里的"短期"大部分是指隔夜，但不管短期还是长期，既然是借贷，就会产生利息。

美国的中央银行也就是美联储，本质上也是银行，也是银行间同业市场的参与者，它可以宣布提高自己的同业拆借利息，这个过程就是我们常常听说的"美联储宣布加息了"。

美联储加息，实际上是想通过提高自己向外借钱的利率来引导银行间互相拆借的利率，进而直接影响商业银行的借贷成本，由此将银行间的资金余缺传递到实体经济，最终影响到生产、投资和消费等。

这里之所以强调的是"引导"而不是"要求"，是因为在市场化程度相对较高的美国，如果美联储通过行政手段"要求"其他银行的利率随其利率上升而上升，会被视为是一种违反市场化原则的做法。

既然是"引导"而非"强制"，就意味着可能有某些其他商业银行不配合美联储的操作。当美联储宣布提升利率时，若当时市场上资金足够多，商业银行可能就不会选择去找美联储借钱，而是选择以更低的成本通过其他渠道进行拆借，因为银行间同业市场上不止美联储一个参与主体。

因此，如果美联储自己单方面宣布"加息"，往往不能保证直接影响到银行间拆借利率，也就无法达到真正加息的效果。这种情况下，美联储就需要辅以其他手段来回收市场上多余的资金，比如我们经常听到的一个概念"缩表"。

而中国的加息，指的是中国人民银行提高"存贷款基准利率"，直接"要求"商业银行以这个利率为基准。

但是，现在中国的利率市场化已有一定进展，严格意义上的基准利率调整已经多年没有进行。2019年后，越来越被大众所熟知的LPR（Loan Prime Rate，贷款市场报价利率），已成为当下的基础性贷款参考利率，包括房贷。

　　LPR 是由 18 家商业银行根据市场的需求共同报价，中国人民银行担当"评委"，去掉一个最高价，再去掉一个最低价，算出来的平均值[①]。各银行的贷款利率是按照 LPR 上下浮动的。

　　可见，LPR 标志着中国的利率机制又向市场化靠近了一步。

扩表 vs 缩表：浅析央行资产负债表

　　分析中美两国的货币政策是如何产生关联的，就要从"扩表"和"缩表"说起了。

　　"扩表"与"缩表"指的是央行资产负债表[②]中资产和负债同方向、同规模扩大与缩小。如表 8-1 所示，中国货币当局资产负债表包括国外资产、各类债权、其他资产等"资产"科目数据，以及储备货币、金融性公司存款、发行债权、国外负债、政府存款、自由资金、其他负债等"负债"科目数据。

表 8-1　中国货币当局资产负债表

单位：亿元

项　　目	2019.12	2020.12	2021.12
国外资产	218 638.72	218 039.98	225 102.82
外汇	212 317.26	211 308.10	212 867.20

---

① 资料来源：中国人民银行公告〔2019〕第 15 号。
② 资产负债表是在某一特定时点编制的、记录一个机构单位或一组机构单位所拥有的资产价值和承担的负债价值的报表，理论上其资产和负债数额始终是相等的。参见《国民经济核算手册：国民账户中的金融生产、金融流量与存量》，中国金融出版社，2018 年 12 月。

续表

项　　目	2019.12	2020.12	2021.12
货币黄金	2855.63	2855.63	2855.63
其他国外资产	3465.84	3876.25	9380.00
对政府债权	15 250.24	15 250.24	15 240.68
其中：中央政府	15 250.24	15 250.24	15 240.68
对其他存款性公司债权	117 748.86	133 355.47	128 645.47
对其他金融性公司债权	4623.39	4447.14	4125.22
对非金融性部门债权			
其他资产	14 869.26	16 582.70	22 588.05
总资产	371 130.48	387 675.54	395 702.25
储备货币	324 174.95	330 428.14	329 487.34
货币发行	82 859.05	89 823.29	96 164.80
金融性公司存款	226 023.86	222 906.08	212 392.89
其他存款性公司存款	226 023.86	222 906.08	212 392.89
其他金融性公司存款			
非金融机构存款	15 292.04	17 698.77	20 929.64
不计入储备货币的金融性公司存款	4574.40	4881.82	6053.40
发行债券	1020.00	900.00	950.00
国外负债	841.77	929.67	998.21
政府存款	32 415.13	38 681.53	42 931.68
自有资金	219.75	219.75	219.75
其他负债	7884.49	11 634.63	15 061.88
总负债	371 130.48	387 675.54	395 702.25

数据来源：中国人民银行官网

　　在此，借用山西票号的运作模式来说明什么是"扩表"和"缩表"。票号开张后，储户存入银子，放入票号银库，票号掌柜开具等值银票给他。银票代表票号对储户的负债，储户存的银子暂时成为票号的资产，此时资产等于负债。

票号掌柜记账时，资产和负债项目同时增加，这就是"扩表"。如果有储户拿着银票来兑换银子，票号把银子支取给了持票人，同时银票被销毁，票号的资产和负债同时减少，这就是"缩表"。

如果我们把美联储比作上例中的票号，美元就相当于美联储印发的银票。如今金本位和银本位都已不存在，美联储印发的美元既不对应黄金也不对应白银。但美联储不能只有负债而没有资产，那美联储的资产是什么呢？

实际上美元对应的资产可以有很多，最简单地可理解为：美元对应美国国债。如果我们打开美联储的资产负债表，可以发现，美联储相当一部分的资产，正是美国政府发行的美国国债。

从 2008 年—2022 年的美联储资产负债表可以看到（如图 8-1 所示），资产负债规模两次最大的扩张，一次是 2008 年金融危机时期，另一次是 2020 年—2022 年新冠肺炎疫情期间。这种扩张主要由美联储增发货币，购买美国国债引起。

前文提到，美联储如果仅调高联邦基金利率，往往达不到加息的效果，因为市面上流通的美元较多，银行有多个渠道借到低成本的资金。但是，如果美联储把其所持有的美国国债卖掉，换成美元后再销毁，就会使市面上美元变得紧缺。

美元变少，由市场形成的利率自然就会提高，从而达到"加息"真正想达到的效果。而美联储卖出手中的美国国债，换回美元再销毁，使自己的资产和负债同时降低，就是一个"缩表"的过程。

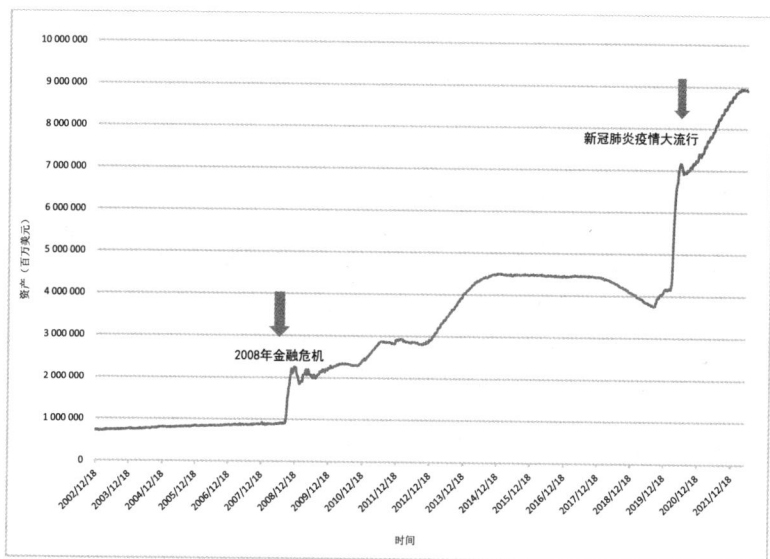

图 8-1 美联储资产总额

数据来源：美联储官网

由此可知"加息"和"缩表"的区别与联系："加息"往往伴随着"缩表"，但二者又不是同一概念。

中美货币政策：是如出一辙还是背道而驰

从中美两国资产负债表的主要构成来看，美联储的资产负债表，负债端是美元，资产端的主要构成是美国国债。而中国央行的资产负债表，负债端主要是储备货币，资产端主要是外汇储备，而且其中大多数是美元。也就是说，中国央行的资产中很大一部分正是美联储的负债。由此可以看到，中美货币政策必然存在内在关联。

为了说明两国资产负债表中的关联性，我们做一个极端简化的假设：假设世界上只有中美两国，各自的资产负债表构成极其简单，如图8-2所示。

图8-2　中美简易资产负债表关联

我们从图8-2中可以看出，中国的资产端和美国的负债端是"手拉手"的关系，而两国各自资产负债表的资产和负债又必须保持相等。于是，美国国债、美元、人民币之间注定存在切不断的关联。

为了更形象地说明这一过程，我们再来做一个更为简化的假设：美国资产负债表中美元的规模为10万亿美元，其中3万亿美元被中国以多种形式持有，2万亿美元被美国唯一的企业A公司投资到中国，这2万亿美元进入中国之后必须"入乡随俗"——以人民币形式在中国境内做生意。于是，这2万亿美元的"绿票票"在进入中国之后，向中国的银行兑换成了价值2万亿美元的"红票票"，并进入了中国的经济系统流通。而中国的银行收到2万亿美元"绿票票"之后就增加了2万亿美元的储备。

这时，中国的资产负债表中资产端的美元数量变为"3+2=5"万亿美元，相应地，中国资产负债表的负债端为价值5万亿美元的人民币。也就是说中国的资产负债表规模由原来的3万亿美元变成了5万亿美元，"扩表"形成了。

某天，正愁暂时没挣到钱的A公司听说美国政府加息了，逐利的本性使其想马上跑回美国投资。于是，A公司在中国境内拿着他们所持有的价值 2 万亿美元的 "红票票" 跑去中国的银行，要求换成 2 万亿美元 "绿票票" 带走。此时，价值 2 万亿美元的 "红票票" 不再流通于中国的市场中，而是进入了中国的银行。同时，中国的银行换出去 2 万亿美元 "绿票票"，于是，中国的资产负债表的资产端和负债端都变回了 3 万亿美元的规模，"表" 的规模由 5 万亿美元变成了 3 万亿美元，也就是 "被动缩表" 了。

可见，中国央行想要 "扩表" 或者 "缩表"，不可避免会受到美国货币政策的影响。

2015 年，美联储开始了加息周期。当时中国经济运行状况不仅没有加息需求，反而需要适当降息。于是，在美国加息的情况下，中国反而降低了基准利率。

美国加息之后，美国市场的资产收益率走高，对美国之外的资金产生吸引力。这可能导致在中国的外资开始撤离，想转移到美国去投资，以追求更高的收益率。

因为人民币尚不具备典型的国际通用货币职能，外资从中国撤离时，通常会想兑换为美元（离岸人民币尚不成规模）。因此，外资将大量的人民币交给了中国的银行，换回美元带走。所以，中国经济系统中的人民币供应量也就相应减少了。

中国央行储备的美元被兑换为人民币，也就是说，央行所持有的外汇减少，资产负债表中的资产减少了。与资产相对应的负债也需要相应减少，也就是人民币的供应量相应减少。从而，中国央行 "被动缩表"，这也间接造成了 2015 年下半年和 2016 年初的股市熔断、"千股跌停"。伴随而来的，还有人民币汇率短时间内的大幅贬值，就是我们那段时间经常听到的人民币汇率 "破 7"。

但是，人民币贬值意味着一定数量的美元可兑换成的人民币更多，人民币汇率的贬值使得中国央行资产负债表中人民币减少的程度小于美元减少的程度，从而缓解了中国央行"被动缩表"的规模。因此，人民币汇率的急贬，不但是一种结果，也是中国央行在当时的一种现实需要。

由此可见，多年来中国的货币政策较为被动：美国超发的货币流入中国，中国就要被动发放人民币；美国加息，中国一般要跟着加息以保证汇率稳定[1]。

我们可能会发现，中美两国有时会实施看似方向相反的货币政策操作，比如中国的 LPR 下降，美国却在加息。这是因为中国的经济环境正在发生变化，货币政策的阶段性目标因之改变，货币政策的独立性也逐渐增强[2]，这些都是中国在国际经济体系中地位不断提升的积极信号。

---

① 2015 年中美货币政策分化，引发了人民币大幅贬值和一场高强度的资本外逃。

② 2021 年下半年以来，中美货币政策再次分化，但中国经济实力的提升和广阔的发展前景使得中国对国际资本具备持续的吸引力，人民币虽有一定程度的贬值压力，但总体跨境资本流动比较平稳。"以我为主"的货币政策也体现了央行对国内经济基本面的优先考虑。

第 09 讲
中国的外汇储备之谜

改革开放以来，中国依赖于低端制造业生产了大量的廉价商品，通过"出口换外汇"积累的财富大部分用来购买了美国国债，支撑了美国人的购买力，这大概是很多人的一种固有看法。

尤其是 2020 年开始，新冠肺炎疫情全球肆虐，随着美国新冠肺炎疫情的持续恶化，为应对经济下行的压力，美联储不断通过"放水"来让货币贬值，从而稀释美国债务，甚至很多专家学者都在担心美国未来会还不起这些债务。

一时间，这种焦虑激起了很多国人的愤怒情绪：我们中国人几十年辛辛苦苦赚的钱换来了美国开出的欠条，而美国用这一张张的欠条，却可以换来实实在在的商品，简直是空手套白狼！

中国为何要大量购买美国国债？

我们国家这么做，当然是有理由的。

我们来聊聊用于购买美国国债的钱，到底是不是所谓"我们辛辛苦苦赚的"，以及中国购买美国国债的原因何在。

外汇储备的三大来源

中国人民银行的外汇储备，主要由美元资产构成，购买美国国债的钱也来源于央行的美元储备。

在这里，我们需要来回顾一下外汇储备的三大来源：贸易顺差、外商直接投资（FDI），以及在贸易顺差和外国直接投资之外的资本流动，也就是所谓的"热钱"。

改革开放以来，中国实施出口导向型的经济发展战略，生产的商品销往世界许多国家和地区。但由于人民币尚未成为国际结算货币，大多数国外买家手里并没有人民币用于支付给中国出口商。美元是世界上流通范围最广的货币，因此，中国大多数的出口贸易都是通过美元结算的。

中国的出口企业在销售商品后拿到的是美元，但根据中国外汇管理的相关规定，中国境内是禁止外币流通的，并且不能以外币计价结算。原因很简单：如果一个国家境内能够流通多种货币，这个国家就失去了货币主权，没有了货币主权就意味着没有了经济主权。

所以，出口企业必须到央行指定的商业银行，把收到的美元兑换成人民币，这些兑换成人民币的美元，就构成了央行的外汇储备。

有一个概念我们需要明确，那就是货币本质上是央行对整个社会的负债。中国央行动用外汇储备购买了大量美债，但实质上用于购买美债的美元，是央行的负债，并不是央行自己的钱。

也就是说，出口企业每挣到1美元外汇，央行就需要按照既定汇率发行等额的人民币来回购美元。央行发行的人民币，实际上就是央行的负债（详见第01讲"钱究竟是怎么被'印'出来的"）。

我们用会计恒等式"资产=负债+所有者权益"来解释这一问题。

出口企业到央行把赚来的美元兑换成人民币，虽然央行收到了美元，但同时也发行了等量的人民币。即资产增加的同时，负债也同等增加了，央行的净资产并没有发生变化。

假设央行在某个时点持有 3 万亿美元的外汇储备，美元兑人民币的汇率按照 1：6 来计算，相当于央行同时对整个社会负有 18 万亿元人民币的负债。

我们通常听到"央行的外汇储备"这种说法，实际上该说法是具有迷惑性的。准确地说，外汇储备是央行资产负债表上的资产，对应的负债是央行等值投放的人民币。换句话说，外汇储备并不是央行自己的钱，而是以等量的人民币的形式被全社会持有。

从另一个角度去看待这个问题，中国居民或企业时不时也会有将人民币兑换成美元的需求。比如，中国企业要去海外投资，或者中国居民要出国旅游、留学。中国的外汇管制规定了每个人每年的购汇和结汇额度，中国居民或企业在额度之内提出美元兑换需求，央行会按照规定予以兑换。可见，央行可以通过外汇管制调节国内支取美元的节奏，但也仅仅是调节"节奏"而已，理论上中国央行最终并不能拒绝兑付美元。

央行为了能够应对美元的兑换需求，就必须留有一些美元，或者具备一定流动性、能够在市场上卖出以转换成美元的东西，美国国债无疑是很好的选择。

除了贸易盈余，外商直接投资（FDI）也是外汇储备的重要来源。外国企业到中国投资建厂，首先需要把外币如美元兑换成人民币。等这些外国企业赚到钱要退出投资的时候，就会把手里的人民币再兑换回外币。

因此，外国企业带着美元进入中国，把美元兑换成人民币时，这部分美元就成为中国央行外汇占款的一部分。而这部分美元，只是"暂存"在央行，将来外国企业要退出中国时，必然会把这部分美元换回带走。毕竟，美国企业给美国人分红，不能拿着人民币去分。

再来说由于人民币升值导致的"热钱"的流入。

根据国际清算银行公布的数据显示，1995年—2021年人民币汇率指数从73.5升至123.3，升值幅度超过60%。尤其是2005年人民币汇改以来，人民币汇率不断走强。

资本永远是逐利的，看到人民币长期升值的趋势，外国投资者就会用他们手里的美元兑换人民币，等到人民币升值后再把人民币换回美元，从而通过外汇市场获取价差。

在等待汇率升值的时间里，这部分"热钱"还可以投入到"热"的领域在短期内赚取巨大利润，比如2015年的中国股市、2016年—2019年的中国楼市等。

因此，国外流入的"热钱"也迟早会从人民币兑换回美元。

从以上对外汇储备的三个来源分析来看，用来购买美国国债的外汇储备并不是央行"自己的钱"。外汇储备实际上是央行通过向社会投放人民币的方式"买"来的，央行只是代国内外的居民保管。

举个例子，老李因为最近手头紧，找老王借了一万元，同时把一块传家手表抵押给了老王，约定六个月后老李拿一万元向老王赎回手表。在这六个月的期间里，老王是不能随意处理这块手表的。比如，老王不能把它在市场上以一万元的价格卖掉，因为六个月后当老李来赎表时，没人知道老王能否以一万元的价格再从市场上将它买回来。这块手表（美元）是老王（央行）的资产，同时也是老王对老李的负债。

由此可见，外汇储备是央行以负债形式形成的资产，央行并不能完全按照自己的意愿随意使用。

在外汇储备的篮子中，要保留一部分储备以维持流动性，至于能动用的那部分，有很多人认为没必要购买美国国债，因为前文讲到，美国不断超发货币稀释债务，本质上就是一种"赖账"。

美国国债成了"唯一选择"

在本书第 07 讲"人民币、美元、中国楼市和美国通胀"中，我们提到过"花不出去"的美元：想买的高科技商品买不到，对外投资也找不到合适、匹配的投资标的——看起来，中国的"钱"多得没有什么地方去花了。

好在，这个世界上有一种投资，能匹配中国天量外汇储备的投资需求。

中国外汇储备的经营管理坚持"安全、流动、保值增值"的原则，"安全"是首位，而"保值增值"排在了最后。

美国国债，恰恰是最符合这个经营原则的投资品种。

首先是"安全"的原则。

美国国债是美国信用的体现，和美国经济牢牢绑定。2010 年以来，外国投资者持有美国国债的占比持续下降。美国财政部 2020 年年末的数据显示，外国投资者所持有的美债占比约为 30%，美国国内投资者（包括美联储）持有的美债占比约为 70%。

换句话说，大部分美国国债是由美国国内投资者购买的。

尤其是新冠肺炎疫情暴发以来，美联储实施"量化宽松"政策，不断增持美国国债，所以说，美国国债更多的是和其国内的经济和参与者息息相关。

从这个角度讲，美国想"赖账"的话，其国内的国债购买者会最先站出来反对。即使是借新还旧、不断"放水"稀释债务，至少美国也从来都是按时还清本息的。一旦美债出现违约，摧毁的将是整个美元霸权体系，对美国人来说，划不来。因此，美国国债可以满足中国人民银行外汇储备的"安全"经营原则。

其次是"流动"原则。

根据上文提到的外汇储备特点可以看出，不管是海外投资，还是大宗商品投资，多多少少都会面临短债长投，即短期的债券用于长期投资的期限错配问题。

假如央行使用大部分外汇储备购买有长期投资属性的海外股权和大宗商品，一旦短期债券发生挤兑现象，短时间内央行就不能通过变卖资产变现，也就无法满足国内外的居民和企业兑换美元的需求。外汇储备不足是造成一国金融恐慌的根源之一。在 1997 年的亚洲金融危机中，泰国就是因为没有足够的外汇储备去应对"索罗斯们"对泰铢的做空，才导致了泰铢的暴跌。

美国国债市场是全球最大以及流动性最好的金融市场，根据美国证券行业和金融市场协会的数据，2022 年 6 月，美国国债市场的平均日交易量为 6535 亿美元[①]，全球各类金融机构和国家主权投资机构对美国国债都有很大的需求，如果急需美元现金，央行可以随时将美国国债出售，能够很快地变现。

实际上，充足的流动性，也是美国国债成为全球最安全投资品的重要因素，二者相辅相成，互为因果。

---

① 美国证券行业和金融市场协会（Securities Industry and Financial Markets Association，简称 SIFMA）于 2022 年 7 月 7 日公布的美国国债交易数据。

本书不止一次地强调过一个观点，任何社会现象的本质都是经济现象，中国购买美国国债也主要出于投资动机。央行为整个社会"保管"这么多的美元，在保障安全的同时还要想办法不让手中的资产贬值，美国国债几乎可以说是唯一的选择。

这一现状，短时间内不会发生根本性变化。也许购买美国国债存在一些隐患，但是在一篮子烂苹果里，烂得最少的那个就是好苹果。

大量的外汇储备找不到合适的投资标的，而如果以现汇的方式储存，一旦美元贬值，那外汇储备才是真正的"打水漂"了。在这种情况下，外汇储备投资美国国债，是最优的选择。

俄罗斯从 2014 年开始大量抛售美国国债，开启"去美元化"的先河，但中国和俄罗斯面临完全不一样的情况。俄罗斯的 GDP 总量，大概只相当于广东一个省的 GDP。

根据俄罗斯央行发布的数据，截至 2021 年 1 月 1 日，俄罗斯持有的外汇储备为 5974 亿美元，其中美元占比为 21.4%，约为 1300 亿美元。而中国 3.2 万亿美元的外汇储备中，美元资产占比为 70%左右，约为 2.1 万亿美元，俄罗斯持有的美债只是中国的一个零头[1]。

俄罗斯放弃美债后，还有其他选择，比如黄金、人民币，但中国暂时没有这些选项。

美国真的还不起钱了吗

根据美国财政部 2022 年 2 月 1 日公布的数据显示，美国国债规

---

[1] 俄罗斯与中国外汇储备数据分别来源于俄罗斯中央银行及中国国家外汇管理局官网。

模已突破 30 万亿美元，达到了历史高位。如此天量的债务规模令人不禁怀疑：美国政府能不能还上这笔钱？

实际上，对于美国政府而言，30 万亿美元也只是个数字而已。

1997 年亚洲金融危机之前，泰国发行了大量以美元计价的债券，酝酿出了巨大的风险。但当一种债务用本币来计价的时候，理论上是没有风险的。但使用外币计价就可能面临汇率不确定的风险。

因为美国政府总能借到美元，而泰国政府不能。只要能借新还旧，30 万亿美元的债务对美国政府来说，根本不是问题，如果一个国家发的债全部是以自己国家的货币计量的，那理论上这个国家没必要偿还本金。

唯一的制约就是能不能借到"新钱"。但是前文提到，安全性、流动性和保值增值的特性，使得美国国债无论在国际还是其国内市场上都不缺乏买家。

换个角度讲，以美元计量的债务本质上不是"债"，而是一种铸币税，是愿意使用并相信美元的人交的税。

说到底，美国只要还处于世界霸主的地位，美元还是国际结算货币，我们就不需要担心美国没钱还债。

"怪圈"何时结束

在中国大量的外汇储备为什么要购买美国国债的问题上，只有理解中国目前所处的状况，才能看清楚形势。

虽然购买美国国债目前来看是最优的选择，但因为某一种因素变动导致外汇储备出现大规模损失的风险一直都是存在的。

全球经济格局风云变幻，美元在全球货币体系中的霸主地位逐渐显出衰败之相，随着中国经济的转型发展，中国央行再大幅增持美国国债的可能性很小。

而人民币的国际地位逐渐上升，人民币国际化的进程也在不断加快。若想要打破美元独大的格局，规避中国外汇储备的损失，最重要的是不断夯实国家的经济实力，进一步推动人民币国际化的进程。

也许路途坎坷，前途却是光明的。

当我们无须再用另一种货币为自己背书时，就能打破既有的利益格局。当全球越来越多的国家使用人民币作为结算货币，将人民币作为外汇储备货币时，我们的国家也将走向兴盛强大，实现伟大复兴。

第10讲
人民币国际化在路上

假设 A 国想把自己的钢材卖到 B 国,B 国想把自己的橡胶卖给 A 国,这必然涉及交易结算:A、B 两国都想用自己的货币结算,这就难免"掐架"。这时美国就站出来说:"你们别吵了,你们都用我的美元吧,美元与黄金挂钩,币值稳定,信誉好,但兑换美元得付点手续费。"A 国和 B 国咬咬牙答应了。

同样的情景也发生在了 C、D 等国之间。这时,C 国央行心想:我们得绕过"中间商赚差价"。于是跟 D 国央行说:"我们俩来'货币互换'吧,约定一个期限,以现在的汇率互换咱们两国的等量货币,到期再各自换回去,利息照付,这样咱俩之间的贸易结算就不受汇率变动影响了。"于是,在不同的国家之间,货币互换形成了。

货币互换有很多好处:第一,不用担心对方货币升值贬值对自己的影响,避免了汇率风险;第二,在货币互换期内,用对方货币进行贸易结算,可以省去货币兑换的麻烦;第三,绕过了美国这个"中间商"。其中唯一的风险就是,到期换不回本金的违约风险。

货币互换(又称货币掉期)就是指这种两笔价值相同、期限相同,但币种不同的债务资金之间的调换,主要目的在于降低筹资成本及防范汇率变动造成损失。

截至 2021 年 9 月，中国已与 39 个国家央行签署了货币互换协议，这些国家可以用互换来的人民币购买丰富的中国商品。人民币的流通范围逐步扩大，得到了世界范围内更为广泛的认可，正在逐步走向国际化。

但人民币实现国际化不是一蹴而就的，而是一个复杂、渐进的过程。

人民币国际化的 1.0 阶段：打基础

一国货币想要成为国际货币，有两种途径：一是该国控制了国际金融市场，垄断了国际结算体系，让其他国家不得不使用该国货币；二是该国能大量生产出实实在在的商品，让其他国家自愿使用该国货币购买商品。

第一种途径的代表就是美国，通过垄断国际结算系统 SWIFT 和绑定石油贸易，让其他国家不得不使用美元。而第二种途径的代表则是中国。

我们先来了解一下美国的 SWIFT 这一跨境贸易下的国际资金清算系统。

从"黄金美元"到"石油美元"再到"信用美元"，美国一直都将美元与高价值物绑定，让全世界都觉得美元是最有价值的，从而建立"美元霸权"，并维持美国在全球经济中的核心地位（详见本书第 05 讲"美元的逻辑：美国的金融称霸之路"）。

就像本讲开头提到的，面对 A 国、B 国交易中的支付问题，美国主动提出使用美元作为中间支付，这为美元国际地位的提升和稳固打下了基础，美元也就顺理成章地通过对全球支付体系的控制，形成了货币支付的垄断。

美国垄断国际结算体系的利器，就是 SWIFT 系统。

"SWIFT"是"环球同业银行金融电讯协会"的简称，是由美国牵头的国际结算系统，也是目前全球最通用的支付系统。不同国家的金融机构通过"SWIFT"国际结算系统与同业交换电文来完成跨境金融交易。

美元在 SWIFT 系统中交易量最大，占比约为 40.5%（2021 年底数据）。毋庸置疑，美元在国际支付中的份额决定了美国在 SWIFT 系统中拥有绝对的话语权。美元的霸权地位与 SWIFT 系统在国际结算中的地位相辅相成。

因为 SWIFT 系统，全世界大部分国家的贸易往来都处于美国的监控之下，这进一步强化了美元的霸权地位。如果一个国家被剔除出系统，意味着其接收和传递国际金融信息、进行跨境结算都会受到极大的限制。在俄乌冲突期间，美国就拿出了 SWIFT 系统这个撒手锏：将俄罗斯部分银行踢出了 SWIFT 系统。

聊完美国的 SWIFT 系统，让我们看看中国是如何靠着强大的产业链（生产出实实在在的商品）来吸引世界各国使用人民币的。在生产领域，中国具有全产业链和"中国速度"等优势，这是近几十年来全世界有目共睹的。

从打火机到高铁，强大的中国制造业能够产出大量实实在在的商品，形成了规模宏大的产业链体系，为持有人民币的国家提供了用人民币购买丰富中国商品的机会，持有人民币的国家自然也就"踏实"了。

可以说，中国的产业链发展推进了中国的跨境贸易，而人民币在随着中国跨境贸易的发展逐步走向国际化。

两国贸易之间最大的障碍就是由于汇率风险产生的对对方货币的不信任。本讲开头提到的货币互换协议，恰好解决了双方"货币不信任"的问题，为跨境贸易扫清货币支付的障碍。中国在不断扩大的跨境贸易中逐步推进与多个国家货币互换协议的签署。

以中国和俄罗斯为例，假如双方能够绕过美元进行货币兑换，也就是用人民币兑换相同价值的卢布，到期再互相兑换回来。那么俄罗斯进口商从中国购买商品时，可以用兑换好的人民币支付给中国的出口商；中国的进口商从俄罗斯采购石油时，也可以直接付给他们兑换好的卢布，两国的企业出口商品收的都是本国的货币，这样就不存在担心汇率波动的问题。更重要的是，两种货币的直接兑换和支付意味着抛开了美元。

理论上，中国可以和全球几乎所有的国家都进行货币互换，这也是中国一直在努力做的事情。以强大的中国制造业和全产业链下的丰富商品做支撑，如果中国和更多的国家互换了货币，这些国家都用互换来的人民币直接购买中国商品，将使得人民币流通的范围进一步扩大，人民币就会在世界范围内得到更广泛的认可。

当然，为了实现这一目标，人民币的国际化就开启了它的第二个阶段——"攻城略地"。

人民币国际化的 2.0 阶段："攻城略地"

以人民币进行石油贸易结算

美国曾通过一系列手段实现用美元结算石油贸易，从而维持美元的国际化霸权地位。美国走过的路中国也可以走，只不过中国坚决反对霸权主义，所以走得更加平等、更加互惠互利。

人民币国际化的关键在于各国都愿意使用人民币进行贸易结算。作为世界第二大经济体，中国对石油有着极大的需求，在 2018 年首次超越美国，成为全球最大的原油进口国。用人民币进行石油结算具有重要的战略意义。

2021 年 3 月，中国与伊朗签署了一项为期 25 年的战略合作协议，这份协议不仅正式约定了中国"获得伊朗的常规石油供应"，其更深远的意义还在于协议中涉及的石油交易将绕开美元结算体系，直接以人民币进行结算。这被看作"中国人民币迈向国际化的重要一步"。

此外，中国也与俄罗斯、沙特阿拉伯等石油出口国积极推进以人民币结算石油进口的事宜。石油贸易绕开美元直接采用人民币进行结算，是对美元霸权的化解，将大大提升人民币的国际地位，也意味着人民币在国际化的进程上更进了一步。

超大自贸区的成立："RCEP"协议

"RCEP"全称是"区域全面经济伙伴关系协定"（Regional Comprehensive Economic Partnership），实质是西太平洋地区的自贸易协议，最早由东盟十国发起，并邀请中国、日本、韩国、印度、澳大利亚、新西兰六个国家加入，由于印度的退出，最后由十五国在 2020 年 11 月签署。

所谓自由贸易协定，就是协议国之间的贸易关税降低甚至采用零关税。如果我们把国家比作经济学理论中的"理性人"（详见本书第 16 讲"行为经济学：做一个理性人"），对"RCEP"协议就可以理解得更清楚。国家作为一个"理性人",在经济活动中要实现的根本目的就是促进本国经济发展,带领国人走向富裕。"RCEP"协议的低关税或零关税可以大大促进协议国之间的贸易往来,降低商品成本,促进经济发展,提升居民福利水平。

2022 年 1 月,"RCEP"成员国的总人口达到了 22.7 亿人,出口总额达 5.5 万亿美元,均占全球总量的 30%①。"RCEP"这一超大自贸区的成立为人民币的国际化支付提供了广阔的舞台。

在同一自贸区内,成员国之间的贸易壁垒已消除,不必再进行货币互换,而且使用第三方货币(如美元)结算不如使用本币结算便捷,所以,国际贸易通常直接用对方货币进行结算。

比如,缅甸央行在 2021 年底宣布允许在中缅两国边境地区直接使用人民币/缅币进行支付结算。这样一来,中缅人民就可以用自己国家的货币进行贸易往来,方便了许多。

中国在"RCEP"框架内同各国开展的合作是在同一自贸区内进行的,其他国家和中国开展本币结算,凭借全球第一大自贸区的贸易规模,人民币未来在国际支付中的份额将大大提升。

当我们透过现象看本质就会发现:本币结算实际上可以看作绕开美元进行结算的过渡形式,"RCEP"发展的终极形式就是推出一种类似欧元的货币,而作为全球第一大贸易国的中国,人民币优势也必将更为凸显。

---

① 参见中国新闻社官方账号"华舆"2022 年 1 月 6 日刊登的文章《RCEP正式生效,德媒:超大自贸区将赶超欧盟》。

离岸金融体系的构建

强大的货币必然要有不断发展壮大的金融市场作为配套支撑。

2021 年 7 月，中国对浦东金融开放提出新要求：构建与上海国际金融中心相匹配的离岸金融体系，支持浦东在风险可控前提下，发展人民币离岸交易。浦东为何要构建离岸金融体系？为何要发展人民币离岸交易呢？

让我们从头开始说起。

第二次世界大战后，随着经济全球化的不断加深，各国之间的经贸往来愈发频繁，各国金融机构持有的外国货币越来越多。但仅持有而不让它流动，也不是个办法。为了使手上持有的外币流动起来产生收益，这些金融机构就开始从事本币之外的其他币种存贷款业务。

人们给专门从事外币存贷款业务的金融活动起了个名字，叫作"离岸金融"。而对于存放在发行国以外并进行交易的货币，叫作"离岸货币"。后来，离岸金融的概念又得到了进一步的扩展，只要交易双方都是"非居民"，不管交易的地点在不在货币发行国境内，这样的业务都可以被称为"离岸金融业务"，比如上海人民币离岸金融中心。

中国上海的浦东将要打造的全球人民币离岸金融中心，所从事的业务就是人民币离岸金融业务。之所以要建设这个金融中心，是由于人民币还未能成为主要的国际结算货币，在国际支付中占比并不高。

根据 SWIFT 系统的报告，2021 年 12 月，在主要货币的支付金额排名中，美元、欧元、英镑分别以 40.51%、36.65%、5.89% 的占比位居前三位，人民币占比为 2.7%，位居第四，日元占比降至 2.58%[1]。中国作为世界第二大经济体、第一大商品贸易国，人民币在主要货币支付金额的排名并不高，这也间接说明人民币的国际支付地位与经济实力严重不匹配。

但是，伴随着中国在国际贸易中的深度参与，中国境外存在着大量人民币。2021 年，境外主体持有境内人民币股票、债券、贷款及存款等金融资产金额超过 10 万亿元[2]。中国的进口企业向海外卖家支付的人民币、中国居民境外使用人民币的刷卡消费、国内银行向境外企业发放的贷款，构成了境外人民币的主要来源。

这时问题来了：由于人民币不可自由兑换，中国境外的人民币就没有回到国内市场的渠道。再加上人民币不是国际结算货币，导致在境外的人民币也无法直接使用和交易。

如何解决这个问题？

早在 2004 年，中国香港就开始启动人民币离岸业务，境外的人民币可以通过香港汇往内地，但境外的人民币是否有向境内汇入的动机呢？

首先，由于中国内地实行外汇管制，转回国内的钱再转出去是不那么容易的；其次，离岸人民币与金融市场的联系更加紧密，其汇率也就更能反映市场供求。中国出口导向型的经济模式使得长期以来在岸人民币的价值是被低估的，导致离岸人民币汇率要比在岸人民币汇率更加坚挺，也可以理解为离岸人民币比在岸人民币更"值钱"。

因此，境外人民币向境内汇入的动机并不强烈。

---

① 数据来源：《经济日报》2022 年 2 月 10 日版。
② 数据来源：《2021 年人民币国际化报告》，中国人民银行发布。

　　但境外的人民币不能一直闲置，需要市场流通：境外人民币的持有者可以融出人民币获取收益，对人民币有需求的境外企业可以融入人民币。这样，人民币在境外就"活"了起来，"活"起来的货币才更有价值，境外的企业和个人才会愿意持有，这就是人民币离岸市场存在的意义。

　　在人民币尚未实现自由兑换的时候，人民币离岸金融中心可以看作人民币国际化的过渡性手段。

　　石油交易以人民币结算、签署"RCEP"、构建浦东离岸金融体系，人民币国际化在"攻城略地"之时，仍不忘放眼未来。

人民币国际化的 3.0 阶段：放眼未来

　　改革开放以来，中国构建了庞大的市场规模，为人民币国际化奠定了良好基础，但这也仅仅只是基础，要真正实现人民币国际化还需万里长征。

划时代的数字人民币

　　本书第 11 讲"揭开比特币的神秘面纱"提到了区块链的去中心化技术。受新冠肺炎疫情影响，全球数字化转型按下了快进键，各国央行的态度也发生了重大转变，纷纷加快央行数字货币（Central Bank Digital Currency，CBDC）的研发与试验进程。其中，中国的 e-CNY 走在了前列——中国成为世界上第一个发行国家数字货币的经济体。

　　与传统的电子支付方式不同，数字人民币 e-CNY，也被称为 DCEP（Digital Currency Electronic Payment），即数字货币和电子支付工具，是中国人民银行正式发行的法定数字货币，与实物人民币等价，具有价值特征和法偿性。这意味着它的定位不仅仅是简单的纸钞数字化，而是要替代部分 M0（可参考本书第 03 讲"像'内行人'一样看懂货币供应量的门道"）。

中国自 2014 年起将人民币从"1.0 版"的纸币支付、"2.0 版"的移动支付逐步带向了"3.0 版"的"数字货币"时代。

放眼全球，各国央行对数字货币有很多尝试。同时，快速发展的区块链技术可以将 SWIFT 的处理时间从几天提升至秒级，解决了各国时区的不匹配问题。各国的数字货币平台两两对接，不加入 SWIFT 也不影响两国货币结算。货币结算的话语权将不再是美国一家独大，各国会逐步降低对 SWIFT 的依赖。

数字货币时代已经悄然而至，各国央行基于区块链技术的跨境结算也在探索和发展中。短期内，数字人民币的影响或许主要作用在中国境内，但长远来看，作为世界上第一个发行主权数字货币的国家，中国如果能在全球引领属于数字货币时代的"SWIFT 系统"研发，那么人民币也会在新一轮国际金融秩序变局中，稳步提升竞争力与国际话语权。

碳中和：人民币"弯道超车"的契机？

中国和美国既有合作又有竞争，而"竞争"中最重要的一个方面就是：人民币和美元的竞争。

美国用美元购买全世界的商品，美元由此流出，美国发达的金融市场又将美元"召回"，成为美元蓄水池。

类似的道理，人民币也需要找到一条途径，在全球形成"人民币大循环"，这样人民币国际化才有基础。除了"一带一路"倡议，人民币全球大循环最可行的途径之一或许就是"碳中和",而其中的核心就是"碳排放权"交易。

理论上讲,"碳排放权"可以视同黄金储备,它本质上是一种未来的全球征税权。预计到 2030 年,"碳排放权"交易将可能超过石油交易[①]。美元和石油绑定造就了美元世界货币的地位,那人民币能否和"碳排放权"绑定呢?

从货币的角度理解,在"碳中和"时代,未来拥有了"碳排放权",或者"碳排放权"储备,或许就意味着拥有了备兑支付手段。谁拥有强大的"碳排放权"储备,就类似于拥有了庞大的黄金储备,就可以与该国货币挂钩,用该国货币结算。"碳排放权"和石油具有一定相似性,在全球坚决贯彻"碳中和"目标的情况下,无论是国家还是企业,只要经济需要发展,生产需要碳排放,就可能需要购买"碳排放权"。

事实上,21 世纪以来,人民币未能真正国际化,其中一个重要原因就是中国生产的商品容易被替代,议价能力太低。

而"碳排放权"与过去中国的普通商品截然相反,因为我们体量大,必然会有议价权。2021 年 7 月 16 日,全国碳市场启动仪式于北京、上海、武汉三地同时举办,备受瞩目的全国碳市场正式开始上线交易。发电行业成为首个纳入全国碳市场的行业,纳入重点排放单位超过 2000 家。中国碳市场将成为全球覆盖温室气体排放量规模最大的市场。而庞大的碳市场规模将带来"碳排放权"的高议价权地位,同时议价权也仅是碳市场及碳排放权的战略价值的"冰山一角","碳中和"目标对中国具有重要的历史意义。

---

① 全国能源信息平台:《碳排放交易市场规模能否超过石油市场?》

假以时日,中国或可以像之前积累外汇储备一样,积累天量的"碳排放权"。别的国家再想发展工业,若自己的碳排放额度用尽,可能就得来中国买。那时候,中国就可以理直气壮地要求用人民币交易,而不是用美元。这样一来,世界各国对人民币的接受度就会迈上新台阶。中国拥有了"碳排放权"储备,是不是能够帮助人民币更快地实现国际化呢?这是值得思考的一个问题。

永远不要忘了,人们接受某种货币,是因为这种货币有用。

未来,中国还将从"世界工厂"变成"世界市场",将会从全球购买商品,这样就可以顺理成章地使用人民币结算,人民币也就有了"回流机制",实现了全球流通和大循环,也就实现了国际化。

在中国崛起的历史长河中,"碳中和"只是刚刚登上历史舞台,它将成为下一个时代中国最重要的战略部署之一,也或许将会成为人民币国际化在"放眼未来"中的重要战略部署。

人民币国际化之路的启示

尽管人民币国际化的探索已经取得了一定的成果,人民币国际化指数从 2019 年的 3.03 上升到 2020 年的 5.02[①],排名从第五升至第三。但我们必须直面差距和不足,2020 年,美元和欧元的国际化指数分别为 51.27 和 26.17,排名第一、第二,而人民币在国际支付中的份额不足 3%。这些数据无法与中国作为世界第二大经济体的地位相匹配。

---

① 数据来源:中国人民大学国际货币研究所(IMI)发布的《人民币国际化报告 2021——双循环新发展格局与货币国际化》。

　　路漫漫其修远兮，人民币的国际化不会靠某个单一的手段就能实现，而且必将是一个长期的过程。

　　可以肯定的是，在构建人类命运共同体这一愿景之下，中国追求的人民币国际化决不会像美元霸权，而会是平等互惠的，能让其他国家拥有更多自主的权力，将会有全新的规则和崭新的格局。

第 11 讲
揭开比特币的神秘面纱

电影《教父》里有句台词，"花半秒钟就看透事物本质的人，和花一辈子都看不清事物本质的人，注定有截然不同的命运。"在变化多端的比特币世界，即便你不是用半秒钟看清本质的天才，但也千万别当个一辈子都看不清本质的傻瓜。

相信每个心怀财富梦想的人都听说过比特币（BitCoin）。

假如老王在 2010 年挖出一万枚比特币，他可以买两张比萨饼，而到了 2021 年 11 月，当年买两张比萨饼的比特币，都可以买两架波音 787 客机了。11 年间，比特币的价值狂翻 6.41 万倍，这过山车式的市场行情不禁让人心惊肉跳，也让人对这造富神话心生向往。

被市场奉为"21 世纪黄金"的比特币到底是什么？为什么投资者的热情几经打压，仍然有增无减？

比特币的诞生

要寻求比特币的本质，让我们先来看看比特币是如何诞生的。

2008 年 11 月 1 日，一名自称中本聪的人在网络上发布："我一直在研究一种全新的、完全点对点的电子现金系统，抛弃第三方信用机构。"紧接着给出了比特币白皮书的链接，他在书中写道："比特币是一种 P2P 形式的电子货币，比特币可以支撑一个去中心化的支付系统，而该系统更是一个不同于以往的全新支付系统。"

简单来说，比特币是中本聪在 2008 年提出的一种数字虚拟货币，而深入理解这个概念，就必须了解什么叫比特币支付系统和中心化。

比特币的支付系统，其实是进行加减的一个账本。

设想一下，当我们在超市买了一瓶水，向商家转账时，你的账户上要减一瓶水的钱，而商家的账户上就增加了一笔钱。如果你们俩的账户开在不同的银行，这时候就发生了银行间的资金转移。中央银行的支付清算系统来结算时，A 银行的账户减一个数字，B 银行的账户加一个数字。

原理上，所有的交易都是通过这样的加加减减来实现的，而各银行的数据汇总到央行来集中处理，我们就称之为中心化的支付系统。各银行自己的清算系统就可以看作该系统的子系统。所以，你有多少钱，是需要得到银行支付系统承认的，银行就是一个中心化的第三方。

比特币的支付系统实际上也可以看作账本。而你有多少比特币，是需要得到区块链网络的承认的。区块链网络又是什么意思呢？

大家可能都听说过比特币挖矿，当然，这里的挖矿并不是让你在地下深处挖掘黄金或者煤炭。比特币挖矿指的是由你在电脑或者矿机上运行一个比特币清算程序，而矿工就是区块链的每一个节点，这个节点可以是个人，也可以是公司。那么，世界各地的矿工所编织的网络就是区块链网络。

当别人把一个比特币转给你，这个行为会通知到每一个矿工，这样就算得到了区块链网络的承认。这个通知的过程叫作广播，就是通过点对点（P2P）的形式实现的。你获得比特币或者使用比特币，都会得到区块链网络的确认，那么你手上有多少比特币，大家也都是知道的。

为什么说比特币是"去中心化"的呢？

根据比特币的设计，比特币的记录和交易不存在类似银行这样一个"中心"。比特币来自其所依托的区块链技术，由网络节点通过非常复杂的计算生成，任何人都可以成为比特币制造的参与者。也就是说，比特币的清算能力不依赖某个中心化的服务器。

同时，在技术上，比特币能够通过任何一台电脑进行买卖交易，完全可以实现全世界流通。矿工遍布世界各地，其流通性理论上远远超过现行的所有信用货币。

更为奇妙的一点在于，基于密码学的设计可以使比特币只能被真实的拥有者转移或支付，确保了货币所有权与流通交易的匿名性。

也就是说，比特币在流通的过程中，除了自己，任何外人都无法识别用户的个人信息。即使有人购买了你手中的比特币，你也可能完全不知道对方身在哪里，是什么身份。

这种任何人都可以挖掘、购买、出售或收取比特币，并且在交易过程中全程实现用户绝对匿名的方式，给比特币平添了实足的神秘感。正因为比特币具有以上这些独特之处，自诞生以来便受到了广泛甚至狂热的追捧。

比特币是货币吗

货币基于商品交换的需要而产生，伴随交换的发展而发展，本质是一般等价物。通俗地说，就是在一个广泛的范围内，当人们需要购买商品和服务时，愿意付出的同时也被其他人普遍接受的一种特殊商品。

当前的信用货币体系，起源于二战后金本位下的美元体系，并于20世纪70年代美元和黄金脱钩后延续至今。美国政府用自己的经济、军事、政治实力为美元做保证，使现在全世界的货币都和美国的印钞机连在一起。

信用货币有以下几个基本属性：

第一，货币要被广泛接受，如果没人要，它毫无意义；

第二，人们对它有信心，信心源于货币背后的价值，只有大家都相信货币的价值，货币才值得拥有；

第三，货币的价值必须保持在一个稳定的范围内，可以作为交易的衡量标准。

比较比特币与信用货币，我们可以从这三个基本属性进行分析。

从市场接受度上看，目前比特币虽然被极个别商家接受作为支付手段，比如2014年1月9日，美国大型网络零售商 Overstock 正式接受比特币，但整体来看，比特币的市场范围极小，无法达到市场普遍接受和认可的程度。

同时，信用货币除了信用属性，还包含了政府公信力，这也决定了信用货币要在政府许可的前提下，以特定形式在市场上进行流通。那么，即使有人怀揣着比特币去消费，因其并不能得到商家的广泛接受，实现真正的交易和流通可谓难上加难。况且，即便是政府背书的信用货币，在不同的国家之间，被接受的程度也并不相同。

由此可见，在接受度上，比特币与信用货币相比还有一定的差距。但就传统意义而言，比特币是有货币属性的，即人们能够接受它作为商品交换的价格衡量尺度。

从货币信心的角度来看，比特币要优于传统信用货币。

上文提到，比特币是去中心化的货币，当代信用货币体系是中心化的，但银行的中心地位受到信用影响，信用本身又取决于经济发展和社会条件等诸多因素，所以银行的中心化地位并不是牢不可破的。

比如，资本主义国家的历次金融危机都表明，银行系统会受到直接冲击。如果银行系统崩溃，就意味着国家的整个货币系统会崩溃，信用货币的功能将缺失。

而比特币本身是去中心化的，在比特币的交易体系里，每个人都是银行，每个人都会影响其他人和其他节点。因此，每一笔交易理论上需要获得每个节点的认可，所有交易都有迹可循，一个环节的崩溃不会造成太大影响。

比特币的另一个突出特点是不依赖于特定的货币发行机构，仅通过算法形成一串计算机网络代码。且比特币这个金矿由全体用户共同控制，人人都可以挖矿，任何政府都不能随意改变规则或独占金矿，所以比特币出现通胀的可能性很低。

要知道，因为政府滥发货币，津巴布韦的恶性通胀导致很多普通人积累几十年的财富在一夜之间就消失了。2001 年，100 津巴布韦元可以兑换 1 美元。到了 2009 年 2 月 2 日，300 万亿（即 $3×10^{14}$）津巴布韦元才能兑换 1 美元。

比特币自诞生以来，遭受了无数次黑客攻击，但从未被攻破过，其安全可靠性得到了验证。再加上算法决定着比特币最高的发行上限是 2100 万枚，天然稀缺性可媲美乃至超越金银，从而比大多数信用货币更让人信赖。

从价值稳定性上看，这个问题就更直观，正如文章开头所提到的，在 10 年多的时间里，比特币的币值时而一飞冲天，但时而也让人大跌眼镜。对于资本市场的搏杀者而言，也许在自己的交易记录中，涨跌幅最大的就是比特币了吧，毕竟比特币创下了单日暴涨 90%或者暴跌 90%的记录。

短期的剧烈波动使得比特币在价值稳定性上，无法与信用货币相比，这也是许多人不能接受比特币的另一个重要原因。

由以上对比可知，在当前市场环境中，比特币与信用货币的区别还是显而易见的。也就是说，比特币并非严格意义上的信用货币。但可以确定的是，如果能够被市场大多数商家所接受，并且币值本身再保持合理的稳定性，那么在现行的货币体系下，比特币是有可能成为一种全新的信用货币的。

当然，这也仅仅是一种可能性。货币是社会分工和生产力的水平发展到一定阶段的必然产物，其本质是交易的媒介物。货币本身被赋予了经济的、社会的、政治的种种特定职能。因此，任何一种信用货币的上位并不单纯取决于其自身属性，最主要的是能够形成财产的所有者与市场关于交换权的契约，也就是达成共识，大家都愿意且方便使用。

比特币是否等同于黄金

比特币作为新技术的产物，是否等同于黄金呢？

想象一下，如果给你一密码箱的金条，你会觉得这是极多的钱。你或许并不着急把这些金条换成现金，很有可能会藏在家里传给下一代。

而给你 10 个比特币，按照 2022 年的市价来算，你大概也能理解这是极多的钱，但是你很有可能会把它兑换成现金，才会认为它是真的变成实实在在的钱。

从作为资产的角度上来看，黄金和比特币应该是一样的吗？

比特币被称为 21 世纪的黄金，是数字黄金，有如下缘由：

第一，比特币是目前市场上价值最高的数字货币，也是数字货币的开山鼻祖；

第二，比特币是有限的，总量仅为 2100 万枚；

第三，比特币和黄金一样，不是任何一个人、机构或者国家发行的；

第四，比特币受到了部分人的认可，所以它有价值；

第五，比特币和黄金一样开采难度巨大。

那么，有了这些特性，比特币就可以真的等同于黄金了吗？答案当然是否定的。

从总量上看，黄金在理论上是有限的，因为在现有的技术条件下，黄金在地球上的储量有限。但随着技术的发展，也许未来会有更多的黄金被发现，那么黄金的稀缺性也可能会受到挑战。

比特币却不一样，按照现有程序，比特币的总量是恒定的，仅有 2100 万枚。

从携带便捷程度上看，黄金不方便携带，而且很多国家是不允许携带黄金出入境的。而比特币就方便多了，把你的比特币存在数字钱包里，保存好你的私人"钥匙"就行。

从接受管控的情况看，黄金受到国家的调配管控，黄金的开采、加工、批发、零售等环节均需要经过审批。可以说，国家的管控就是对黄金最好的背书。

比特币目前在国内监管也越来越严格。但是，价值来源于共识，黄金的价值来源于人们对稀有金属稀缺性的共识。而比特币的价值，从它出现以来的这十几年来看，来源于极少部分人对比特币去中心化安全支付的共识。相比之下，黄金是天然存在的，比特币是后天出现的，这造成比特币共识的拓展难度比黄金大得多。

从属性来看，我们所接触到的所有投资品都有使用属性或者说实物属性。比如股票，它是公司的所有权；房产虽然带有强烈的金融属性，但它有居住的使用属性；黄金除了金融属性外，还有装饰用途及更重要的工业用途。

相比之下，比特币的使用局限于很小的领域，受限于技术层面的因素，比特币没办法作为大规模交换等价物使用，但是在匿名转账以及跨国转账领域有一定的使用价值。

所以，比特币与黄金本质不同，比特币能否作为价值贮藏手段取决于人们对它的热情还能持续多久。

去伪存真：认清比特币的本质

客观来说，比特币并不像纸币那样是独立的个体，它是一套电子现金系统，可以在网络上不经过任何中心机构就完成全球转账。

资本正是看中了比特币的系统性，为它打造了一系列技术创新、颠覆现有金融体系的光环，使比特币成为现代资本市场的宠儿。比特币已经从最初"极客"圈子的技术游戏，逐渐变成了一种独特的金融产品。

有人说炒币就是赌博，我们判断一种交易是不是赌博，重点要关注该游戏是不是零和游戏。

在零和游戏中，一群人的收益永远等于另外一群人的损失。因为有交易成本，理论上参与者的期望收益率是负的。赌博中造成负收益的常见伎俩就是赌场直接或者间接"抽水"，而在资产交易中则对应各种手续费。

从这个角度出发，炒比特币就是一场零和游戏，依靠比特币发家致富的人是建立在更多人亏损的基础上的。

还有一个概念叫作"幸存者偏差"。我们听到的故事多是幸存者的辉煌故事，失败者往往不会分享他的故事。

另外，比特币与传统的大部分金融资产投资不同，因为比特币本身不创造价值。我们以股市为例：股市本身并不是一场零和游戏。比如，老王看好一个企业并且长期持有它的股票，最终老王所赚到的钱并不是别人损失掉的钱，而是来自这个企业的成长和利润，是企业为社会创造价值所带来的回馈。

我们说股市像赌场，是对那些管不住自己的手、听小道消息频繁交易的投资者来说的。对真正的价值投资者而言，以股市为代表的资本市场，绝对是为社会创造财富的地方。

反观比特币，交易者可能会赢很多，但更可能会输，因为它本身并不创造价值，从这个角度讲，"炒币"和赌博没有任何区别。

并不是我们说比特币不好，也没必要对比特币谈虎色变，比特币背后的区块链技术确实有很多应用价值。大家需要做的，是认清它的本质，去伪存真，拥有系统性的思考和判断，千万不要因为看到很多人赚钱了而去盲目投资。

我们要用比特币提供的全新思路，更好地推动社会发展。至于普通人是否应该参与比特币的投资（投机），我想读完本讲，大家心中已经有了答案。

第 2 章

经济思维：
社会现象即经济现象

　　大道至简，任何社会现象都是经济现象，而任何经济现象，都是"人性"的现象。

　　和其他学科一样，经济学是一种工具，它能起到多大的作用，取决于用它的人。

　　掌握经济原理不能直接让你实现财富自由，却可以助你把理性变成本能，减少走通往财富自由的弯路。

第 12 讲
供给与需求：经济学的根基

每逢"五一"劳动节、"十一"国庆节期间，某些热门景区的酒店价格就会直线上升。

当中东爆发战争时，原油价格瞬间大幅攀升，二手汽车的价格随之呈下降趋势。

在中国"蔬菜之乡"山东寿光受到洪灾影响之时，很多地方超市的蔬菜价格都有不同幅度的上涨。

这些事件都体现了经济学领域的一个知识：供给与需求。

供给与需求是经济学分析的基点，是经济学家们的高频使用词汇。其实每个经济学现象的背后都蕴藏着供需的逻辑，因为它们是市场经济运行的推动力量，影响着每种商品的产量以及出售的价格。

"供"与"需"的初探

代表凯恩斯主义的诺贝尔经济学家保罗·萨缪尔森认为，学好经济学只需要掌握两件事：一个是供给，一个是需求。

如果我们去翻看经济学的各种经典教材，就会发现，大家在讲解供需之前都会不约而同地先设定一个市场，即一个由消费者与生产者组成的以某种商品或服务为基础的交易场所。在这个市场中，消费者作为一个群体决定了一种商品或服务的需求，而生产者作为一个群体决定了一种商品或服务的供给。

经济学中对需求的定义是，一定的时期内，在一个既定的价格水平下，消费者愿意并且能够购买的商品数量。"需求"是不同于"需要"的，"需求"包括"有购买欲望"和"有支付能力"两个要素，也就是"愿意"和"能够"，二者缺一不可。

假如你在路边看到一辆炫酷的阿斯顿·马丁品牌豪车，价值 500 万元，看着看着，你可能心想，"要是买一辆开去兜风，该是什么样的体验"。你有购买的意愿，但这么一大笔支出，普通人可能没有消费的能力。所以，有"购买欲望"但没有"支付能力"，就不算需求。

而供给，指的是生产者在一定时期内，在各种可能的价格水平下，愿意并且能够提供出售的商品数量。同样，这种供给也必须满足两个条件：生产者有"出售的愿望"和"供应的能力"。

供给与需求塑造了生产者和消费者双方的行为。在市场中，每个消费者都知道市场上有一些生产者可供选择，而每个生产者也都认识到，他的产品与其他生产者提供的产品或许是相似的。因此，产品的价格与销量并不是由任何单一的消费者和生产者决定的，确切地说，是由所有生产者与消费者通过在市场上相互交易共同决定的。

从微观角度来看，社会中供需永远不会达到完美相等。因为有些人受制于社会地位和资源，导致了解到的市场信息和实际情况并不相符；也有一些人受制于信息渠道，获得的市场信息虽然内容是正确的，但是太迟了，所做出的决策就显得有些"滞后"了。

每年我们都会在新闻上看到类似的例子：种植西瓜的农户们眼见上一年收益不佳，于是第二年纷纷放弃种瓜，改种其他经济作物，结果导致第二年的西瓜出现供不应求的状况，西瓜的价格也就一飞冲天。瓜农们悔不当初，于是，再次默契地选择一起改种西瓜，等到了第三年，市面上的西瓜出现供大于求的情况，西瓜价格大跌。瓜农们悔恨地抹眼泪，在心里或许还暗暗发誓，明年一定不种西瓜了。

所以，供需不是静态的，而是一个动态调整的过程。在供需的模型中加上"人性"这一要素，模型结果往往就变得不确定了，因为"人性"就像是模型中的"波动"因子。

在农户种西瓜的例子中，理性的瓜农应该判断出，其他人在看到去年种瓜收益较低时，可能会选择不种西瓜了，那么，市场的西瓜供给量就会大大减少，西瓜价格就会上升。而如果自己继续选择种西瓜，那岂不是能够赚钱？但现实结果却是，瓜农们既有信息差还有时间差，也不是全知全能的"理性人"，所以总是慢一拍，不断地被市场"折腾"。

萨伊定律：论供给创造需求

根据亚当·斯密的论断，有一只"看不见的手"在引导市场经济。对于"看不见的手"指引下的市场均衡，主流经济学的解释是，供需双方通过价格机制自行调节，有时候供过于求，也有时候供不应求，但最终都会因为价格的调节而趋向均衡。

供需失衡时，价格也会因此改变。

当商品短缺，消费者需求却很旺盛，供不应求时，商家就会竞相抬价，继而推升价格；当商品过剩，供大于求时，情况正好相反，商家只有降低价格才能把商品卖出去。

因为市场是有限的，所以其他商家也纷纷降价，这就会导致整个市场上同种商品价格的下跌，所以，均衡价格就是市场供给力量和需求力量相互抵消时所达到的价格水平。

但在其中，并没有讲供给与需求双方谁主动、谁被动的问题。

1803 年，法国商人让·巴蒂斯特·萨伊在自己的著作《政治经济学概论》中提到，"商品的供给会为自己创造出需求"，由此，产生了"供给创造需求"的萨伊定律。

萨伊定律的具体理解是：在市场上，我们每个人既是生产者也是消费者，我们用自己生产的产品去交换其他人生产的产品。并且，每个人都总想尽可能快地卖出自己的产品，并买入所需的他人的产品。

所以，一个产品的生产必然能给其他产品开辟出销路。比方说，老王种植了玉米向市场销售，这就是供给。老王将玉米卖了钱，然后想满足穿衣或穿鞋的需求，去购买其他人生产的衣服或鞋子，也就为其他人的产品开辟出了销路。

在这个过程中，老王卖出自己的产品（玉米），是为了购买别人的产品（衣服或鞋子）。既然大家都是为买而卖，首先就会卖出自己所拥有的产品，这样就产生了供给。当然，卖出产品后拿到了钱，就可以去买自己想要的其他产品了，这样就有了需求。所以，社会经济活动就如此循环，每个人努力生产商品或提供服务，并与他人交换，相互满足。

根据萨伊定律，资本主义经济总是能够借助市场供求力量自动达到充分就业的均衡状态，不会出现所谓的生产过剩、失业等经济危机。即只需要"看不见的手"，而不需要"政府之手"。

但是，大萧条的到来宣告了"自由放任政策"的失败，代而起之的凯恩斯主义经济学则强调了有效需求的重要作用。感兴趣的读者朋友们可以阅读本书第 29 讲"理解'内循环': 煤矿工人为何买不起产能过剩的煤"中对"需求刺激"理论的详细介绍。

需求定律之价格为王

回到上文农户卖西瓜的例子, 假如瓜农们发现西瓜有很多库存积压, 想多卖出去一点, 该怎么办呢? 那就是降价促销。西瓜 10 元/斤时, 一个也卖不出去; 当降到 8 元/斤时, 可能就能卖出 20 斤; 降到 6 元/斤时, 可能就能卖出 400 斤。

这就是需求第一定律: 对于任意一个商品, 在其他条件不变的情况下, 价格上升, 商品的需求量就减少, 价格下降, 商品的需求量就会增加。

看似简单, 但我们在理解的时候, 可能一不小心就会陷入误区。

第一, 价格不是和需求成反比的, 因为需求不会因为价格而变化, 变化的是需求量。比方说我需要喝水, 水的价格涨了十倍, 我还是需要喝水, 只不过我会少喝一些(水太贵了)。我想要喝水的需求没有发生变化, 但水的价格上涨后, 我喝水的量少一些了, 我的需求量变少了。

第二, 需求方和供给方不是绝对的。当一件商品的市场价格比较低的时候, 你是个需求者, 你要买入, 你要消费; 但是, 当这件商品的价格逐渐升高的时候, 你对它的需求量就逐步减少; 当这个商品的价格进一步上升, 你可能会停止购买, 停止消费; 如果它的价格还在上升, 你或许就从需求者变成了供给者。

这就像夏天街边的小商贩在卖冰粉, 当冰粉 5 元一碗时, 你觉得很便宜, 可以一周吃 5 碗; 涨价到 8 元一碗, 你可能一周会吃 3 碗;

但涨价到 20 元一碗，你可能一周就只去吃 1 碗了；价格继续上涨，假如一碗冰粉卖 30 元，你或许会觉得这个生意很挣钱，晚上也想来摆摊卖冰粉试一试。

凡勃伦效应和吉芬商品：颠覆价格理论？

根据需求定律，价格上涨，人们的购买量就会下降，而价格下跌，购买量就会上升。这的确和我们生活中所观察到的现象别无二致。但是，凡事无绝对，有些商品的价格越高，反而越有人趋之若鹜。这是为什么呢？

在生活中我们会看到这样的情景，两件款式和材质都差不多的衣服，一件在普通的服装店卖 100 元，而另一件在装潢奢华、高端大气的商场专柜就要卖到 1000 元，却总有人愿意买。一副眼镜架标价 2 万元，一双高跟鞋标价 5 万元，一款女士皮包标价 20 万元，诸如此类近乎"天价"的商品，往往也能在市场上走俏。其实，消费者购买这类商品并不仅仅是为了获得直接的物质满足和享受，更大程度上是为了获得心理上的满足。

这就产生了一种奇特的经济现象，即一些商品价格定得越高，就越能受到消费者的青睐。由于这一现象最早由美国经济学家凡勃伦注意到，因此被命名为"凡勃伦效应"。

凡勃伦效应指的就是消费者对一种商品需求的程度，因其标价的提高而增加，它反映了人们进行挥霍性消费的心理。由于消费者可能是想要通过使用价格高昂、优质的产品来引人注目，具有一定的炫耀性，因而这种现象又被称为"炫耀性消费"。

还有一种例外，英国经济学家罗伯特·吉芬发现，1845 年爱尔兰发生灾荒时，土豆的价格上升，但是土豆的需求量却反而增加了。这类需求量与价格同方向变动的特殊商品被称为"吉芬商品"，即吉芬商品价格下降时，购买的人反而变少了，价格上升时，购买的人反而增加了。但土豆并不属于能够"炫耀"的商品，这该如何解释呢？

具体来说，消费者需要购买肉和土豆来维持基本生活，此时土豆价格上升，人们相对变穷了。然而，由于土豆是人们必需的食物，是生活最低保障的商品，所以它相对肉来说是低档品，人们对于生活水平下降的反映是削减"奢侈品"——肉，从而将节省的钱用于购买更多土豆这种能够果腹的主食。因此，可以认为土豆价格的上升实际引起了土豆需求量的增加，也就是说，刚需产品的价格上涨会挤占非必需品的市场占有度。

你是否被价格悄悄地"歧视"了

读者朋友们或多或少都听说过大数据"杀熟"这个词。"杀熟"说的是经营者运用大数据收集消费者的信息，分析其消费偏好、消费习惯等信息，将同一商品或服务以不同的价格卖给不同的消费者，从而获取更多利益的行为。

比方说你和朋友同时使用打车APP，你们输入相同的出发地和到达地，但最后显示的价格却可能不同。这是因为个别打车平台采用了因人而异的定价方式，老客户的价格可能要比新客户更高。"杀熟"的原理其实是源于经济学中的价格歧视理论。

生产者根据消费者的消费偏好、消费能力、购买量等的不同，收取不同的价格，这就是价格歧视，也可以理解为区别定价。这里的"歧视"并不是贬义词，而是经济学家们在解释这个现象时使用的一个中性词汇。

从价格歧视的分类来看，第一种叫作"完全价格歧视"，即"一级价格歧视"。讲的是生产者对消费者所购买的每一个单位的产品，都分别收取最高的价格。我们每个人对于一件商品，心中都会有一个能够接受的最高支付价格，而卖家就以你的这个最高心理承受价作为出售价格。这种方法在实际应用中存在着很大的困难，因为消费者的意愿价格是难以测定的。

举个例子，当老王饥肠辘辘地去超市买吃的时，商家说："我的饼干要一块一块地卖给你，第一块你愿意出的最高价是多少？"老王说："我出 10 元。"商家先收到 10 元，然后说："第二块你愿意出的最高价是多少？"老王说："第二块出 9 元。"将饼干分成一块块出售，商家慢慢试探消费者的最高支付价格，然后在一个双方满意的价位成交。但是在实践中，"一级价格歧视"很难操作。

相对于"一级价格歧视"而言，"二级价格歧视"在生活中更为常见，"二级价格歧视"指的是生产者根据不同的购买量，确定不同的价格，买得越多越便宜，也就是按量定价。

生活中的"二级价格歧视"无处不在：去批发市场买衣服，商家告诉你，同一件 T 恤衫，买一件是 100 元，买两件是 160 元，买三件是 210 元；去吃肯德基，单点汉堡，单点薯条，单点可乐，总价一定比一份包含相同的汉堡、薯条和可乐的套餐贵；"双 11"时，淘宝的活动"满 200 减 20""满 300 减 40"等也属于此类，我们要意识到，折扣活动并不是商家的"慷慨之举"，而是一种营销策略。

如果商家能获取消费者的某些明确信息，通过这些信息把消费者分为截然不同的类别，然后根据不同的消费群体、不同的细分市场，收取不同的价格，这就是"三级价格歧视"——按类定价。比如很多景区有老人票、儿童票，对老年人的门票打五折，对儿童的门票打六折。还比如看视频、听音乐或者购物时充值成为会员，也属于"三级价格歧视"的范畴。因为你如果购买了会员卡，在某种程度上，你看电影、听歌或者购买商品时就会有一定的优惠，相对于没有会员的消费群体来说，你的价格肯定和他们是不同的。

简单地说，价格针对不同人有所变化，就是价格歧视。在日常生活中，价格歧视基本无法避免，所以如果我们能够学会运用这种价格歧视的话，我们就可以获得更多的利益。

弹性：是薄利多销还是奇货可居

在理解商品价格与供需的关系后，该如何判断商品价格的变化会对需求量产生多大程度的影响呢？这种价格和需求量之间的动态关系，我们可以用一个经济学的概念来解释，它叫作"需求价格弹性"，简称"需求弹性"。

"需求弹性"衡量了商品的需求量对于价格的变化有多敏感。如果一件商品的需求价格弹性大，意味着较小的价格变化会带来较大的需求量变化，也就是说商品的需求量对价格是十分敏感的。

有许多因素都能影响需求量的价格弹性，比如商品的不可或缺性、可获得的替代品等。想象一下，如果有一天大米的价格大幅上涨，那人们会极大地降低对大米的需求量吗？恐怕不会，这就是因为它的不可或缺性：大米是主食，是生存的基本食物，是一定要购买的产品。相反，如果一款皮包的价格大幅上涨，那么它的需求量就很有可能会下降，因为皮包对于大多数人来说并不是不可或缺的。

对于生产者而言，想要多盈利，那就必须考虑商品的需求弹性。

如果商品的需求弹性大，消费者对价格敏感，就可以通过降价的方式来刺激需求量大幅增加，这就是薄利多销。比如服装类就属于需求弹性大的商品，如果大降价，消费者就可能觉得很划算，可以多买点；如果商品的需求弹性小，消费者对价格不那么敏感，就可以通过提高价格的方法拉升整体收入。比如水电费即便涨价了，对需求量的影响也相对较小，因为水电就属于需求弹性小的商品。

当然，供给的价格弹性就是商品的供给量对于价格变化的敏感程度。如果一件商品的供给价格弹性小，也就意味着较大的价格变化仅会使供给量小幅度变化，这时，供给量对于价格变化并不敏感。

经济学中，像弹性这种概念的重要之处就在于，人们能把它们应用到实际生活中，让经济学的模型乃至经济学变得更为可靠且真实。

我们知道，经济学研究的核心问题是把既定的经济资源有效率地分配到各种不同的用途中。在市场经济中，众多的生产者生产着种类繁多的商品，而市场价格引导着资源配置的方向，使稀缺资源得到最优配置。市场供求是决定市场价格的基本力量，因此，对供给和需求的分析是现代西方经济学一般理论分析的逻辑起点。

所以，掌握了供给和需求，就算是敲开经济学的大门了。

第 13 讲
机会成本与沉没成本

假如老王拥有一间黄金地段的商铺，这间铺子的租金市场价是每月 10 万元。老王心想，与其把铺子租给别人，倒不如自己用来做些生意。于是他开了一家服装店，在他起早贪黑的努力经营下，通过整整一年的时间，终于把这家店做到了每月 8 万元的净利润。

正当老王成就感满满时，他突然意识到：这不对啊，自己这么努力，怎么收入还不如租金多呢？会不会是自己投入不够？

经过思考，他决定继续加大投入。但随着投入的增加，经营状况并没有好转，没多久每个月只能净赚 5 万元了。

老王感到些许绝望，但因为前期投入过大，老王觉得应该坚持把生意做下去。但他没想到的是，这些投入最终大概率是徒劳的，因为他既没有理解什么是"机会成本"，也没有理解什么叫"沉没成本"。

我们先来简单认识一下机会成本（Opportunity Cost）和沉没成本（Sunk Cost）。

什么是机会成本呢？以产品为例，生产一定量产品的机会成本是，如果把生产这些产品所需的生产要素用于其他用途，可以获取的最大收益。

"鱼和熊掌不可兼得"就是一个最直观的例子，我们可以认为鱼和熊掌互为机会成本。同理，在上述例子中，老王选择在商铺创业时，他的机会成本其实是不低于 10 万元的。之所以说"不低于"，是因为我们无法确定把商铺租出去是不是"最大收益"。

因此，在我们进行比较和选择时，机会成本才是我们应该采用的最科学的成本概念，正确的投资选择应该是使投资收益大于机会成本的。

沉没成本则是指已经发生而且无法回收的成本，属于"覆水难收"型成本，比如因失误造成的投资损失。沉没成本属于历史成本，对理性投资者来说，针对当前形势进行决策时不应受沉没成本的影响。

老王在创业陷入困境时，没有及时止损，而是被沉没成本拖累。只有看清沉没成本的本质，才不会一味地沉溺于损失中无法自拔。

审视机会成本：让投资更科学

投资市场千变万化，但万变不离其宗的是，资本总是要选择去某一领域逐利：无论是盛世的股市，还是乱世的黄金。资本投向黄金、国债称之为避险，投向股票、虚拟货币称之为投机，但其实背后没有本质区别，那就是要获取利润。

按照一般的逻辑，利润的计算是一道简单得不能再简单的计算题。例如，投入 1 元钱后，获得 2 元钱收益，那么利润就是 1 元钱。

但当我们将投资收益和机会成本相比较后，也许会发现，我们做了一次并不明智的投资决策。那么，资本的机会成本如何衡量呢？最基本的方法是：折现。

简单地说，就是按照一笔投资能获得最大收益的思路，将投资产生的未来现金流进行折现，该折现值就是这笔投资的机会成本。

说起来有些绕，回到刚才所说，如果 1 元钱投资在两年后能带来的最大收益是 5 元钱，那么把这两年后的 5 元钱收益折算为现值后的钱数，就是这笔 1 元钱投资的机会成本。将这一数字与实际获得的 2 元钱收益进行对比，其结果很可能就是我们做了一次"亏本"的投资。

在投资中，我们经常要考察某个项目所能带来的未来现金流折现，是否能够覆盖持有成本，这是某个项目是否具有投资价值的判断基础。当然，这里的"成本"不仅仅是指投资成本，也包括机会成本，即当投资人因持有这种资产而丧失掉持有其他资产的机会，所带来的隐性成本。

因此，机会成本才是投资中最难以把握但又最具魅力的存在。

让我们再看一个熟悉的例子：如果 2002 年老王在中国同时持有一线城市和四线城市的两套房产，都用于出租。2022 年，一线城市的租售比[①]为 1∶646，四线城市的租售比为 1∶623[②]，从租金回报率来看相差并不是很大。然而，一线城市在这 20 年里，房价涨幅平均将近 20 倍，有些核心城区的涨幅甚至接近 40 倍，同期中国房价的平均涨幅只有不到 5 倍。

也就是说，如果单单以租售比，即未来现金回报率来看，四线城市和一线城市的房产相差不大。但若考虑机会成本，持有四线和一线城市的房产就天差地别了，持有四线城市的机会成本太高了（因为放弃了持有一线城市的房产）。

进入 21 世纪以来，中国房价涨幅远超过其他资产的涨幅。也就

[①] 租售比指房屋租金与售价的比例，比值越高，说明房屋的投资价值越大，租金回报率越高。
[②] 数据来源：《2020 年全国重点 50 城租售比调查研究报告》。

是说，即使其他资产也能带来相对不错的收益，但从历史数据来看，过去放弃持有房产而选择其他资产的机会成本是极大的。如果购置了房产，总体来说还是幸运的。

此外，我们再基于"机会成本"的思维，来看看全球资金流动。截至 2022 年，可以说美国股市仍是全球最大、市值约占到全球三成的金融市场，其上市公司数目多达 1 万多家，市值约 20 万亿美元，是全球企业和投资者最为关注的投资地之一。

美国股市因为虹吸效应①，不断吸收着世界上赚钱能力最强的公司，并吸引了足够多的全球投资者进入。因此，不管美股是 30 倍的市盈率，还是 100 倍的市盈率，如果资金没有其他更好的投资去向，就会倾向于跑去美国。有了美股的对标，就相当于变相拉高了全球资金持有其他国家金融资产的机会成本。

事实上，这也是美国不断鼓动制造业和资金回流美国，以及经常在其他国家煽风点火制造乱局的一个原因。也就是说，能否降低自己国家资产持有的机会成本，变相拉高持有其他国家金融资产的机会成本，才是国家之间金融博弈的根本所在。

在本书第 05 讲"美元的逻辑：美国的金融称霸之路"中，我们分析美国国债收益率时提到，当美国国债收益率走高，资金会偏向流入债市。这时，如果我们从机会成本的角度来看股票市场，美国国债收益率提高就意味着持有股票的机会成本相应提高。

对于资金来说，股市和债市都是可供选择的投资渠道，当债券收益率提高时，若将股票占用的资金投向债市，就意味着这笔资金可以

---

① 虹吸效应指的是某一区域将其他区域的资源吸引过去，从而使得自身相比其他地方更加有吸引力，并持续加强该过程的现象。

从债市获得的收益相对来说比以前提高了。也就是说，这时持有股票的机会成本比以前提高了。

可见，无论对个人还是对国家来说，无论对微观主体还是对宏观经济来说，机会成本在每一种选择中都必然会被考虑。可以说，相对准确地衡量出机会成本，是进行科学投资决策的基础。

忘却沉没成本：让决策更理性

有些人在投资亏损时，往往因为心疼前期投入的成本而没有及时止损，很可能会继续追加投资，最终错上加错，亏得更多，这就是沉没成本影响理性决策的最大威力所在。我相信很多读者朋友都听说过类似的事例。

关于生活中的沉没成本，最常见的一个例子是，我们花钱购买了一张电影票，电影开始没多久就发现这部电影很没意思。这时，不管我们是否继续看电影，电影票钱都是我们为这场电影付出的沉没成本，是无法收回和弥补的。

可如果继续看下去，除去电影票钱，我们还要继续追加一定量的时间成本，损失反而变得更大。此时，理性的决策应该是停止看电影，停止继续投入（时间）成本，也就是"及时止损"。

同样对于这张电影票和这场电影，不同的人有不同的选择，这无可厚非。但在现实生活中，沉没成本的存在可能会潜移默化地影响我们的决策，进而持续带来不必要的损失。

当了解沉没成本的本质之后，我们应该做的是正确对待沉没成本，不使其对当前和未来的决策产生影响，让决策更理性。

当然，这一切说来容易，做起来却很难。因为有时候，我们对于沉没成本的执迷恰恰成了别人"收割"的理由。

在现实的商业活动中，被沉没成本所束缚的例子屡见不鲜。比如加盟店的加盟费和店铺装修费，对店主来说就是一种典型的沉没成本，因为无论加盟店后期经营效果如何，加盟费和装修费都是不可收回的成本。

在一度流行的"拼"购行为中，商家为了吸引用户，有时会推出"8.88 元得一部新款苹果手机"之类的活动，规定某一付款次序的用户才能获得。这时，有些人可能在支付了若干笔 8.88 元之后，心里依然会想"再付一笔 8.88，没准儿就是我拿到这部手机了"。而不管最终该用户有没有以 8.88 元购得这部手机，之前付出的每一笔 8.88 元都构成了他的沉没成本。面对 8.88 元买到一部苹果手机的诱惑，沉没成本就是这样悄悄作祟的，让用户欲罢不能地支付一个又一个的 8.88 元。

与之类似，传销组织也充分利用了传销参与者由于前期以不菲的投入"购买产品"，而不想赔钱脱身的心理对其进行控制，因为这笔前期投入显然是不可收回的，构成了传销参与者的"沉没成本"。

在股市交易中，常见的补仓行为经常与沉没成本有关。10 元买进的股票跌至 8 元时，有人会选择补仓一部分，若再跌至 6 元再补仓，试图拉低成本，早日翻身，甚至一直补到无仓可补。其中，非理性补仓的决策往往是因为投资者对之前股票损失造成的沉没成本非常纠结与不舍。可见，理性投资是多么重要，那句"股市有风险，投资需谨慎"是多么意味深长。

在生产经营中，人们常说"船小好掉头"，其实主要原因在于简单或小型的生产意味着较低的前期设备等投入，在企业转产或转型时，厂商的沉没成本相对较低，因此更好"掉头"。而对于资金投入多、技术要求高、生产线复杂的企业，也就是"大船"，甚至是"巨轮"，转产或转型是相当困难的。因为大部分前期固定投资不可收回，形成了企业高昂的沉没成本。

另外，交易成本、运输成本、培训成本、谈判成本、制度转换成本等，均可以形成企业的沉没成本。

在生活中，我们也几乎时刻要面对一些感知度不高的决策。比如，对待读了一半才发现不喜欢的书、一份入职三个月才发现不适合自己的工作、家里刚开始腐烂的水果、吃剩的饭菜或者打翻的牛奶、青春年少时没有好好珍惜的时光……

可见，无论个人还是企业，无论生活还是生产，沉没成本几乎无处不在。构建和保持关于沉没成本的思维对于理性决策极为重要，它可以让我们及时止损，从而"不为打翻的牛奶而哭泣"。毕竟，有时候放弃比坚持更加可贵。

之前总有人说，学习经济学对于赚钱没有帮助，否则经济学家早就成了顶级富豪。这句话说对了一半，实际上经济学更多的是帮助人们"省钱"。就比如本讲提到的机会成本和沉没成本，就是最基本的经济学概念。

如果老王一开始就学习了经济学，那么他决不会放弃 10 万元的店租而选择 8 万元的利润，或者当老王认识到自己决策有误时，也不会继续执迷不悟地"赔本赚吆喝"。

选择大于努力，这绝不是一句空话，其背后蕴含着丰富的经济学原理。从读完这篇文章开始，让我们学会审视机会成本、忘却沉没成本，做到科学理性决策。

第 14 讲
GDP：一场数字游戏

假设在 2021 年，A 国制造了 2600 万辆汽车，17 亿台手机，修了 1 万千米高铁；而 B 国制造了 800 万辆汽车，出口了 200 万吨大米和 1000 万套医疗设备。是不是很难直接比较两个国家哪个经济实力更强？这时候，GDP 就登场了。

什么是 GDP？ GDP 是 Gross Domestic Product 的简称，翻译过来就是国内生产总值。看起来字面意思很简单，即国家内部所有生产的总价值。根据中国国家统计局的指标解释，GDP 是一个国家（或地区）所有常住单位在一定时期内生产活动的最终成果。

再说直白一点，GDP 就是一种衡量经济活动的尺度。

在日常的生活中，当我们提到一个国家或地区的经济发展状况时，GDP 也被认为是最权威的衡量指标。中国国家统计局每年发布的统计年鉴里，都会对上一年的 GDP 数据做详细的解释。2011 年，中国超越日本成为世界第二大经济体，这里排名"第二"的衡量标准就是 GDP。

一直以来，人们都已经习惯了将 GDP 作为评判一个国家经济发展强弱的指标，甚至很多人会认为经济发展状况的好坏天然就是用 GDP 来衡量的。

那么事实真的是这样吗?

GDP 的由来: 控制经济的"驾驶舱仪表"

工业革命在创造巨大财富的同时, 也使得人和国家不再自给自足。但是, 如何管理一个工业化社会, 这是工业革命带来的新命题, 这道题谁也不会解, 直到 GDP 的提出。

GDP 这一概念是由哈佛大学经济学家西蒙·史密斯·库兹涅茨提出来的, 他也被誉为"GDP 之父"。

其实早在 17 世纪, 英国经济学家威廉·配第就第一次提出了国民财富的统计方法, 并发表著作《政治算术》。到 19 世纪 30 年代初, 英国曾召集了一批专家深入讨论经济中的国民财富问题, 认为必须对国民收入进行一个全面而广泛的评估。随后, 英国的学者们发展了一套统一的国民经济核算体系, 这个体系被认为是 GDP 的雏形。

1929 年, 美国经济进入"大萧条", 总统罗斯福想要掌握国民经济的详细数据, 以便通过积极的财政政策来刺激经济。于是, 当时任职于美国国家经济研究局的库兹涅茨便着手搜集国民经济核算信息, 并在 1934 年发布了《国民收入报告(1929—1932)》, 该报告表明美国的经济体量自 1929 年股市崩盘后已缩水一半, 为随后的罗斯福新政刺激经济复苏提供了理论依据。

两年后, 库兹涅茨正式提出了 GNP(Gross National Product, 国民生产总值)的概念。GNP 是 GDP 的前身, GNP 的提出通常也被认为是 GDP 诞生的标志。

但是, 在此时期, 西方主流经济学家们秉承亚当·斯密的经济理论, 一边倒地坚持自由市场经济体系, 限制政府对经济的任何干预,政府的任何多余动作都被认为是"与民争利"。

在当时，库兹涅茨只是希望定义这样一个统计指标来持续盘点美国人民拥有的总福利有多少，以便量入为出。所以，在 GDP 最初的核算中，像军备物资、政府开支、金融投机等这类不能给人民带来福利的东西，是放在 GDP 之外的。

1931 年，第二次世界大战打响，懂得运用 GDP 的美国精打细算，完美地控制着战争的支出，美国政府甚至根据库兹涅茨的国民经济估算报告修改军需方案。二战时期，美国一边在国内发展经济和工业，一边在欧洲打仗。可以说，二战本身并没有拖垮美国的经济，还为美国打下了坚实的工业基础。

二战结束后，GDP 的计算方式受到了世界各国的欢迎。而将 GDP 明确作为衡量一国经济总量的主要工具，是在 1944 年的联合国货币金融大会上，也正是这次会议，确立了标志着美国主导国际货币体系的布雷顿森林体系。

1947 年，以 GDP 作为核算基础，美国通过马歇尔计划对西欧各国进行大规模经济援助，欧洲国家还派出上百名经济学家和统计学家接受相关培训以更好地计算国家 GDP。

1985 年开始，中国采用 GDP 对国民经济进行核算；1992 年，中国正式建立国民经济核算体系。

简单回顾 GDP 诞生和发展的历史，我们可以发现，GDP 逐步成为政府控制经济的"驾驶舱仪表"。依靠 GDP 这一计量经济的手段，美国在二战中"越打越富"。在战后经济复苏的过程中，世界各国也在"暗自攀比"国家的 GDP。

那么，GDP 究竟是如何计算的呢？

GDP 的释义：准确看待最终产品的价值

从 GDP 的释义来看，GDP 是最终成果，包含了所有最终物品与服务的市场价值。

先来明确一个概念，什么是最终成果？

经济学上，根据产品的用途，可以把产品分为中间产品和最终产品。老王把棉花纺成线，把线织成布，再把布匹制作成一件件精美的衣服。这个过程中，棉花、线和布都是中间产品，而衣服才是最终产品，才算作最终成果。

所以，当一张纸被加工成贺卡，林区的木材转卖给家具厂生产沙发时，我们的 GDP 只考虑贺卡和沙发的市场价值。而那些为了再加工，或者转卖用于生产其他产品的物品和劳务，都不是最终成果。

我们再从经济循环的角度来理解"最终"一词。

在任何一个经济体中都存在两个市场，一个叫作物品和服务市场，一个叫作生产要素市场。假设经济的参与者只有家庭和企业，家庭拥有所有的生产要素，要去消费物品和服务，而企业需要从家庭中获得生产要素，比方说雇佣工人、购买小麦，并进行生产。

在物品和服务市场中，家庭购买物品，企业销售物品。因为每一笔交易的收入都等于支出，所以，企业的收入等于家庭的支出。

在生产要素市场中，企业购买生产要素，家庭出售生产要素，同样地，企业支出等于家庭收入。

如果企业在物品和劳务市场上所获得的收入不留存，全部用于在生产要素市场上进行采购，那么，两个市场的规模就是相等的。

而 GDP 的概念中关注最终成果，意味着我们在计算时，只需考虑物品和服务市场，不考虑生产要素市场。因为物品和劳动市场交易的才是最终的产品，在生产要素市场中交易的是生产所需的各要素，是中间产品。

还要注意的是，最终成果中的"成果"，包括了物品和服务。

比方说，在阴雨天的周末，老王既不想出门吃饭又不想自己做饭，他选择了点外卖。而外卖的花销包括了两个部分，30 元的饭菜钱和 5 元的配送费。饭菜钱和配送费都算作 GDP 的一部分，前者购买物品，后者购买服务，且都是最终成果。

有一种情况我们也要清楚，对于没有销售出去的最终成果，我们是不计入 GDP 的。如果老王的果园在 2021 年收成好，产了 1 万斤梨子，那这 1 万斤梨子应该马上算到当年的 GDP 里吗？

并不是。假如老王只卖出了 5000 斤梨子，其余的都在仓库烂掉了，那我们的 GDP 应该只算卖出的这 5000 斤梨子的市场价值。在这里，我们强调"卖"这个动作，只有卖出的这部分，才算作 GDP 的一部分。因此，可以说所有人"消费掉"的产品与服务算作 GDP 是更为合理的。

因此，GDP 衡量的是人们消费掉了多少梨子，而不是人们生产了多少梨子。

在计算时，我们还要明确一点，GDP 是一个流量而不是存量。也就是说，GDP 计算的是一个国家或地区"新"生产的价值，而不是以前就有的。

比方说，你在 2021 年花 10 万元去汽车中介那里买了一辆二手车，另外还交了 5000 元的中介费。那这 10 万元并不能计入 2021 年的 GDP 中，因为原车主在第一次从 4S 店购买该车时花费的钱，已经算作 GDP 了。但这 5000 元中介费要计入 2021 年的 GDP，因为这是当期生产的最终成果，是一种服务。

GDP 的计算：生产法、收入法和支出法

GDP 的具体计算，一般有三种办法：生产法、收入法和支出法。

生产法是从生产的角度，用国民经济各个部门生产的总产品价值，减去生产过程中投入的中间产品价值，即"总产出–中间投入"，从而得到一国最终的产出成果。

收入法是从整个国家一定时期内获取收入的角度，将各个部门的收入加总得到 GDP，即 GDP =劳动者的收入+政府的收入+企业的收入。实际计算时，公式为：

GDP =劳动者报酬+生产税净额+固定资产折旧值+营业盈余

劳动者报酬指员工的工资和奖金等收入，可看作劳动者在生产中获得的收入。生产税净额指生产税减去生产补贴后的余额，简单地说就是国家收上来的税费减去补贴出去的钱，可看作政府在生产中拿到的收入。固定资产折旧值是指资本物品由于损耗造成的价值减少。比如，设备是一种生产要素，因为生产时的使用形成损耗，用价值体现其损耗就叫作折旧。如果我们将设备看成"人"，企业应当对其付出支付薪水，那么设备因"付出劳动"而"获得的收入"就等于其损耗（设备的付出）的价值，即固定资产折旧值。所以，固定资产折旧值可以看成是企业自用的资产物品的"收入"，因此算在 GDP 收入法的计量中。营业盈余是指生产企业可以赚到手的钱，相当于企业的营业利润加上生产补贴，再扣除从利润中开支的工资和福利等。

举个例子，假如老王的面包店在 2021 年经营得不错，其中：付

给了面包店员工 5 万元薪资（劳动者报酬）；给政府缴了各种税共 2 万元，收到政府补贴 1 万元（即生产税净额为 1 万元）；店面以及制作面包的各种机器设备如搅拌机、烤箱等固定资产折旧为 1 万元（固定资产折旧值）；老王的面包店营业盈余为 3 万元。所以按照收入法来计算 GDP，老王的面包店就贡献了 "5 万+1 万+1 万+3 万=10 万" 元的 GDP，同时面包店的生产创造出的价值分配给了生产中的各个环节，大家各自获得了属于自己的收入。

支出法较为简单，就是从消费的角度，计算大家一共花了多少钱来核算 GDP，计算公式为：

$$GDP=总消费+总投资+净出口$$

GDP 的统计谬误？

对于一个国家 GDP 具体的统计方式和范围，国际上还没有统一的规定。在具体操作上，各国一般会根据本身国情，设计自己的 GDP 计算方法，有一定的随意性和主观性。

印度被称为亚洲第三大经济体，并且是亚洲经济增长最快的国家之一。2019 年，印度的 GDP 排名一度达到了全球第五的位置。那么印度的 GDP 数据能够反映印度真实的经济水平吗？

要知道，印度总理莫迪上任以来就改变了印度 GDP 的计算方法，把牛粪算入 GDP，把塑料棚屋算作房地产，甚至把临时经营的小摊贩也算作服务业，连股市上涨也计入 GDP 中。

然而在中国，个体工商户和临时经营户也很多，但是他们的产值一般情况下并不计算在中国的 GDP 中。股票、债券等权益类资产的买卖，仅仅是金融产品所有权的转移，并不意味着社会总产出的增加。

因此，在中国 GDP 的计算口径中，股票交易也不计入 GDP。

由于统计的范围和标准不同，GDP 恐怕也不是完全公允的统计指标，GDP 的数据也不能够完全用来对比和说明不同国家之间经济发展的强弱。

当然，我们在这里指出 GDP 的局限性，并不是想完全否定 GDP 的作用和价值。

不要被日本的 GDP 骗了

日本的经济特征可能更加有助于我们看清 GDP 是不是唯一的国家经济发展衡量指标。

当说起日本的经济，必然会提到 1985 年"广场协议"的签订，导致日本经济高度泡沫化。20 世纪 90 年代，日本经济泡沫破裂，人们谈论日本经济时从"失去的 10 年"，到"失去的 20 年"，再到"失去的 30 年"，日本经济徘徊不前，似乎一直在"失去"。

如果用 GDP 来衡量日本的经济发展水平，日本的经济的确是停滞了。

1995 年，日本的 GDP 达到巅峰时是 5.55 万亿美元，是德英法三国的 GDP 之和。而到了 2020 年，日本的 GDP 数据是 5.06 万亿美元。可以说，二十多年间日本的 GDP 数据几乎没什么变化。而相比之下，中国的 GDP 数据从 2005 年的 2.29 万亿美元，跃升至 2020 年的 14.72 万亿美元，实现了经济的腾飞。

这个时候人们就容易陷入一种思维定式的误区，认为 GDP 是衡量一国经济发展水平的唯一指标。

GDP 的全称是"国内生产总值"，也就是说衡量的是本国国内的经济活动。单从数据上看，日本经济零增长，但日本在经济泡沫破裂后的 20 多年里依旧能够保持国力，维持人民的高福利。

日本的经济真的如 GDP 数据所反映的一蹶不振吗？

2007 年 8 月，次贷危机全面爆发，继美国和欧盟实行量化宽松政策后，日本央行也大规模超发货币，于是就有了日本版的量化宽松，也就是"安倍经济学"。

但是，日本超发的货币并没有直接流入市场，而是用于购买日本本国的银行债务，炒高本国银行债券的价格。日本很多著名的企业，像铃木、丰田、雅马哈等，都在东南亚的发展中国家投资建厂，日本把本国的银行债务抵押给这些发展中国家的银行，作为他们增发货币的基础（日元作为东南亚国家央行发行货币的"锚"之一）。增发的货币又定向贷给了在东南亚国家建厂的日企，于是，这些日企就获得了一笔资金，继续在海外扩大生产、占领市场。

日本"失去的三十年"只不过是国内生产总值停滞，但海外投资扩张的脚步从未停止。

理性认识中国 GDP 的增长

改革开放以来，中国经济实现了持续的高速发展，给老百姓的生活带来了翻天覆地的变化，经济的增长很大程度上也体现在了 GDP 上。在 GDP 指标的衡量下，中国经济发展释放的潜能，创造出了世界经济发展史上的奇迹。

但是，妖魔化 GDP 和唯 GDP 论都不可取。

GDP 不是实实在在流通的财富，它只是用标准的货币平均值来表示财富的多少。但是，生产出来的东西能不能完全转化成流通的财富呢？不一定的。

　　并且，GDP 的计算本身也存在着一些缺陷，比如，对固定资产投资的重复计量。

　　回到上文中老王开面包店的故事，假如老王在 2020 年从老李的公司采购了一批价值 5 万元的烤箱，这批烤箱实际上在 2020 年生产出来时，已经计入了当年的 GDP 中。而如果这批烤箱从投入使用起按照 10 年来平均折旧，那么年折旧 5000 元，以收入法计算 GDP，2021年老王的面包店所贡献的 GDP 中，也包含了固定资产折旧值——5000元。所以，生产设备这类固定资产，实际上在 GDP 的核算中被重复计量了。即前一个核算期内已经计入 GDP 的固定资产价值，在之后的核算期内，可能存在再次计入 GDP 的问题。

　　改革开放以来，投资一度是拉动中国经济增长的主角。进入全球化产业链分工体系后，以制造业和房地产业为主的固定资产投资规模逐年增加，根据中国国家统计局数据，2013 年—2021 年，中国的固定资产投资年均增长率为 7.8%。2021 年，中国 GDP 总量达 114.37万亿元，固定资产投资占 GDP 的比重为 47.61%，远高于西方发达国家，而消费占 GDP 的比例明显低于西方发达国家。

　　消费才是老百姓真正能直观感知的，这就解释了"为什么 GDP年年涨，但老百姓却感觉不明显"的问题。

　　GDP 尽管有需要修正的地方，但作为衡量经济的重要指标，GDP为各国从宏观上掌控经济全局提供了参考和依据，也是目前全球普遍采用的衡量国家经济实力的指标。

　　当然，我们也必须清晰地认识到，经济发展的目标是提升人民生活质量，使人民生活幸福，不是 GDP 的无限增长。看待一个国家或地区经济的发展，不能只看 GDP。GDP 能够衡量一个国家一段时间的产出，但是 GDP 却无法反映出这个国家每个人的福利保障、他们是否幸福、他们的健康状况等。

如果再看远一点，当中国的 GDP 规模超过美国时，无论是在人们心理上产生的冲击还是国际局势上的影响，都将是巨大的。经济的发展、国力的增强会让中国在国际上的话语权越来越大，到那时候，游戏规则是否要变一变了？

这一切都是未知的。

最后，我们可以看到，GDP，一个几乎人人皆知的经济学概念，其实蕴藏着一系列非常深刻的经济学道理，不去透彻了解，是不容易明白当中奥妙的。

或许这正是我们喜欢经济学的理由，同时也正是经济学被大多数人所滥用、所误解的原因。

第 15 讲
通缩和通胀：经济必修话题

对货币发行量的讨论，绕不开这样一对"兄弟"名词：通胀（通货膨胀）和通缩（通货紧缩）。可以说，通胀和通缩是货币发行量这个"水龙头"的两端，而开关在政府（中央银行）的手中。

一切与经济有关的问题施加在普通人身上时，都会以这两种姿态出现，但是，通胀并不等同于简单的物价上涨，通缩也不能直接和经济萧条画等号，深刻理解这两个"一母同胞"的词汇之后，相信经济学的景象在大家眼中将会和之前大不一样。

1971 年，黄金与美元脱钩后，通胀成了世界经济的普遍现象，当代市场经济国家几乎没有不通胀的。

通胀是指流通中的货币数量超过了经济实际的需要，从而引起货币贬值和物价水平全面且持续上涨。简单地说，就是过剩的货币去追逐有限的商品，货币太多了，商品就大幅涨价，手里的钱就越来越"不值钱"了。

举个直观的例子，假如在一座海岛上，岛民只能使用金子来买东西，而岛上的集市也只卖牛，金子的数量和牛的数量是恒定的。但是突然有一天，岛民们发现了金矿，开采出来的金子被源源不断地送到岛民们手中，于是，原来一块金子可以换一头牛，现在要三块金子才能换一头牛了。

让我们回到现实社会，这个故事中的牛相当于现实社会中的商品，而金子就相当于货币。通常情况下，货币总量和商品的数量保持在一个相对平衡的状态。但是，如果银行疯狂地印钞，使市面上的货币总量严重高于商品价值，就会出现货币大幅贬值，商品大幅涨价的情况。

在生活中，大家对通胀的感觉应该也是很明显的。比如在 1990 年，10 元钱或许可以买到 10 斤猪肉或者 20 斤大米。而如果把钱存进银行，存到 2020 年，以每年 5% 的利息计算，在不考虑复利的情况下，这 10 元就变成了 25 元，25 元能买 10 斤猪肉或者 20 斤大米吗？答案是不能。

你会发现，辛辛苦苦赚来的钱，放在银行里虽然数量没有变少，但买到的东西却是一年不如一年了，好像它的价值被人一点一点地偷走了，而这个"偷走"你财富的家伙就是通胀。

所以，通胀很简单：要么就是商品变得太少了，要么就是钱变得太多了。总之，一单位的商品需要"消化"更多的货币。

反过来，通缩是指货币的数量大幅减少，或整体物价水平持续下降的现象。一般认为通胀率低于 0（负的通胀率）时会发生通货紧缩。

回到前面提到的海岛例子，如果突然有一天，岛民们都不想吃牛肉了，也就是不太想去集市买牛，那么，牛的价格会一直下降，原来一块金子可以换一头牛，现在一块金子能换两头牛了。

通缩是社会总需求持续小于社会总供给，会使货币升值，实际购买力上升。而物价下跌只是通缩的一个表面现象，本质上通缩反应的问题是产出过多，有效需求不足，供需失去平衡。

通胀和通缩就像是一体两面的兄弟，它们之间最大的共性在于"螺旋递进性"，也就是说，一旦大范围的通胀或者通缩趋势被确立，社会经济节奏会被打乱，经济往往难以"自愈"，必须依赖外部力量或者等待整个社会经济秩序彻底坍塌重建。

比如，原油一旦经历大幅、持续涨价，工业原材料就会受到影响，也进入涨价队列，紧接着就是工业制成品和生活必需品的价格持续上涨，生活成本增加必然导致用工成本上涨，而用工成本上涨会直接推动包含石油在内的工业制成品，以及生活必需品的二次涨价，至此，一个通胀恶性螺旋循环就被确立了。除非国家出手，否则仅靠市场自动调节，很有可能已经没有效果了，也就是常说的"市场之手失灵"。

通缩也是类似的，比如日本在老龄化的社会问题影响下，新生人口数量每年都在锐减，相应地就削弱了适龄购房者的数量，"刚需"购买者数量每年都有下降的势头。这样一来，潜在购房者也会算一算账，如果今年1万人抢房子，明年可能就只有8000人了，等得越久，房价就可能越低，当"等一年"的省钱效果远超"干一年"的赚钱能力时，所有的日本人都做出了相同的选择，那就是"等"。买家群体迅速"消失"，导致除东京都市圈以外的房产价格长期向下，每年都会贬值，丝毫看不到房价上涨的可能性。

然而，越是这样，"等一等"的群体就越庞大，因为大家真切地看到了等待的好处，越等越便宜，越便宜越等。而这个思路不仅仅适用于日本的房产，也适用于日本的其他商品，每一样东西都在面临贬值的压力，越贬值，就越会强化等待者的等待信心，由此，商品价格就很可能陷入了螺旋下跌的漩涡中无力自拔。

通胀是一种货币现象

著名经济学家米尔顿·弗里德曼提到："通胀在任何时候都是货币现象"。

前面也说过，通胀是"过剩的货币追逐有限的商品"，也就意味着在出现通胀之前，货币总量并不是过剩的，那么，货币到底是怎么一步步变多，以致过剩、泛滥的呢？

这主要涉及两点，一是现代货币政策，二是货币乘数。

以美国为例，"现代货币理论"认为，应当将联邦政府和央行（美联储）实质上合二为一，先由联邦政府直接向美联储借钱（美联储购买政府债券），然后由政府主导把钱投放到市场中来实现货币流通。联邦政府想花多少钱，就可以花多少，只要发国债给美联储就可以有源源不断的资金。这是注入市场的货币的来源。

而关于货币乘数，我们在第 08 讲"牵动市场心弦的货币政策"中提到，在货币供给过程中，中央银行的初始货币提供量与社会货币最终形成量之间存在数倍扩张（或收缩）的效果，即存在乘数效应。那么，通过货币乘数效应的作用，中央银行的初始货币提供量被存贷款业务放大，最终，整个社会的货币总量大于初始提供量。

现代货币政策和货币乘数都是"市场之手"失灵时国家用"看得见的手"调节经济的方法。整个经济体系正常运转就像种果树，"市场之手"只是老天给予的阳光和水分。当天气不好时，国家需要出手，这个过程像是人工浇水、施肥，既然天公不降雨，央行就需要适当地浇水，才能让果树得到滋养而蓬勃地生长。但水分过多会让土壤积水，对果树造成涝灾，而旱灾的时候不去浇水，又会造成果树枯萎。所以，政府如果进行不恰当的干预，会对整个经济造成什么影响呢？

美国的"大通胀"和菲利普斯曲线

以古鉴今，我们来复盘一下令许多美国人谈之色变的美国"大通胀"，即 1965 年到 1982 年，美国经历过的一次通胀期。沃顿商学院教授杰里米·西格尔曾称其为"战后美国宏观经济政策的最大失败"。这段历史也为世界各国的政府如何用"看得见的手"调节经济上了很好的一课，促使经济学家重新思考美联储和其他中央银行该如何制定政策。

从美国"大通胀"的开端来看，越南战争爆发后，美国面临着庞大的军事开支，势必需要扩大货币供给。1969 年，尼克松接任美国总统，支持在衰退时期保持预算赤字的政策，持续为越战提供资金，并认为市场力量可以带来经济复苏。但是，这让部分海外的美元持有者感到不安，认为美元被高估，于是出现了对美元的挤兑。事实证明，他们是对的。1971 年，尼克松宣布实行新经济政策，停止按照布雷顿森林体系规定的 35 美元兑换 1 盎司黄金，美元与黄金脱钩，美元出现大幅贬值。

尼克松担心经济再次衰退，便要求美联储主席阿瑟·伯恩斯实行低利率，这样的低利率在短期内的确让经济看起来很强劲。但是，20 世纪 70 年代还出现了一个加深美国经济问题的重要因素，全球石油供应受中东局势的影响一再中断，导致物价全面飙升，汽油短缺，这在一定程度上增加了通胀压力。当时，尼克松却认为，如果有必要，可以接受通胀，但不能接受失业。于是，美联储开启了不断降息的进程，就是"注水"的过程。美国的通胀率也从 20 世纪 60 年代初期的 1%左右呈直线飙升的态势，到 1980 年甚至接近 15%。美联储推动货币供应大幅增加的政策被认为是大通胀的主要原因。

不过，为何要开启宽松的货币政策来保证就业？通胀和失业率是什么关系？菲利普斯曲线给出了答案。

1958 年，新西兰经济学家菲利普斯根据英国失业率和货币工资变动率的经验统计资料，提出了衡量两者之间交替关系的曲线。随后，以萨缪尔森为代表的经济学家们用美国的数据进行了拟合，如图 15-1 所示，将菲利普斯曲线用来解释失业率和通胀的关系：通胀率高时，失业率低；通胀率低时，失业率高。

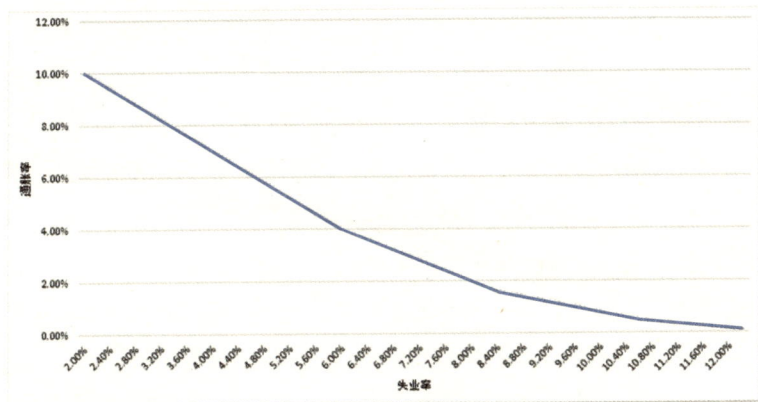

图 15-1　菲利普斯曲线

于是，菲利普斯曲线就成了政策制定者们的指导：在曲线上找到一个最佳点，既可以保证充分就业，通胀水平也在可接受范围内。同时，政策制定者们还得出了一个结论：一定的通胀有利于经济发展。就此，菲律普斯曲线给宽松的货币政策加上了一对翅膀。

1977 年，《美联储改革法》将"保证就业"和"稳定物价"的双重职责正式交给了美联储，而 1978 年"充分就业和平衡增长法案"（《汉弗莱-霍金斯法案》）让美联储把"保证就业"的目标前置，表现在菲利普斯曲线上就是用通胀换取就业。

因此，在 20 世纪 70 年代，通胀的管理被忽略，美国出现了"高通胀"和"高失业"并存的现象，也就是"滞胀"。

如何收回向市场多注的"水"

都说覆水难收，就国家层面而言，向市场上多注的"水"要如何收回？

很多读者一定会想到加息。加息后，商业银行的存贷款利率随之上升，银行存款增加，贷款减少，市场上流通的基础货币减少，就会抑制消费和投资。其实，加息的方法美联储一直在用。

在"大通胀"愈演愈烈的情况下，1979 年，保罗·沃尔克接任美联储主席，降低通胀成了美联储的首要任务。为了把多注的"水"抽出去，沃尔克一口气将联邦基准利率提高到 20%，期望通过这种大胆但痛苦的货币紧缩政策来控制通胀。简单地说，随着利率上升，消费者倾向于存钱，因为储蓄的回报更高，这样市场流通的货币减少，通胀下降。经历了多次改革，终于在 1982 年遏制住了通胀上涨的势头。不过这种极端的利率上调也造成了经济衰退，美国的失业率在 20 世纪 80 年代曾达到近 11% 的峰值。从此以后，美联储的工作目标也从"保证就业""稳定物价"，转变成了抑制通胀。

从历史中我们也能清楚地看到，20 世纪 70 年代的美国"大通胀"对美联储的职责转换影响至今，美联储的议息会议也成了很多投资者必关注的事。而当时埋下通胀种子的菲利普斯曲线也未被弃用，依旧是政策制定者们在谈到失业率和通胀时的参考。

CPI 与 PPI：看懂通胀的两个价格指数

作为投资者，我们需要用什么指标去判断通胀和通缩呢？这里就要使用 CPI 和 PPI 了。CPI 和 PPI 是国际通行的用来衡量通胀的主要指标，是价格指标体系的核心构成部分，在我国可参考国家统计局定时发布的 CPI 和 PPI 数据。

CPI（Consumer Price Index）表示消费者价格指数，又称生活费用价格指数，是通过计算城市居民日常消费的一个市场篮子的生活用品和劳务的价格水平变动而得到的指数。

在计算 CPI 时，并非把居民消费的所有商品和劳务的价格都计入，而是挑选对居民生活影响较大的一部分，即前面所提到的"一个市场篮子的生活用品和劳务"。

中国 CPI 调查的对象包括被选中的商场（店）、超市、农贸市场（生鲜市场）、服务网点和互联网电商等，按用途划分为 8 大类，下设 268 个基本分类。通俗地讲，CPI 就是市场上的货物价格增长百分比。基于 CPI，可以运用下列公式来计算通胀率：

通胀率=（现期物价水平–基期物价水平）/基期物价水平

CPI 是观察通胀的重要指标，但并不是 CPI 涨得较快就是通胀。在不同的国家和地区，利用 CPI 判断通胀的标准不同，也可以说是通胀对 CPI 的容忍度不同，通常发达国家的容忍度要低，发展中国家要高。一般市场经济国家认为 CPI 在 2%～3%属于可接受范围内，而当 CPI>3%时，我们称为通胀，当 CPI>5%时，就是严重的通胀。

根据中国国家统计局的数据统计，2010 年至 2021 年，中国的 CPI 年均涨幅约为 2.5%，数据表明，中国的通胀水平并不高，是较为温和的。但现实中，为什么部分老百姓会认为自己感觉到的通胀远远超过了官方给出的统计数据？总觉得物价上涨太快，钱越来越"不值钱"，能买到的东西越来越少。造成这个误解的原因主要有以下两点。

一是 CPI 统计数据的结构中，不包含投资品的价格。也就是说，房价、股价等并不计入 CPI 中。因为 CPI 反映的是居民购买并用于消费的商品，而不是投资品的价格变化，所以我们不能把房价的上涨与 CPI 增幅进行直接比较。当然，房价对通胀是有影响的，CPI 中计入了房租，房租变动会体现在 CPI 中。

二是 CPI 的统计项目中大多是原材料的价格，人力成本增长对 CPI 的影响较小。因为类似 CPI 一级分类中的食品烟酒项目，统计的是猪肉、牛肉、蛋类、奶类等原材料或者半成品的价格，不包含完全人力加工后的成品价格，如猪肉类零食、各种糕点的价格等。这就意味着，我们平常感知到的，与人紧密相关的消费品或服务的价格上涨速度很快，但这些并没有直接纳入 CPI 的统计中。

打个比方，假设老王开的餐饮店，一碗面的价格在 2011 年是 5 元，而在 2021 年是 15 元，10 年翻到三倍，每年价格涨幅为 30%，我们能说按照这个涨幅来看，中国的通胀很严重吗？不能。其实，这也是有些人对通胀的一种误解，过于看重与生活密切相关的食品价格的上涨，并以此对标通胀的上涨速度。

那么，真的是因为这碗面的原材料，如面粉、盐、油、青菜等每年的价格都涨了 30% 那么多？事实上，是因为制作这碗面的"人"涨价了，这碗面的价格涨幅中，除了通胀的涨幅，很大一部分是人力成本的增长。

试想一下，如果在 2011 年，老王每天能制作 100 碗面，而 10 年后老王还是每天做出 100 碗面，要是每碗面的单价不增长，老王可能就选择关店，然后去从事其他工作了。所以，我们需要跳出对 CPI 理解的误区，不能简单地将物价上涨与 CPI 的涨幅画等号。

PPI（Producer Price Index）表示生产者价格指数，是通过计算生产者在生产过程中，所有阶段获得的产品的价格水平变动而得到的指数，这些产品包括制成品和原材料，可衡量某一时期各种商品在不同生产阶段价格变动的情况。在中国，PPI 一般指工业生产者出厂价格指数，反映工业品第一次出售时的出厂价格变化，不包含税费及运费。

同样，PPI 的计算原理也是如此，在指数计算中选取有代表性的部分产品的价格进行计算。比如，中国国家统计局对 PPI 的调查中，主要选取年主营业务收入 2000 万元以上的企业作为调查对象，遵循按工业行业基本分类、有代表性、对国计民生影响大、生产较为稳定、有发展前景等原则进行产品选择，目的就是使 PPI 能够尽可能充分地反映在国民经济活动中处于生产环节和上游领域的产品价格变动情况。

CPI 和 PPI 都属于平均的综合指标，从 PPI 与 CPI 的含义和计算方法可以看出，理论上，二者的长期走势是一致的。PPI 作为生产环节的价格水平指标，其变化会通过产业链向消费端传导，并表现为与 CPI 大致同趋势的变化。因此，PPI 通常被看作 CPI 的先行指标，即 PPI 一般先于 CPI 表现出价格变化。

"CPI-PPI 剪刀差"意味着什么

在市场经济的产业链中，各商品的价格是紧密相连的，特别是产业链的上下游产品价格，会在市场作用下形成环环相扣的价格链条。上游产品的价格变动会作为中游或下游产品成本的影响因素向下传递，最终传递到消费端，这一通常的传导路径为"上游原材料价格变化→中游加工品成本变化→下游商品价格变化→居民消费价格变化"。

事实上，价格在产业链和市场的传导过程中，会受到多种因素的影响。

在市场运行顺畅时，产业链各环节之间会呈现正常的上游向下游的价格传导，即 PPI 和 CPI 的整体走势会大致相同。但现实是 PPI 和 CPI 的走势很可能出现不一致，甚至两者会出现背离较大的情况，这种 PPI 和 CPI 一个增速明显快于另一个（多数是 PPI 明显快于 CPI）的现象被称为价格的 "CPI-PPI 剪刀差"。

根据 2000 年以来的历史数据，中国几次比较典型的 "CPI-PPI 剪刀差" 主要出现在 2008 年、2010 年、2017 年和 2021 年。其中，2021 年 10 月，CPI 同比上涨 1.5%，但 PPI 同比上涨 13.5%，"CPI-PPI 剪刀差" 达到 12 个百分点，创造了有数据记录以来的新高。

正常情况下，无论企业如何选择，原材料价格上涨的最后结果都是推高居民消费品价格，表现为 PPI 对 CPI 的传导。根据价格传导规律，上游价格变化传导到下游一般需要 6～12 个月。

PPI 若持续走高，不能及时将价格传导至下游，也就是 "上游通胀，下游通缩"，则可能会为工业生产带来成本上升、利润降低的影响，对于毛利率较低的企业来说甚至存在亏损风险。这种情况在价格指数上表现为 CPI 走势偏低，PPI 走高，"CPI-PPI 剪刀差" 扩大，可以总结如下：

CPI 和 PPI 上涨，通胀上升，经济增速加快，如果上涨幅度过大，就会引发高通胀；

CPI 和 PPI 下跌，经济发展放缓，如果下跌幅度过大，就会导致通货紧缩；

CPI 上涨，PPI 下跌，企业利润增大，经济将进入一个扩张期；

CPI 下跌，PPI 上涨，企业利润减少，经济有衰退的危险。

总体而言，PPI 和 CPI 作为重要的价格指标，在宏观经济政策调节中备受关注，特别是 CPI 的变化，是利率调节的重要依据之一，也是计算通胀的重要数据源。

总结起来，通胀就是增发的货币量比新生产的商品总价多，总体物价上涨，即商品的流通速度赶不上银行印钱的速度。而通缩就是增发的货币量比新生产的商品少，总体物价下降，即商品的流通速度远超银行印钱的速度，货币供给少，商品却多了。我们钱包里的钱，人民币、美元、英镑、日元都是通货，通货的本质都是信用货币，其价值是人们赋予的，被人们创造出来是为了流通，而政府最终的目的是增加社会的总产出，让经济得以增长，而非增加货币的总体数量。

正如开篇所说，我们不需要谈到通胀就只想到涨价，谈到紧缩就和萧条画上等号。在通胀和通缩的背后，国家会制定适当的货币政策与财政政策来调整经济。可以说，从货币诞生开始，通胀就在吞噬着大众手中的财富，但只有少部分高明的人能够察觉到这种漫长而隐蔽的财富流失过程，人们大多是经过很长时间才会回头看，发现已是沧海桑田。

所以，作为投资者，"打败"通胀和通缩不是我们的任务，更重要的是，我们需要不断地学习，了解经济现象背后的政策制定原因，以及这些政策给我们的财富带来哪些影响。

毕竟，一个懂金融的人和不懂金融的人一起竞争时，他们的起跑线本身就是不一样的。

第 16 讲
行为经济学：做一个理性人

经济学大师萨缪尔森说："在人的一生中，你永远都无法回避经济学。"确实，无论我们主动还是被动、欣然还是抗拒，这一生都将身处经济大势的洪流之中。

下面介绍堪称对主流古典经济学进行修正的行为经济学。行为经济学作为经济学的一个分支，是将行为分析理论与经济运行规律有机结合，以此探讨社会、认知与情感的因素对经济决策影响的一门学科。

行为经济学弥补了主流经济学关于人的理性、自利、完全信息、效用最大化及偏好一致等基本假设的不足，提供了一个独特的视角来分析经济问题。了解行为经济学的有关内容有助于我们理解人在现实环境下的决策，让我们看到经济学中感性与理性的共存。

古典经济学：理性人假设

英国古典经济学家亚当·斯密在其 1776 年发表的旷世巨著《国富论》中写道："我们每天所需要的食物和饮料，不是出自屠户、酿酒家和面包师的恩惠，而是出于他们自利的打算。我们不说唤起他们利他心的话，而说唤起他们利己心的话，我们不说我们自己需要，而说对他们有好处。"

　　这一观点可以概括为：在经济活动中，人们总是基于自身需求做出有利于自己的选择，这些选择在客观上促成了全市场社会秩序的形成。

　　比如，烘焙师做蛋糕，是为了换取金钱；消费者买蛋糕，是为了满足口腹之欲。在围绕蛋糕发生的这一买一卖的经济活动中，买卖双方互惠互利，各得其所。需求无处不在，交易随时随地发生，人们按照公认的市场规则，履行着权利和义务，这就是市场经济的基本逻辑。

　　亚当·斯密认为：人的本性是懒惰的，必须加以鞭策；人也是逐利的，会遵循"利益最大化"的原则去指导行为决策。政府不需要主动干预市场，只要所有参与者按照自身需求理性选择，市场就会主动反馈、不断修正，进而逐渐实现全市场效益最大化。

　　对此，亚当·斯密将其称为"经济人假设"。

　　我们以集市上的交易为例来通俗地理解经济人假设。一位阿姨看中了一件衣服，很喜欢，并且想要把它买下来，买下这件衣服就是阿姨想要实现的目标。她首先会问："老板，这件衣服怎么卖？"老板会回答一个高于成本，但觉得阿姨会接受的价格。

　　阿姨通常会讲价，就会说："少一点可以吗？200 元。"阿姨这个时候的讲价就是尽最大努力以更低价格买下这件心仪的衣服。老板当然不会一口答应，会说："再多点，220 元。我就卖给你。"老板此时在尽最大努力以更高的价格卖出这件衣服。

　　所以，交易的双方都在尽最大努力实现自己的目标和利益最大化，这就是"经济人"现象。

　　古典经济学承袭了亚当·斯密的经济人假设，认为经济人是社会活动中人的抽象，其本性是追求利益最大化的。在古典经济学的理论模型中，最基础的就是关于人的理性假定，假定人的行为是完全理性的，所有人都是理性的经济人。

"理性人假设"的逻辑路径表现为，由于每个人都是理性人，那么其在市场经济中的决策会使所有的资源都得到最优配置。

也可以说，每一个从事经济活动的人所采取的经济行为，都是力图以自己的最小经济代价去获得最大利益。西方经济学家认为，只有这样的人才是"理性的人"。

在表述上，理性人与经济人也常常互换使用。经济人或理性人虽说是一种假设，但这种假设如同点、线、面、体之于几何学，质点之于经典力学一样，是科学研究不可或缺的。说它们是假设，主要是因为它是对从事经济活动的所有人的基本特征的一个抽象描述。

行为经济学对传统经济学的挑战

在现实的经济生活中，人的决策受限于可用信息和时间，决策者的认知能力往往是有限的。1978 年，诺贝尔经济学奖获得者赫尔伯特·亚历山大·西蒙提出，人们是在寻求让自己满意的解决方案，而不是利益最大化的解决方案。

举个例子，冬天的时候你去买手套，同一副手套在不同的店铺有不同的价格，你的决策是选择在哪一家店铺买。你去第一家店铺问了手套的价格，老板告诉你是 100 元；接着你去第二家店铺，老板说 80 元；然后你又去第三家店铺，手套价格为 50 元。最后，你决定买第三家店铺的手套。其实第四家店铺还会更便宜，但是，你在去第三家店铺的时候对这个选择已经很满意了，所以你并不会去寻找其他店铺。

这就是有限理性。

随着认知心理学和实验心理学的发展，学者们对理性人假设的质疑声不断高涨。

试想一下，如果参与经济活动的所有人都是理性人，都能按照收益最大化原则进行行动和决策。那么，消费者不会乱花每一分钱，完全不会受到广告推销、"双 11"促销、口碑效应等影响；生产者不会错过每一分利润，完全不可能发生市场误判、技术路线选择错误、扩张节奏出错等情况。

这显然是不可能的。

正如凭借行为经济学领域的卓越贡献斩获 2017 年诺贝尔经济学奖的理查德·塞勒所言："主流经济学假设我们都有爱因斯坦一样的智商，计算机一样的记忆力，圣雄甘地一样的意志力。但人往往是非理性的，没有人按照经济学家的模型做决策。"

行为经济学对理性人假设提出了挑战，认为人的行为受到情绪的支配，非理性是市场上的普遍现象，经济人天然具有很多"人性"，而且这些"人性"往往可以左右事物的发展变化。

在行为经济学框架下，人们无论是购买商品、转售音乐会门票、申请抵押贷款，还是投资房产、债券或股票，都会存在偏见，所做出的决定与经济学家假设的标准理性模型相去甚远，甚至在传统经济学家看来是"错误"的。而行为经济学及其关键理论，也恰恰是利用了真实的人这些不理性但真实存在的"人性"规律，在刺激消费和投资等社会活动中无孔不入地广泛应用，打造了一个又一个成功的商业案例。

前景理论：人们关心的是财富的相对值

对行为经济学进行广泛而系统研究的两位学者丹尼尔·卡尼曼和阿莫斯·特沃斯基提出了"前景理论"（Prospect Theory），所有关于行为经济学的著作都绕不开这个理论。卡尼曼也因为在不确定情况下的人为判断和决策方面做出的突出贡献，获得了 2002 年诺贝尔经济学奖。

前景理论认为人们通常不是从财富绝对值的角度考虑问题，而是从财富的相对值，即输或赢的角度考虑，最为关心的是收益和损失的多少。

前景理论在充分吸收、融合心理学有关知识的基础上，提出人在分析预期效用和做决策时，会受到许多非理性心理因素的影响。这些心理因素导致我们做出许多"看上去不太理性"的决策。

我们来看一个简单的游戏。假设投掷一枚均匀的硬币，正面朝上赢，反面朝上输。如果赢了，可以获得 1000 元，输了则失去 1000 元。请问你是否愿意赌一把？做出你的选择，愿意或者不愿意。

这个赌局输和赢的可能性是相同的，就是说这个游戏的结果期望值为零，是绝对公平的赌局。但是，大量实验的结果证明，多数人不愿意玩这个游戏。为什么人们会做出这样的选择呢？这个现象可以用"损失规避效应"解释，虽然出现正反面的概率是相同的，但是人们对"失"比对"得"敏感。

想到可能会输掉 1000 元，这种不舒服的程度超过了可能赢 1000 元的快乐。即大多数人对损失和获得的敏感程度不对称，面对损失的痛苦感要大大超过面对获得的快乐感。卡尼曼认为，人们面对同样数量的收益和损失时，损失会更加令人难以忍受。研究发现，一定的损失带来的痛苦程度为同样的收益所带来的欢喜程度的 2.5 倍。

我们再举一个例子来说明。生活中时常可以遇到商家发放有期限的优惠券，一旦超过了规定时间，优惠券便自动作废。消费者在获得优惠券时，潜意识就会认为自己已经得到了优惠券上的金额，如果不在优惠期内购买相应的产品，在过期后就会失去这些"既得利益"。在这种心理作用下，原本并没有打算购买的消费者，也要赶在优惠券过期之前下单购买，从而确保优惠券权益被有效使用，而不是被浪费。商家完美地运用了人们不愿意忍受失去所带来的痛苦的心理，成功促成了产品销售。但对于消费者而言，购买决策的发生却属于"非理性"行为。

前景理论基于大多数人的经济行为都是"非理性"的事实性判断，对传统的"完全理性人"假设做了极大的修正。

在这一过程中，卡尼曼开创性地提出了思考的"快"与"慢"。他把人类大脑的思考活动划分为两套系统：第一套是直觉系统，能直接对简单事务进行判断，也称为"快系统"。比如，看到一张照片，发现上面是一个小男孩在踢足球，这些判断几乎自动完成，毫不费力，就是快系统在起作用。

第二套是理性系统，它依赖人的理性，需要刻意思考，运行起来要消耗大量脑力，而且比较慢，所以被称为"慢系统"。比如解答复杂的数学题时，需要集中注意力推理，就是慢系统在起作用。

人们的思考过程实质是两套系统协同作用的结果。

对于简单事务，快系统依靠经验、直觉迅速做出判断；当遇到复杂问题时，启动慢系统，进入理性思考。在大多数情况下，我们是不需要调动"慢系统"的，因为凭直觉就可以解决大部分问题。而这种

"非理性"的行为决策往往是"快系统"在起作用。由于人天生是懒惰的，不愿意付出更多的精力，所以大脑在多数情况下更依赖于"快系统"，即往往依靠直觉做出判断。

任意连贯性：被忽略的商品包装

现实世界里，形形色色的市场活动以及商业模式，几乎都是行为经济学理论的实践应用。我们先来看看生产者是如何利用"任意连贯性"来助力产品销售的。

任意连贯性，就是利用消费者对于价格与商品自身变化的不同敏感点，以及生产者和消费者的信息断层，在保持价格不变的情况下，通过商品包装及其他形式上的改变，实现更有利于生产者的市场价格。

对于绝大部分消费者的感受而言，可口可乐在过去十几年间的价格几乎都没有什么变化，无论物价如何飞涨，每瓶可口可乐的价格都保持平稳状态。然而事实却是，可口可乐的价格一直在随着物价的上涨而调整，只不过这种调整不是通过价格的直接变化来体现的，而是通过包装的改变来实现的。不妨来回想一下，原来可口可乐 3 块钱一瓶是 600 毫升，一段时间后，它包装上写的是 500 毫升+100 毫升，又过了一段时间后，"+100 毫升"没有了，它便顺理成章变成了 500 毫升。

还可以拿五花八门的饮料来举例。一瓶水想卖得贵，就把它放到高级酒店、高档餐厅等场所。而在路边小店，同样一瓶水，它就卖不了高价。为什么？答案也是任意连贯性。

因为买家的主要敏感点在于商品之间的相对差异，而不是其绝对价格。"任意连贯性"理论的应用还有很多，如酱油、醋等调料品，在成本压力之下，生产者想实现 10% 的价格上涨，就通过瓶底凹度来减少相应价格的商品量，从而达到隐形涨价的目的。

手机厂商往往在新品发布时，推出经济版、旗舰版、豪华版等几个不同定价的型号，这也是利用行为经济学的"任意连贯性"理论来优化定价，进而更好地促进销售。

禀赋效应：得到的才是最好的

生产者们还会利用行为经济学中的"禀赋效应"来销售产品。禀赋效应是形容当一个人拥有某项物品或资产时，他对该物品或资产的价值评估要大于没有拥有这项物品或资产的时候。

为了更好地理解禀赋效应，我们设计一个情境假设：一个人丢了 10 块钱，和一个人用 10 块钱买了一个冰激凌，只吃了一口就掉在地上，哪种情况更让人心疼？答案是 10 元买来的冰激凌，已经吃了一口就掉在地上，心疼程度远远高于直接丢了 10 元钱。

这就是行为经济学里的禀赋效应，即当一个人拥有一件物品后，对这个物品的评价就会比未拥有的时候高出许多。心理学家认为，人们倾向于喜欢自己拥有的东西，当我们产生拥有一件东西的感觉后，该东西的价值也会在我们心中相应地提升。

在游戏领域，游戏公司通过提供客户定制化的服务，让玩家自行组装自己的人物和世界，获得个人的独特经验，这种获得感也让玩家更加沉浸于游戏中。再如，商家提供免费试用，这可以理解为商家给消费者虚拟"所有权"，借助禀赋效应，销售产品就容易得多。我们经常看到卖净水器的商家先让买家试用 3 个月，某些付费的手机 APP

先给用户 1 个月 VIP 会员身份，等等。

锚定效应：无处不在的"锚"

漫画《王牌御史》中有句经典对话，"自古深情留不住，唯有套路得人心"。生活中，商家常常利用无处不在的"锚"来设套路让你买东西，你是否看明白了？

两位行为经济学研究者丹尼尔·卡尼曼和阿莫斯·特沃斯基在 1974 年通过实验发现，当人们需要对某个人、某个事件做判断时，易受第一印象或第一信息支配，它们就像沉入海底的锚一样，把人们的判断固定在锚点附近。他们把这个现象命名为锚定效应。

作为行为经济学中一种典型的认知偏差，锚定效应在生活中是非常普遍的。无论是线下实体商场超市，还是线上网店商铺，商家经常在商品的价签上标示"原价"和"现价"，而"现价"通常是折扣价。比如，商场里某品牌的一件衣服原价为 1000 元，用一道红杠划掉后，标出现价 399 元。这件衣服本身没有发生任何变化，但是被划掉的原价成了锚点，而原价和现价的较大差异，使得消费者获取到一种"捡便宜"的刺激信号，提升了商品购买的意愿。

餐厅经营者们也深谙此道，档次较高的餐厅，比如一些高端日料店的菜单，往往前几页是贵得离谱的菜，如 998 元的刺身拼盘、1599 元的龙虾。而再往后翻，会有 388 元的牛肉，看到这里，你会觉得牛肉实在太便宜了，甚至当翻到 50 元的啤酒时，已经觉得便宜得不行，实际上，这种啤酒在超市里可能只卖 10 元。所以，那些昂贵的菜品价格也是一个"锚"，成了你点菜时的"参考价格"。

股市中也是一样，人们经常会有这样的疑虑，"我买的股票已经翻倍了，是不是该卖掉了"或者"我的股票腰斩了，是不是要加仓摊平成本了"。这也是典型的锚定效应，因为股票未来的表现和你的买入/卖出价格毫无关系。

人们在进行决策时，往往会过度偏重先前取得的信息，也就是"锚点"，产生先入为主的印象，即使这些信息与最终的决定无关。当锚点与事实之间有很大出入时，就会出现当局者迷的情况。实际上，我们每个人对所看到物品的了解和认知是有限的，很难达到清晰透彻的程度，所以会不自觉地从大脑中调用经验，依赖直觉，或者直接找参照物进行对比。而人们对一个东西越不了解，锚点就越容易影响判断，锚定效应就越强。

对于商家来说，掌握锚定效应后，就知道怎么更好地给商品定价了；对于消费者和投资者来说，理解了锚定效应，也能够更加理性地看待"锚"的影响和作用。

如何做一个理性人

行为经济学揭示了经济活动中个体的诸多非理性行为，也让人们理解了非理性的客观存在及其影响机理。从理论上说，无论市场上哪一方参与者，只要掌握了非理性的心理和行为，刻意关注并想办法避免，就掌控了交易的主动权，从被动变为主动。

然而，事实却一次又一次地表明，人们即使明白了背后的理论，也很难成功牵住"非理性"的牛鼻子。在商场购物时，在股市交易时，在商业经营中，由于个体并不能掌握所有的信息，个人偏好也常常变化，人们的决策总是不那么理想。

总之，人们并不总能做到完全理性，甚至常常背离理性。

非理性仿佛根植于人类的基因密码之内，与生俱来、根深蒂固。尽管人们经常不可避免地受到"非理性"的控制，甚至会在面对明知"非理性"而为之的行为时，拿各种各样的借口为自己开脱。但是，我们也不能就此放弃，听之任之。

虽然人永远不可能彻底对抗"人性"，但依旧可以通过学习来掌握社会经济行为中蕴藏的"奥秘"和"套路"，减少被动掉入冲动消费和投资陷阱的次数，同时主动运用行为经济学的巧妙理论指导自己的商业和社会行为。

理性的思维习惯经过一遍遍地刻意练习后，就会变成本能。我们在经济活动中"犯错"是不可避免的，但通过积累的理性思维，我们在面临经济行为决策时拥有更大的胜算。

第 17 讲
博弈论："谋定而后动"的思维

　　获奥斯卡奖的电影《美丽心灵》中有个片段：一群男生在聚会时遇到一群女生，所有的男生都想追求最漂亮的那位"女神"，结果大家都追不到她。相反，追求第二漂亮的那位女生时，成功率就会高很多。其中就蕴含了博弈论的思维。

　　其实在生活中，博弈论无时不在，无处不在。

　　当你走在路上，迎面和一个人相遇时，对方可能赶时间，心想你应该会让路，所以选择继续走。你怕双方撞上，心想对方大概率会继续向前走，故而选择侧身让路，最后你们两个都顺利通过了。但也可能出现你们都不让路或者都让路的情况，这时候，为了通过这条路，你们不得不花费时间继续选择让还是不让。其实，这就是一个双方博弈的过程。

　　在工作中，假如你的领导突然通知大家，鼓励员工每天加班半小时。新员工小李急于表现，向领导偷偷表示自己愿意加班半小时。员工老王见小李去找了领导，猜想小李会选择加班，转念想到自己正处于升职的关键阶段，不能被比下去，便偷偷跟领导说自己可以加班 1 小时。于是，其余员工也纷纷"被迫"加班，在这个员工们互相博弈的过程中，"内卷"也就形成了。

　　同样，我们每天去的菜市场，那些菜贩们也在博弈。一方面，菜的价格不能标得太高，不然顾客都被对面的菜贩抢走了；另一方面，定价也不能太低，否则就没钱赚了。

博弈论的应用场景远不止于此，下面从多角度来探讨"博弈论"的奥妙。

博弈论：己欲立而立人

博弈论（Game Theory），直译的话，也可以叫作游戏论、对策论。按照字面意思，"博弈"由"博"和"弈"组成，"博"即赌博，"弈"即对弈。所以，博弈中的每个决策过程都可以看作置身于棋局中落子之前的斟酌考量，在这期间既要对局势有理性的判断，又要站在对手的角度来揣测其意图以及下一步的走向。"博"在"弈"之前，强调了要纵观全局才能更好地与对手对弈。因此，"博弈"便是概括这个动态调整的决策过程。

博弈的定义是，在一定的游戏规则约束下，基于直接相互作用的环境条件，各参与人依据掌握的信息，选择各自的策略（行动），以实现利益最大化的过程。

简单来说，博弈就是当你和其他人面临同一个选择题时，你要根据自己所获得的信息进行判断，哪一个选择才是对自己最有利的。从定义中可以看到，博弈的四个基本构成要素为：参与人、策略（或策略集）、支付与支付函数、决策信息。

例如，在我们儿时经常和朋友玩的双人"石头剪刀布"游戏中，双方每次要决策是选择出石头、剪刀还是布，这就是策略（或策略集）。在一局游戏中，可能有一个获胜方和一个失败方，也可能平局。假设获胜方分值加 1，失败方分值减 1，平局分值为 0。那么，这就是你们的支付（指一局博弈结束时，个体得到或失去的资源多少），也就是你们选择了各自的策略，完成博弈之后，你们所得到的结果。

有人的地方就有"江湖"，有多个人互动的地方就有博弈。比如，在一场足球比赛中，一个脚下正在带球跑动的球员就要思考，是否应该继续突破，是否需要向队友传球，这些都是动态博弈的决策过程。而这个战术决策首先需要球员读懂场上的宏观局势，包括目前战况下我方队伍该积极进攻还是选择防守，对手的什么位置有空档等；其次，还要考虑对方队伍是倾向于攻还是守；最后，球员依照目前的战术分布，了解队友在哪些位置才能有最大的发挥空间。这个决策过程需要考虑到对方的决策倾向，更需要针对全局谋划做出选择。

所谓"不谋万世者，不足谋一时；不谋全局者，不足谋一域"，就是对全局视角下"博弈论"的概括。

其实，博弈论的思想古已有之，中国古代的《孙子兵法》不仅是一部军事著作，也称得上是一部博弈论专著。比方说，关于"先知"的原则，就提到"知彼知己，胜乃不殆"，实际上就等于博弈论中的决策前提和依据，指的就是，要在博弈活动中尽可能多地获取有关博弈各方和博弈环境的信息情报。

在日常生活中，博弈不仅仅存在于人与人、团队与团队之间，还存在于国家与国家之间。

在信息时代到来之前，从个体到部落，再到国家，似乎都在验证着世界正是一个"零和游戏"般的存在。胜利方与失利者的"能量"总和为零，这种现象在博弈论中被归类为"零和博弈"，即"彼之所得必为我之所失"。因为信息传播受阻，那时候，人们主观地认为世界是一个封闭的整体，资源与财富都是恒定有限的，有些部落与地区的财富增长，便意味着其他地区会被弱肉强食般地掠夺了资源，"彼长"就会"此消"。

然而，随着现代通信技术的发展，几乎世界每个角落之间的信息交流都得以实现，"信息不对称"的局面逐渐被打破。经济的增长、科技的进步以及供应链的全球化等，让各个国家与地区都从"零和博弈"切换到旨在创造共赢局面的"非零和博弈"思维中。不再是互相掠夺尺寸固定的蛋糕，大家开始寻求一起合作把蛋糕做大再分配的方式，以追求互利共赢的结果。这便对博弈中的参与者有了更高的要求，他们需要具备团队合作的精神、换位思考的能力，以及杜绝损人利己行径的胸襟。

这也就是博弈论中的"己欲立而立人"。

博弈论的开创者和继承者

近代以来，西方一些数学家在研究现实生活中的博弈问题时，产生了一些初步的博弈论概念，但并没有形成系统的博弈论理论体系。

直到 1928 年，美籍匈牙利数学家约翰·冯·诺依曼证明了博弈论的存在及基本原理，宣告了博弈论的正式诞生，由此，他也被称为"博弈论之父"。1944 年，他和经济学家奥斯卡·摩根斯坦共著了划时代巨著《博弈论与经济行为》，从而奠定了博弈论的基础和理论体系，也标志着现代系统博弈理论的初步形成。

另一位对博弈论有巨大贡献的经济学家就是 1994 年诺贝尔经济学奖得主之一——约翰·纳什，他也是电影《美丽心灵》的主人公原型。

对于多人参与、非零和的博弈问题，在纳什之前，没有人知道该如何求解。20 世纪 50 年代，纳什的开创性论文《n 人博弈的均衡点》

(1950 年)和《非合作博弈》(1951 年)给出了纳什均衡的概念和均衡存在定理,从而为更加普遍的博弈问题找到了解。

假设有 n 个人参与博弈,在给定其他人策略的条件下,每个参与人会选择自己的最优策略,从而使自己的利益最大化。纳什均衡指的就是在给定他人策略的情况下,没有人想要改变自己的策略。我们通过生活中的一个例子来理解。

"纳什均衡"在商业领域最经典的应用是两个同档次对手企业的定价问题。

在"618"或者"双 11",降价促销是很多家电品牌的首选营销活动。假如 A 品牌在活动开始前就大量宣传自家冰箱的价格促销活动,此时,同档次的 B 品牌就面临着一个纳什均衡的策略选择问题:如果选择不降价的策略,大部分消费者可能就去购买价格便宜的 A 品牌冰箱,那么,B 品牌冰箱的市场占有率就会降低,销量的下降会带来收入和利润的双损失;如果选择跟风降价,那么就可以保持市场占有率,但同时,B 品牌也不能降价太多,否则就没有利润可言了。所以,最后的决策结果是 B 品牌与 A 品牌的降价幅度保持一致。

可以看出,在给定 A 品牌降价策略的条件下,B 品牌选择了一个使自身利益最大化的策略,最终形成了纳什均衡。两个品牌保持着"默契",没有一方愿意打破这种稳定的状态。因为一旦其中一方大幅降价,为求薄利多销来获取更大的利润,另一方肯定会为了保持市场占有率而跟进降价,双方互相打压价格,结果就是"两败俱伤"。

因此,纳什均衡实际上就描述了这样的场景:每个参与者选择一个策略,当一个参与者不改变策略时,没有参与者能从改变策略中使自身获益。

　　另一种与纳什均衡有交集，但也有矛盾的观点就是"帕累托最优"。我们先了解一下什么是"帕累托改进"。

　　假设要将一定量的资源分配给固定的一群人，存在若干种分配方案，如果存在某种调整策略，能使方案在调整后，至少让一个人受益的同时，不会让其他人受到损失，那么这种调整策略就是帕累托改进。简单地说，帕累托改进就是在没有使任何人受到损害的前提下，至少让一个人变好，即一种"不损己，又利人"的调整策略。

　　如果对于某种分配方案，再也找不到任何帕累托改进的余地，我们就说这个方案达到了帕累托最优。所以，帕累托最优其实是资源分配的一种理想状态，在这种状态之下，任何一方都无法改善自己的境况，除非损害其他人的利益。

　　我们从大国博弈的角度来对比分析纳什均衡和帕累托最优。以中美两国为例，改革开放以来，中国从低效率的计划经济转向高效率的市场经济，对外贸易迅速发展。在这个过程中，中国融入世界自由经济体系之中，参与国际分工，并不断进行帕累托改进，从全局的角度寻找国家经济发展的最优解，尝试塑造帕累托最优（即在不损害其他国家利益的前提下，实现经济发展）。但是，美国却认为，中国经济的快速崛起会对美国的自由经济统治地位造成巨大挑战。

　　从博弈双方的策略选择来看，中国只要继续发展，美国就会感到自身全球老大的位置受到威胁，这是美国不能接受的，所以美国必然选择"打压"，除非中国停止发展；而不发展对中国而言，肯定是不能接受的，所以必然选择"反击"。可见，"竞争"才是双方博弈策略的"纳什均衡"。

　　事实上，中国主张的"不冲突、不对抗、相互尊重、合作共赢"

的新型大国关系，就是推动两国打破非合作博弈下的纳什均衡，实现整体利益的最优化，即整个人类社会的帕累托最优。

由此可见，帕累托最优是从一种静态全局的角度来看待问题，是整个问题的最优决策方案。而纳什均衡是从动态局部的角度来看待问题，更像是问题求解过程中的临时解。

囚徒困境：个体理性与集体理性的不一致

作为博弈论中最著名的非合作博弈例子，囚徒困境（Prisoner's Dilemma）介绍了两个被捕囚徒之间的一种特殊博弈。

情景为两个嫌疑人张三和李四因犯罪被逮捕，但警察没有确凿的证据证明他们有罪，为了获得可信度相对高的供词，警察将两名嫌疑人关在单独的房间里分开审问。因此，审讯期间他们不能相互交流。

警察在审问开始前分别告知他们：

如果两人都承认犯罪，基于良好的认罪态度，他们各判 4 年；

如果其中一人承认犯罪，而另一人否认犯罪，则承认者被释放，否认者被判 10 年；

如果两人都否认犯罪，则会因证据不足各判 1 年。

从局外人的角度考虑，对于这两位嫌疑人组成的犯罪团伙而言，最好的选择是双方都选择不招供，这样每个人各判 1 年，整体的刑期合计 2 年，这也是"帕累托最优"的决策结果。但对于局内人（这两个嫌疑人）而言，他们并不这么想，事情发展的结果也就与局外人的推测大相径庭。其根本就在于，分开审讯的过程中，两个嫌疑人对于对方的选择互不知情。而每个嫌疑人所做出的最终选择都取决于他对另一个嫌疑人选择的判断。他必须揣测另一个嫌疑人是怎么想的，这也就是本讲关于"博弈"的解释——谋定而后动。

站在嫌疑人李四的角度：如果他认为张三会为了脱罪而选择不招供，自己招供就能无罪释放，不招供就会被判1年，对比而言，李四招供比较有优势；如果他认为张三选择招供，自己招供的刑期为4年，不招供的刑期为10年，对比之下，李四选择招供的刑期更短。

所以，无论张三最终如何选择，基于自身利益的最大化，李四都会选择招供。站在张三的角度进行分析，亦是如此。

可以发现，不管张三选择什么样的策略，若只考虑自身利益，李四选择招供才是"上策"。这次博弈的最终结果肯定是两个嫌疑人都选择招供这个策略，两人分别被判4年。

我们从双方决策的支付矩阵（博弈论中描述两个或多个参与人的策略和支付的矩阵）来看，如表 17-1 所示，两个嫌疑人选择招供这个策略并不是最好的结果，因为如果他们都选择不招供，则两人各判1年，显然比各判4年的结果要好。然而，这两个人是被分开的，都要追求个人利益的最大化，且他们无法相信对方会给自己"打掩护"。

表 17-1　囚徒困境的支付矩阵

	张三招供	张三不招供
李四招供	各判 4 年	李四被释放，张三被判 10 年
李四不招供	张三被释放，李四被判 10 年	张三、李四各判 1 年

对于李四来说，如果他选择不招供，假如他被同伙揭发（也就是张三选择招供），那么根据表 17-1 的矩阵结果，他将被判 10 年，而张三被释放。同样，张三也是如此。因此，两个嫌疑人最后一定都会选择招供这个比较稳妥的策略。

"囚徒困境"实质上反映的是个人理性与集体理性之间的矛盾。对两个嫌疑人来说，个人追求利益最大化的理性选择——招供，并不是集体利益最大化的理性选择——不招供。所以，当人们忽视集体利益，而将视线放在个人利益上时，就容易产生损人利己的短期行为，但长期来看，个人利益同样是会受到损失的。

如何破解囚徒困境

因为"囚徒困境"的假设是只有一次博弈，参与者在知道只有这一次机会的情况下是不会选择合作的，更多的是考虑自身的利益。破解"囚徒困境"的办法之一可以是延长次数以求得合作，并规定破坏合作的惩罚措施。

所以，承诺长远利益和"以牙还牙"便可作为解决"囚徒困境"的最佳策略。

"以牙还牙"策略由数学家阿纳托尔·拉波波特提出，例如，"囚徒困境"中嫌疑人李四被嫌疑人张三的利己但损人的行为激怒，李四随后便会进行报复，于是接下来张三就会遵循合作。通俗地说就是：破坏规矩的人会"遭到报复"。

当然，"以牙还牙"策略的实施还需要承诺长远利益来作为辅助。

增加博弈次数是承诺长远利益的一种方式，也就是选择合作的期限与重复进行多次相同结构的博弈，这样能够让博弈者在行为选择中提高稳定性。以生活中的户外用品店为例，开设在旅游景区的户外用品店，产品价格通常不低，而且质量和售后无法得到保证。反观开在成熟社区或者商场中的户外用品店，会不定期地举办打折促销活动，并且售后服务能得到充分保障。

简单分析一下，旅游景区的户外用品店与消费者的消费行为是"一锤子买卖"，属于单次博弈的行为。而开在成熟社区或商场中的户外用品店，在经营过程中需要依靠自己的客户口碑和客户流量，以保住老客户且吸引新客户多次消费，这属于重复博弈。

有一种特殊的情况：开在旅游景区内的大型连锁品牌户外用品店也可以让消费者得到充分的售后保障。这是因为大型连锁的商家需要捍卫自己的品牌声誉，是典型的"长线生意"，这对该品牌而言也属于重复博弈。

还有一个经典的例子，在早期的城市道路规划里设计了一些"二合一车道"，原本行驶在两车道的机动车需要在合流处并入一车道。但这种道路刚修建好的时候，特别是在车流拥堵的情况下，驾驶员为了能尽快进入合并车道而选择抢行（可视为博弈论中的背叛行为），并没有做到"左一辆右一辆"地有序交替通行（博弈论中的合作行为），造成了道路拥堵的进一步加剧。

为了让市民习惯"拉链式"礼让通行，当地政府引入了惩罚机制，用摄像头记录下违规车辆，并进行后续追踪处罚及教育。很快这种文明通行方式得到了实践，并且在处罚程度最重的地区很快实现了全面推广。我们可以理解机动车驾驶员急于通过的想法，但他们愿意遵守交规"拉链式"通行，并不完全取决于个人的精神与意志，原因还在于，惩罚体系的有效建立让他们惮于违规。

因此，通过把单次博弈变为重复博弈，会提高博弈者的决策稳定性，有助于在合作过程中多次磨合，最终实现共赢。另外，引入并完善惩罚体系能进一步提高博弈者背叛的代价与成本，也有助于帮助整体摆脱"囚徒困境"。

饿狮博弈：掌握逆向思维

"饿狮博弈"是一种典型的序贯博弈，有助于我们分析在一个复杂的利益关系网中，如何采用逆向思维破局。

该博弈的描述是：假设有老大到老六一共六只狮子（身体强弱状况从大到小依次排序）以及一只小羊。如果最强的狮子老大吃掉小羊后需要打盹一段时间进行消化，此时，比老大稍弱一点的老二就会吃掉老大，接着老二在打盹休息的时候被老三吃掉，以此类推。

让我们从逆向的角度来分析，第一个分析的主体便是狮子老六。如果老五在打盹歇息，毫无疑问，老六就会选择吃掉老五，这样，老六便会成为仅存的最后一只狮子，自己是安全的，也不存在被吃掉的问题。往前推导，老五如果知道自己打盹时会被老六吃掉，它便不敢吃休息的老四。当老四知道老五不会吃掉打盹的自己时，那老四就敢吃掉打盹的老三。以此类推，老三不敢吃老二，老二敢吃老大，狮子老大便不敢吃小羊了。

但是，如果在原来的狮子家族基础上加入一只身体更弱的小狮子老七，用上面的逆向思维来继续推理，老七吃老六，老六不敢吃老五，老五吃老四，老四不敢吃老三，老三吃老二，老二不敢吃老大，确认不会被吃掉的狮子老大就有吃羊的底气。

我们对比两次博弈的例子，狮子总量是六只和总量是七只时的结果，完全不一样。所以狮子老大要不要吃羊，主要取决于群体中狮子数量的奇偶性。狮子数量为奇数和为偶数的博弈结果构成了两个稳定的纳什均衡点。

在现实的商业兼并活动中，发起收购的企业就像考虑要不要吃掉小羊的狮子，收购的过程中会伴随着股权价格的波动、现金流的潜在风险等问题，这就需要团队充分掌握市场的动向，从逆向思维的角度防范"螳螂捕蝉，黄雀在后"的局面。

智猪博弈：多劳不多得，少劳不少得

"智猪博弈"是一个非常著名的纳什均衡的例子，我们在生活中会经常遇到。假设猪圈里有一头大猪和一头小猪。猪圈很长，饲养员在猪圈的一边安装了一个踏板，另一边是投食口和食槽。每踩一下踏板，在远离踏板的另一边，投食口便会落下少量食物。如果一只猪跑去踩踏板，因为距离优势，另一只猪就有机会优先吃到落在食槽中的食物。由于大猪和小猪的跑动速度不同，当小猪踩踏板时，大猪能赶在小猪跑回投食口之前吃完所有的食物。反之，若大猪踩上踏板，则其能在小猪吃掉投食口一半食物时赶回来，与小猪争抢剩下的另一半食物。

那么，两只猪会采取什么策略呢？

很显然，两只猪都会有自己的盘算。但最后的答案却出乎意料。

小猪会选择"搭便车"策略，也就是舒舒服服地等在投食口的边上，而大猪则会选择不知疲倦地奔跑在踏板和投食口之间，只是为了那剩下的另一半食物。

原因何在？因为小猪如果主动踩踏板，自己便会一无所获，等着大猪来踩踏板，倒是能在边上吃到一半的食物。故而无论大猪是否踩踏板，小猪不踩踏板总会是最佳策略。对大猪而言，明知小猪不会主动去踩踏板的情况下，大猪只能靠自己去踩踏板，从而与小猪争抢剩下的一半食物。因为如果大猪不去踩，最后肯定是会挨饿的。所以，大猪踩踏板是最优策略。

"智猪博弈"的结论说明，大猪的"多劳"并没有"多得"，而小猪的"少劳"也并没有"少得"。即在一个双方平等竞争的环境中，有时占优势的一方为了实现共赢要做出一些妥协。这样的情况在现实生活中比比皆是。

比如，我们看到一些大企业往往勇于开拓市场，或是把资本大量投入到研发中以推动创新；而小企业往往喜欢坐享其成，跟在大企业后面赚一些小钱。是因为小企业的管理者懒惰，缺乏创新精神吗？当然不是。小企业没有动力，也没有必要去搞创新。

大企业可以被看作案例里的"大猪"，具备出色的市场开拓能力，能高效地占有新兴市场的资源。而小企业被视为"小猪"，即便主动研发新的产品来开拓市场，还是会被占据体量优势的大企业轻而易举地赚走大部分利润，而小企业自己则得不偿失。在这种情况下，对小企业而言，最佳的策略其实是观察并等待时机，做那只不去按踏板的小猪，以凭借自己某些单一方面的优势搭上大企业开拓市场的"便车"，从而在资源分配中分上一杯羹。

博弈论的启示：克服人性中"自私的基因"

正如经济学家赫伯特·金迪斯所说，博弈论是我们"研究世界的一种工具"，但它也不仅仅是一种工具，因为"它既研究了人们如何合作，也研究了人们如何竞争"。

"己欲立而立人，己欲达而达人"。博弈论的智慧在于克服人性"自私的基因"，在"胸中有丘壑"的大局观引导下，从对方的角度出发考虑彼此的长远利益，从而获得更为"可持续"的收获。用博弈的方式去思考问题将会给我们带来不一样的思想体验。从某种程度上说，博弈论意味着一种全新的思想或一种全新的理解分析方法。

将欲取之，必先予之。面对利益冲突，应在建立起与其他参与者之间相互信任的前提下，进行换位思考。站在对方的角度解读其行动逻辑，通过重复博弈或者提前协商的方式，灵活地把博弈论应用在刀刃上。遵循整体合作互助，共同摆脱困境的最优策略，则可以收获双赢的局面。

在日常生活和商业活动中，更多时候都不是零和博弈，而是互惠互利、互利共赢。比起零和博弈般简单粗暴的弱肉强食，需要通过策略把市场这块蛋糕做大，才能进一步取得更大的收获。

在技术创新的领域里，若是遇到正在开发新技术的同行，比起忌惮他们未来会抢走更多的机会，更应看到，正是因为有这些不断尝试在现有技术上增加新元素的同行们，整个行业才能不断向前，而与他们身在同一个行业的企业，也都会得到这种行业进步带来的"好处"。

因此，正当途径的良性竞争可以被看作行业里的一种技术革命，促进同行业中的所有博弈者进一步提高生产效率，进而提升自身收益。

总之，博弈论告诉我们，强者不一定是最后的赢家，有时候弱者反而能生存到最后。在竞争中，没有永远的朋友，也没有永远的敌人，博弈让我们随时准备同自己的对手合作。

第 18 讲

广场协议：如何让日本失去了三十年

如果你是一个日本富豪，拥有一千亿日元的资产，按照 1985 年初的汇率，相当于五亿美元。然后我告诉你，只要签订了"广场协议"，你的一千亿日元就变成十亿美元，瞬间翻了倍，你乐意不乐意？

我想你会乐意的。你可以进行更多的国外投资，可以随时去欧洲"买买买"。除了日本国内，世界各地的东西似乎都变便宜了。

然而不要忘了，在海外花钱用的是美元。这些美元来自日本多年的外汇储备，所以，日本的外汇储备必定流失。此时，与国外商品相比，日本的商品价格相当于升高了，出口不可避免受到影响。在这样的双重打击下，银行一看这个形势不对，只能缩紧银根、加息。然而一加息，企业、个人突然债务大增，于是，泡沫来了。

对于"广场协议"，有人视其为美国搞垮日本的惊天阴谋，有人认为其仅是引爆日本自身经济隐患的导火索，还有人将日本的衰落归咎于日元升值后日本政府的"昏招"频出。

那么，"广场协议"究竟是什么？这个协议对日本有什么影响？

"广场协议"是什么

我们先来看看"广场协议"签订时美国经济发展的状况。

1980年，里根当选美国总统，之后出台了一系列鼓励生产消费的政策，由此美国进入了一个全面的自由经济主义时期。经济增长强劲，美元不断升值，高币值的美元导致美国的出口减少（美国的商品对外国人来说，价格越来越贵）、进口增加（外国商品对美国人来说，价格越来越便宜），这又使得美国国内的贸易保护主义盛行，日本首当其冲是被指责的对象，为什么呢？

事实上，在1960年—1979年，日本的年出口额占GDP总量的比例都在9%以上，贸易顺差不断扩大，但这大大挤压了日本的贸易伙伴，尤其是美国的消费内需和市场份额。那时候美国工人甚至会当街打砸日本汽车，称其抢了他们的饭碗。

在美国经济陷入滞胀，而日本经济飞速发展，日本货"浪"遍全球的背景下，1985年9月22日，在美国纽约的广场饭店，美、日、英、法、西德五国签署了著名的"广场协议"，这个协议的主要内容包括：

第一，促进金融自由化、资本自由化；

第二，促进汇率弹性化；

第三，推动市场开放、贸易开放，抵制保护主义。

"广场协议"中很重要的一条是，各方一致认为，美元的价值被严重高估，需要五国政府联合干预外汇市场，其他四国通过抛售美元，使美元对主要货币有秩序地贬值，以解决美国巨额的贸易赤字。

美国政府也希望和几个工业国家达成协议，合力贬低美元的币值。而美元贬值只是手段，真正目的是增加美国相对于全球其他国家的贸易顺差，为经济增长注入动力。

日本上演的战后经济奇迹

如果只站在协议签署的 20 世纪 80 年代这一时间点去思考，恐怕我们很难厘清日本为什么会选择签订"广场协议"，我们需要先了解协议签署前数十年里日本的经济背景。

二战结束后，作为战败国的日本，工业和经济已然处在崩溃的边缘。在此背景下，美国也开始把日本看作自己进军东亚的桥头堡，扶植日本。除此之外，美国将日元汇率锁定为极低的 360∶1，这种人为的低估极有利于日本的出口。配合着日元低利率，1953 年，美国用少量的美元就可以换得日本大量的商品。次年，日本 GDP 达到 216 亿美元，出口总额超 16 亿美元，两项数据都比 1950 年增加了 1 倍。

1955 年，日本经济恢复至战前水平，凭借着自身雄厚的工业底子，开始了接近 20 年的高速发展期。在此期间，日本上演了"战后经济奇迹"，在低汇率的"加持"之下，日本依靠出口拉动经济，实现了战后的经济腾飞。

纵观历史，无论是日本，还是随后的"亚洲四小龙"，经济从落后到崛起，都是出口带动的。

随着经济增长速度逐渐趋于稳定，日本开始了产业升级之路。制造业的产业结构开始向高级化发展，电子产品等高端制造业产品逐渐替代纺织品等低端产品成为日本出口的主流。

比如，创始于 1918 年的松下电器在此期间不断拓展海外市场，销量猛增 7 倍，成为当时日本经济发展的缩影。1968 年，日本的国民生产总值超过当时的西德，成为仅次于美国的第二号经济大国。

世界舞台上的竞争，有赢家，就有输家——美国成了这时的输家。

由于发动朝鲜战争，美国的海外军费剧增，20 世纪 60 年代，美国又卷入越南战争。对外侵略扩张导致美国的国际收支连年逆差，出现了财政恶化，不得不超发美元。

"布雷顿森林体系"建立后，美元与黄金直接挂钩，美国承担以官价兑换黄金的义务。美元贬值动摇了各国的信心，纷纷抛出美元挤兑黄金。1971 年 8 月，美国的黄金储备只剩下 102 亿美元，而当时美国的短期外债为 520 亿美元，黄金储备只相当于短期外债的五分之一。

1971 年 8 月 15 日，尼克松宣布实行"新经济政策"，美元和黄金脱钩，美国不再向任何国家兑换黄金。美国单方面宣布"布雷顿森林体系"解体，之后，美元汇率暴跌，美元贬值叠加 1973 年末爆发的第一次石油危机，进一步刺激物价飙升，导致了 20 世纪 70 年代末美国的大滞胀。

与此同时，伴随着日本的崛起，日美之间的贸易摩擦不断。在这期间，日元不断升值，这就导致日本生产的产品向美国出口进一步受阻。为了持续刺激经济发展，日本政府采取了扩大内需的政策，日本版本的"经济内循环"就这样开始了。

20 世纪 70 年代，通过扩张性财政政策，日本举债发展基建，同时将发展重点从化工、钢铁等劳动密集型行业，向汽车、机械、电子等技术密集型行业转移。日元升值也有利于日本企业进行海外投资，将国内劳动密集型行业的过剩产能转移。就这样，以暂时牺牲出口和经济增长率为代价，日本完成了转型升级。1980 年，日本的汽车产量首次超过美国，跃居世界第一。到 1985 年，日本贸易顺差全球第一，成为世界最大的债权国和资本输出国。

日元国际化

"祸兮福之所倚，福兮祸之所伏"。日本的经济发展和产业升级看起来一切顺利，但已经为日本 20 世纪 80 年代资产泡沫的产生，以及后来日本经济"失去的三十年"埋下了伏笔。

20 世纪 80 年代初，美国出现了严重的通胀，为了抑制通胀，美联储采取了加息的办法，使得美元利率从 5% 飙升至 20%。但加息最直接的后果就是美元大幅度升值。

1981 年至 1985 年，短短四年之间，美元升值了 1 倍。美元的升值又进一步导致美国出口的萎缩。1985 年，美国对日本的贸易逆差占美国全部贸易逆差的三分之一，日本已经成为美国最大的逆差来源国。

20 世纪 80 年代初，卡特彼勒公司的 CEO 李·摩根第一次将美日之间的贸易问题与日元联系在一起，指出美日之间的贸易失衡是日元造成的。"日元太便宜"成为当时普遍被认同的观点，为了减少从日本进口商品，美国想到一个办法，那就是让日元升值。

1984 年，在"广场协议"签订之前，美国就与日本进行了多次贸易谈判，不仅以全面贸易制裁来威胁日本，还以"日元成为世界货币，日本成为世界大国"为条件吸引日本政府，要求日本政府允许日元升值，开放国内金融市场，实现利率自由化。

时任日本首相中曾根康弘表示："强大的日本必须有强大的日元支持！" 作为当时世界上的第二大经济体，日本贸易顺差全球第一，制造业发达，内需旺盛。在实体经济领域已经领跑世界后，日本的下一个目标瞄准了金融领域——日元国际化。

一个货币成为国际货币的前提条件之一，就是币值稳定与坚挺。

疲软的货币对国际投资者是没有吸引力的。日元汇率一直以来被有意压低，反映不出日元真正的价值。这个时候，日本觉得日元升值的时机到了。

因此，对当时成为经济大国、渴望国际地位的日本来说，美国的恩威并用起到了效果。所以准确地说，日本是自愿签署这份协议的。看起来是在日元的大幅升值下，日本进入了长达三十年的经济衰退。但其实，衰退的根本原因可以归结为四个字：脱实向虚。

脱实向虚：经济衰退的本质

"广场协议"签订之后，美国的这几个"好伙伴"十分配合，积极执行"弱化美元"的经济政策。从 1985 年开始，美联储不断降息，将联邦基准利率从 11.8% 降到 1986 年的 5.8% 左右。而日、英、法、西德央行则保持利率不变。美国和这几个国家利率差的不断增大，为美元币值走弱注入了一针催化剂，加快了美元贬值的速度。

反观日本，日元大幅升值意味着用同样多的日元可以在国际上买到更多的资产。比如，三菱财团收购了象征美国财富的洛克菲勒中心大厦，索尼收购了被称为美国灵魂的好莱坞哥伦比亚电影公司，松下收购了美国环球影业公司等。

一时间大量的日本资本涌入美国，导致日本本土的产品和服务卖不出去，仿佛全世界都在买美国货。

一方面，实业的资本被抽出了，实业不挣钱了。资本有强烈的逐利属性，哪里赚钱快，资金就会流向哪里，大量国际投机资金就涌入了日本的股市和房地产。

另一方面，为了维持日元稳定，日本不得不大量购买美元，抛售日元，从而投放大量的基础货币。日本央行多次下调利率：1986 年——1987 年，短短一年时间里连续 5 次降息，利率从 5%降到 2.5%[1]，导致金融市场的流动性泛滥，过剩资本也大多流入了房地产和股市。

因此，日本国内的股价和房价疯狂暴涨。1989 年 12 月 29 日，日本股市的总市值已经高达 591 万亿日元，为当年日本 GDP 的 148%[2]。日本的楼市更是离谱，日本地价的市值总额竟相当于整个美国地价总额的 4 倍，仅东京都的地价就相当于美国全国的总地价。

资产价格持续上升，日本经济进入"泡沫经济"时代。巨大的泡沫引发了日本政府的担忧，为了给过热的股市和楼市降温，日本政府决定刺破泡沫，实现经济的硬着陆。1989 年 5 月至 1990 年 8 月，日本央行连续 5 次加息，利率由 2.5%上调至 6%。过于激进的加息政策使日本国内出现流动性紧缩危机，股市、楼市断崖式下跌。

泡沫的破裂使银行体系和信用体系的不良债权猛增，债务链条不仅使企业窒息，还使日本家庭的财富大大缩水，投资者和消费者的信心受到沉重打击，日本经济从此进入了漫长的寒冬。

到这里，我们可以得出结论："广场协议"虽然是日本走向悲剧的导火索，但导致日本经济泡沫破灭的真正罪魁祸首是"脱实向虚"的国家政策失误。日本当局应对日元升值的政策性错误，或者说是日

---

① 日本 1986 年——1987 年货币政策数据来源于由 Kunio Okina 等日本银行学者于 2001 年发布的关于日本 20 世纪 80 年代金融危机的论文。

② 日本 1989 年股市总市值高达 591 万亿日元，之后再没有登高峰，直到 2015 年 5 月 22 日再次回到 1989 年的水平（当天股市市值达 591 万亿日元），但相比之下，东证股价指数还是远低于 1989 年最高点（1989 年最高点为 2884，2015 年 5 月 22 日为 1647.85），数据源自路透社的报道。

本过度依赖宽松的货币政策才是造成日本股市和楼市暴跌的真正原因。

所以，带有阴谋论味道的故事固然吸引眼球，但故事终究是故事，不能反映事实的真相。我们要尊重历史，尊重客观事实，要透过现象看本质，更重要的是，要从日本经济衰退的事件中获得有价值的启发。

"广场协议"带来的思考和启示

故事讲到这里，读者朋友们会发现，大国之间的经济博弈导致"失败"的决策不是一种错误，而是一种选择。

日本选择在泡沫高企的时候通过加息让经济硬着陆，并不是没有预见到后来的经济危机，而是选择了保汇率，从而加速日元的国际化。虽然经济泡沫破裂了，但是 1989 年 4 月，在全世界的外汇交易中，日元的比重占了 13.5%，仅次于美国的 45%。日本选择以经济硬着陆为代价，抓住了难得的日元国际化的机会。

三十多年后，中国取代日本成为世界第二大经济体、世界第一出口大国，GDP 总量有望赶超美国成为世界第一大经济体，并且和日本当年一样，中国在经济发展的过程中依赖出口，创造了巨大的贸易顺差。

可以说，"广场协议"签署背景下的美日关系和三十多年后的中美关系充满了相似性，三十多年后，全球经济又处在了不景气的大环境中，贸易保护主义抬头，美国不愿意对自身的财政政策和货币政策实施约束，促使外围国家货币升值就成为美国的必然选择。

历史又总有不同之处，中国和当年的日本面对着完全不同的国际环境。2020 年，美国开启无限量化宽松模式，超发货币大举购进美债，

CPI 指数屡创新高，美国面临着严重通胀。

以往美国"收割"全世界的套路是美国印钞，全球其他主要国家都要跟着印钞，中国也不例外。如果中国不跟随美国印钞，就会导致人民币升值，人民币升值会导致中国制造的商品在海外的价格提升，不利于出口。不过在新冠肺炎疫情全球蔓延的初期，也破天荒地出现了"例外"——中国在其他国家深陷新冠肺炎疫情传播的泥潭时，率先实现了复工复产，面对全球市场巨大的需求缺口，即使人民币升值导致出口商品价格上涨，中国出口企业的商品当时也出现了供不应求的情况。由此可见，强大的社会经济基础为人民币保持独立性、承受升值压力积聚了底气。

世界经济多极化发展的进程中，随着中国经济的高速发展，人民币走向国际化是一个必然趋势。在人民币国际化的过程中，可以预见的是，中国也会像日本那样，做出自己的选择，同时也会承担一定的阵痛。

但我们有理由相信，有不断强大的国力和理性的决策做支撑，新"广场协议"的故事不会出现，人民币的升值与国际化也可以是多赢的。

第 19 讲
康波周期：一个关于财富的秘密

经济运行背后是否有一只"无形之手"？人的命运是否在出生之日就有了注定的轨道？到底是"三分天注定，七分靠打拼"，还是反之？

这些并不是无从考据的，康波周期，这个值得我们去研究的经济现象在历史的进程中循环往复地拨弄着财富的指针，见证着时代的潮起潮落。

为什么"猪都能飞起来"

一个 1982 年出生的北京小伙子，2007 年刚好 25 岁，需要结婚，如果不出意外，丈母娘会"逼"着他买一套北京的婚房。十几年后的今天，可能仅仅靠这套房产，他就已经身价近千万元了。

2003 年左右，叱咤风云的富豪们是清一色的煤老板，这并不意味着他们的个人能力有多厉害，而是他们进入市场的时间节点恰好踩在了康波周期过度建设期的初始阶段——全球的大宗商品 60 年一遇的牛市，外加中国如火如荼的基础设施建设，以及地产开发，不论是电力还是炼钢，都离不开煤的深度参与。

就像雷军曾说过的那句"站在风口上，猪都能飞起来"。那么"猪"

是靠着怎样的"风口"规律飞起来的呢？

地球有四季交替的规律，宏观经济也天然蕴含着规律性。目前，主流的经济周期理论都以中短期为主，比如代表库存流转的 4 年基钦周期，代表设备更迭的 10 年朱格拉周期，代表地产建筑业的 15 年库兹涅茨周期。然而，一旦涉及更长的时间范围，周期预测就会因为受到太多变量干扰而变得困难重重，所以经济学界才有这么一句话：经济有规律，经济无周期。

但是偏偏有这么一个苏联经济学领域的怪才——康德拉季耶夫，他基于对英、美、法、德等国一百四十余个样本进行统计分析，在 1923 年提出了"长波经济周期假设"，然后以此为基础，创立了一个时间跨度最长的经济周期模型。这个以 60 年为尺度的康德拉季耶夫波动周期简称为"康波周期"。

从美国 20 世纪 60 年代末开始的滞胀到日本失去的三十年，从 20 世纪 90 年代中期至千禧之交的互联网泡沫，到 2008 年次贷危机，甚至中国 2008 年开始的地产黄金时代，这些经济大事件几乎都能在康波周期中找到注解和预判，以至于中国金融周期大师周金涛曾感叹"人生发财靠康波"。只要踩准一次康波上升周期，你就得到了迅速完成家庭财富积累和人生跨越的门票。

这个康波周期到底是什么？让我们先从理论本身说起。

康德拉季耶夫分析了欧美国家近两百年的经济发展变化，认为在发达的商品经济体系中，在技术创新的带动和商品价格波动叠加下，大约每六十年一甲子是一个完整的循环周期。这可以分为 5 个时期，如图 19-1 所示，分别是：衰退期、再投资期、繁荣期、过度建设期和混乱期。混乱期的结束就意味着衰退期的到来，从而实现一个完整的循环。

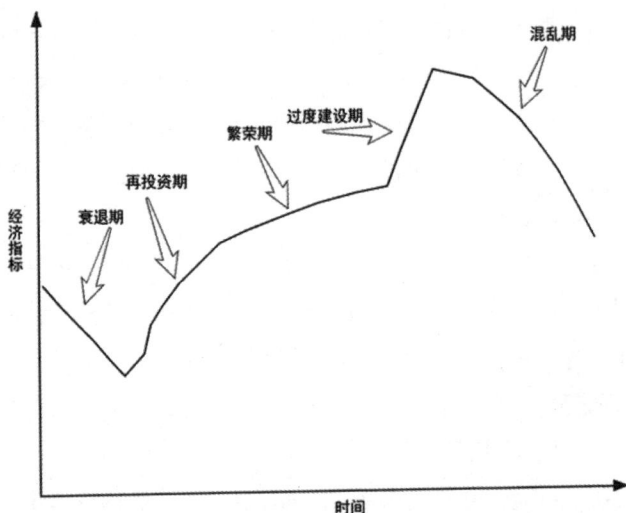

图 19-1　康波周期

　　在衰退期，经济萎靡不振，金融萧条，消费乏力；到了再投资期时，蛰伏的资本缓慢复苏，新科技开始在制造业上显现出催化作用，随着社会不断复苏，经济发展速度逐渐转入快车道，于是再投资期的尾部就会迎来繁荣期；当繁荣期时的乐观情绪到达顶峰，就进入了过度建设时期，这期间人们投资风险偏好日益激进，股价飙涨，大宗商品价格走牛；随后到来的就是混乱期，投机性交易充斥金融资本市场，空头缴械投降；而当过高的资产价格进行价值回归时，金融泡沫随即破裂，于是衰退期再次到来，形成新的康波循环。

　　有些人可能觉得这个规律似曾相识，没错，后来大名鼎鼎的美林资产时钟就是依托康波周期做的简化模型，如图 19-2 所示。

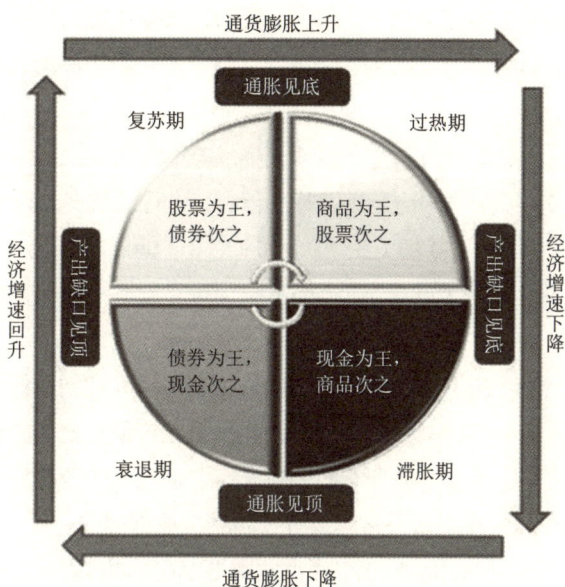

图 19-2　美林资产时钟

数据来源：美林全球资产配置小组

美国：20 世纪的黄金年代与黑铅时代

我们回到 1920 年的美国。

那时的美国正处于电气化技术大爆炸的前夜，在接下来的 20 年中，美国接连诞生了白色家电（洗衣机、电冰箱等）以及流水线汽车，创造出了美国工薪阶级收入增速最快的美国梦时期，尽管其间还出现了著名的"大萧条"时期，但不影响美国经济的恢复和发展。

正因为新科技不断创造出新产品和新需求，劳工得以充分就业，社会呈现出极大的富足，消费意愿空前高涨。个人财富源源不断地进入消费领域带动资本开始正向循环，资本持续榨取电气化革命带来的科技潜能。新技术会继续创造新就业，新就业带动更高的消费，消费能力上升就可以持续拉高上市公司的估值。

当时，建筑、汽车、电气工业并称为美国经济的三大支柱。

一战期间，美国国内建筑业近乎停顿。战后，建筑工业迅速发展，产值从 1919 年的 120 亿美元增长到 1928 年的近 175 亿美元。建筑工业的发展不仅开辟了就业途径，而且也促进了与其有关的其他工业的发展。

在 20 世纪 20 年代，汽车工业成长为美国最大的制造业和最大的工业部门，1919 年—1929 年，美国汽车工业产值占全国工业总产值的 8%，平均每 4 个家庭拥有一辆私家车。而汽车工业的发展又推动了钢铁、石油、化工、公路建设等一系列工业部门的发展。

电气工业在 20 世纪 20 年代也发展得很快，同样促进了美国这一时期的经济繁荣。

一系列的良性循环，缔造出了那个让美国人至今都怀念的黄金年代。那个时候，一个工厂"蓝领"的收入就足以让全家住独栋别墅，并且拥有私家车，美国就在这样的背景下进入了康波上升周期里的再投资期。

随着二战的结束，美国人均 GDP 继续飙涨，美国依靠雄厚的财力支撑起了一系列在今天看来也是极为宏伟的计划，其中就包括从 1960 年到 1972 年耗资 250 亿美元打造出来的阿波罗登月计划，相当于 2020 年的大约 2000 亿美元[1]。

---

[1] 根据购买力平价理论（PPP），以 2020 年为基准计算 1960 年 1 美元的购买力，得出（$R_a=P_a/P_b$）1960 年 1 美元的购买力约等同于 2020 年的 8.73 美元。因此，1960 年的 250 亿美元相当于 2020 年的 2182 亿美元。

虽然美国依靠雄厚的财力和二战后婴儿潮的正面效应，勉强把康波下行周期的到来推迟了 10 年左右。但经济发展自有规律，贫无恒贫，富无恒富，康波周期再次拨动了经济指针。接下来发生了什么？

"对美国人民来说，20 世纪 70 年代是一个低迷的十年，黄金年代转入了黑铅时代，很多人质疑美国时代是否已结束。"

——艾伦·格林斯潘《繁荣与衰退：一部美国经济发展史》

1970 年开始，源自电气化革命的科技红利已经被开发殆尽，从此，美国人均 GDP 增幅大幅落后于 20 世纪五六十年代，一系列连锁反应把美国经济朝着康波周期的衰退期快速推进。

急剧减少的岗位导致消费水平一落千丈，依赖高周转和高负债的企业率先破产，紧随其后就是消费行业和贸易公司，眼看经济就要迎来萧条。当时，在美国政府内掌握话语权的凯恩斯主义者为了将经济增速维持在 4%以上，首次启动印钞机，这次"放水"实际上就是如今大名鼎鼎的"量化宽松"的雏形。

然而第一次使用"量化宽松"的美联储毫无经验，没有采取任何对冲手段来防范通胀，由此产生了严重的副作用。1979 年末，美国通胀率高达 13.3%，最高的时候达到 21.5%，失业率超过 10%，滞胀来临。时任美联储主席沃尔克将联邦储备利率提高到前所未有的 20%，在这种冲击下，GDP 增速由 1978 年的 5.5%降至 1982 年的–1.8%，美国经济经历了"硬着陆"。随着美国通胀率回落至 3.2%，美国经济陷入萧条，为遏制通胀付出了高昂代价。

在 20 世纪 70 年代末，美国股市经历了 6 轮深度回调，无数企业和个人永久性破产，更多的人因为高位买入资产而终生陷入债务困局中无法自拔，美国的黄金二十年落下了帷幕，迷茫的一代自此诞生。

与此同时，两次石油危机直接抬升了能源成本，生产制造业企业承压，利润空间被压缩，生产效能停滞不前甚至开始下行，美国进入了长达十年的衰退期。1975年，美国的《时代周刊》刊登了一篇封面文章，提出了"资本主义能否存在下去"的疑问。20世纪70年代的衰落让这个曾经坚信自己会成就伟大的国家，开始陷入了自我怀疑。

1986年，互联网为首的信息技术给资产价格注入新能量，推动康波周期继续向前，带领美国进入了下一个辉煌繁荣期。但不出所料，十年繁荣后康波周期的过度建设期和混乱期再度来袭，千禧年互联网泡沫破裂，美股崩盘，全球近4成企业一夜之间灰飞烟灭。

距离20世纪70年代，美国发生严重的经济滞胀已经过去50年了，我们看到在21世纪的20年代，美国又一次遭遇了严重的经济滞胀。

2020年，新冠肺炎疫情在美国暴发，致使美国全社会范围内的经济活动停摆。本应加快这一轮康波周期从衰退到萧条的进程，但美联储为了稳定市场，又一次祭出了无限量化宽松的货币政策，物价持续上涨，导致严重通胀延迟出现在了2021年底到2022年初这段时间。无限量化宽松政策将利率拉到最低水平，直接降低了借款成本，造成流动性泛滥，居民投资房地产和股票市场的热情空前高涨，股票和房价市场不断飙升。

美国劳工部的数据显示，2021年10月美国的消费者价格指数（CPI）同比上涨6.2%，创近31年来最大涨幅。2022年5月，美国的消费者价格指数同比上涨8.6%，再次刷新40年来最大涨幅。2022年第一季度至第二季度，美国居民消费价格指数维持着过去40年未见的高同比涨幅，受供应链瓶颈等诸多因素影响，通胀形势日益严峻。

美联储不得不开始了大幅加息缩表，并且进入了通胀不停、加息不止的死循环。

这是为新冠肺炎疫情期间的无限量化宽松政策买单，却也因此抽干了市场上仅存的流动性，资金从股市和房地产市场回流进入债券市场。美国国债收益率出现了长短端利差倒挂的"妖异"现象，10 年期美债收益率罕见地低于两年期美债收益率，这个一向被用于警示美国经济进入衰退的信号终于出现了。

一切都在预示，美国经济仿佛再次走到了周期更迭的节点。

日本："岩户景气"与"失去的三十年"

日本曾经不信康波周期，而相信可以通过央行无限购债和印钞来逆天改命，结果却令日本政府始料未及。如今的日本，依然挣扎在经济低迷的死循环中无法自拔，在"失去的三十年"中越陷越深。我们不禁好奇，如果放下执念，顺应趋势，如今的日本是否已经随着经济周期的演变踏出了泥沼？我们来一起看一下日本这 60 年的经济发展变化。

二战后受惠于国际形势变化，日本迎来了复苏的繁荣期，1960 年至 1970 年这十年间，日本 GDP 年均增长率接近 10%，20 世纪六七十年代，日本家庭就普遍拥有了汽车、彩电和空调，此番繁荣的景象史称"岩户景气"。此时，日本顺利跃升为资本主义第二大国。

1970 年至 1985 年为过度建设期，日本企业通过廉价的融资成本在全世界四处出击，号称东京的地产能买下全世界。然而过度举债使得日本国内的投机热潮开始白热化，日本政府为了在降低国内风险的同时避免浪费宝贵的购买力，决定尝试日元国际化。

1985 年至 1989 年，日本在为期 5 年的混乱期中达到了经济巅峰。日本的人均 GDP 在 1981 年超过西德，1987 年超过美国。

"日本就是世界第一"，体现了当时日本人对于自身所取得成就的底气和信心。

从 1945 年战败开始，日本度过了 10 年复苏回暖期，10 年繁荣期，15 年过度建设，5 年混乱期，总共 40 年，顺应康波周期的发展，接下来只需要熬过 20 年的衰退期，就可以重新迎来复苏。考虑到互联网技术在千禧年的"爆炸"，极有可能大大缩短 20 年的衰退期限。

但是日本不信邪，日本央行是以左手发债、右手印钞，无限托底资产而闻名世界的，同时也是"现代货币理论"最忠实的践行者。可惜"现代货币理论"并不能完全照搬入现实世界中，就像世界上没有永动机一样，也不存在可以无限兜底的央行。持续的量化宽松催生的泡沫经济一旦崩溃，便会溃不成军。

20 世纪 90 年代以后，日本实际 GDP 增长率从 1990 年的 5.1%急速下降，1991 年降至 3.8%，1992 年降至 1.1%，1993 年进一步降至 0.3%。日本被康波周期牢牢锁死在衰退周期的最后一环——经济通缩，消费乏力。

道理很简单，货币可以凭空创造，但是财富不能。

日本央行无限兜底的意图是人为消除经济的大幅波动，而周期性的波动是自由市场进行自我调节的一种重要体现。如"周期天王"周金涛先生所言，康波周期在现实生活中的显现形式就是资产价格的变动。随着日本央行试图熨平周期，失去了资产价格波动养分的康波周期会把整个经济体锁死在极度低欲望的死循环中，令其难以脱身。

这就说明了为什么日元是国际避险资产，因为它的波动性太小了。

就像茨威格在《断头王后》中写到的那样，"她那时候还太年轻，不知道所有命运赠送的礼物早已在暗中标好了价格"。

试图避免看到今晚的黑夜，就注定等不到明早的朝阳。在经济周期面前，日本想要通过走捷径的方式来逆天改命，不仅没有如愿，还让它"失去了三十年"，也失去了互联网革命的入场门票。

中国："东方奇迹"与"新康波周期"

在全世界范围内，由信息技术带动的第五轮康波周期已经走过了繁荣的顶点。2005 年以后的世界经济，靠着美国天量印钞，外加中国强劲的工业制造能力，在艰难地抵抗滞胀周期的到来。然而，正如前文讲到，周期没法抵抗，只能有限地推迟。

下面推演一下现在中国经济到底走到了大周期的哪一步了。

我们从头算起：1982 年至 1990 年是近 10 年回暖的再投资期；1991年到 2005 年是这轮周期里的繁荣期，为期 14 年；2005 年到 2018 年是 13 年的过度建设期，这期间我们历经 2008 年美国地产导致的金融危机，但快速 V 形反转，因为科技爆炸的潜力还非常充足，云计算、5nm 芯片、电动车在当时都是一片蓝海。在这些广阔的增值想象空间里，20 年前科技爆炸的余温依然可以带领资本稳步前进。

自 1982 年以来，中国经济实现了持续、高速增长的"东方奇迹"。1986 年，经济总量突破 1 万亿元；2000 年，突破 10 万亿元大关，中国超过意大利成为世界第六大经济体；2010 年达到 41 万亿元，超过日本并连年稳居世界第二；在 2016 年至 2018 年间，中国经济总量连续跨越 70 万亿元、80 万亿元和 90 万亿元大关，占世界经济的比重接近 16%。

全球人口老龄化加剧、全球技术进步放缓、全球收入分配格局恶化、全球化速度显著放缓、逆全球化势力抬头、新冠肺炎疫情暴发导致的社会大停摆等原因都将使滞胀程度进一步加剧。于是，海外需求周期性萎靡、国内外贸企业竞争加剧、大宗商品和建筑产业链产能严重过剩、社会"内卷"加剧，这些就是滞胀的初始表现。而俄乌冲突导致的地缘关系紧张又为"滞胀"的发展笼罩上一层阴霾。但也不必过分悲观与担忧，"否极"就是"泰来"。

按照康波周期来计算，新一轮的康波周期上升阶段将在 2025 年左右开启，而技术革命在这一阶段起着关键性作用。2021 年至 2025 年是中国第十四个"五年计划"建设时期，也是全球经济因为新冠肺炎疫情造成停滞甚至萧条的关键恢复时期。

在此关键时期，中国提出了逐步形成以国内大循环为主体、国内国际双循环相互促进的新发展格局。中国经济增长中的消费正在成为主要驱动力量，而出口在中国经济总量中的比重下降到了 17.4%。2019 年，中国经济总量的 82.6%来自国内，表明中国经济结构具有伸缩性，已经具备内生力量。现在，距离实现第二个百年奋斗目标还有 20 多年时间，正好与新康波周期的上升阶段重合。面对新时代的百年变局，历史给予了中国技术革命难得的战略机遇期。

一个以 60 年为尺度的规律，在运行百年后，依然可以将误差控制在 5 年内，确实足以令人惊叹。

新一轮康波周期中国家和个人机遇

所谓"人生发财靠康波"，绝不是夸大其词。每个人理论上一辈子能遇到 2~4 次康波上升期，但因为个人所处的年龄段不同，第一次太小，最后一次太老，所以真正能参与的就只有一两次机会。

回到开头那个例子，对于 1975 年之后 1985 年之前出生的人，2005 年开始的过度建设期正是他们步入社会的时候。正如前面所说，只要在刚踏入社会的时候在大城市买到了房子的人，现在基本都是财富自由的人生赢家。而对 1985 年至 1995 年出生的人，房子已经不再是最优解，并不是房子不值钱，而是很多人没有看懂买房子的本质。

得到一个稳定的居所只是买房子的一个目的，甚至不是最重要的目的，真正的目的是通过房产进行贷款，30%~40% 的首付相当于得到大概 3 倍杠杆。某些地区甚至施行首套房 20% 首付的优惠政策，这个天然的 5 倍杠杆已经是普通人能接触到的金融杠杆的极限。然而，当前资产价格全部都在高位的时候，再加 5 倍杠杆显然不是什么好主意。

美国开始加息缩表以后，不断攀升的住房贷款利率再次给房地产市场降温。基于本讲的分析，2025 年至 2050 年是新康波周期的上升阶段，世界经济应该会出现高速增长。所以"85 后"这批人的第一次重要致富机会大概率会出现在 2025 年左右，也就是美国加息周期结束前后。那时，优质资产经过多年的价格通缩、资本抽水和恐慌性抛售之后，价格非常可能会回归合理区间。

在每轮周期的不同阶段，都有一个收益率领跑其他种类的大类资产。比如经济滞胀期中的现金类资产，由于防守型价值的存在，是优于债券、股票和大宗商品的投资选择；一旦进入经济衰退期，我们则更需要持有固定利率的债券来对抗市场利率的下跌；在经济复苏时期，股票会迎来周期性增长，尤其是押注引领技术革新的企业，这无异于踩到牛市的节奏。

消灭通胀的过程也是价值回归的过程，它一定是痛苦的。这是一个给资产去泡沫、给市场去杠杆的过程，负债过多或者杠杆过高的人都会感受到生活越发艰难。而手里拥有稳定现金流的人才可以笑着看到价值洼地出现的那一天，希望大家都可以当后者。

我们研究周期不是为了做预言家。我们的世界进入美元本位的时代后，美元作为基础货币以及美联储的货币政策，对于康波周期的扰动显著增加。石油价格变数、区域政治局势等都有可能一再改变当下周期的长度和深度，使之看起来更加扑朔迷离。短期市场更趋向于无效，长期市场更趋向于有效，但长期市场是由一个个短期市场组成的。无效市场下的高估和低估，随着时间的推移，都将被拉回到正常价值。只要市场参与者还是拥有七情六欲，会冲动下注也会理智思考的人，是具有不同认知水平的人，无效市场和有效市场就是共存的，在永恒的规律下循环往复地创造财富和回收财富。

在 2020 年新冠肺炎疫情开始席卷全球制造恐慌的时候，有人说 2020 年是过去 10 年间最差的一年。然而在未来，如果我们站在 2030 年回头看，2020 年可能是 10 年间最好的一年。任何一个年份，放在历史的长河中都会呈现出一个更合理的承担着历史使命的面貌。事实一再证明，这个周期是客观存在的，是不以人的意志为转移的，因为它是国际资产价格波动累积和新科技应用的叠加产物。再往深层次说一些，经济周期其实就是人性使然。

周期之所以称之为周期，就是因为它不断地呈现出相似的甚至重复之前活动的趋势。周期理论是在用宏观的角度看投资，但更是站在历史的角度观察人性。人人都知晓要遵循价值和价格的法则去投资，但仍然避免不了以小博大、追涨杀跌、得意忘形之类的情绪波动。随之而来的，不外乎是用失败的投资为之买单。疯狂上涨和恐慌下跌都是被情绪放大的市场表现，感性情绪是投资者需要持续与之对抗的一生之敌。

人生不能入宝山而空返，总要几回搏，看准时机，顺应趋势，积极转变投资方向，才是我们普通人对抗下行周期的同时，快速积累财富的唯一办法。

第 20 讲
1997 年亚洲金融危机

　　大多数人谈论起 1997 年的亚洲金融危机，总会想到各种金融战、阴谋论，尤其是金融大鳄索罗斯"做空"的故事，但金融危机背后的基本事实总是被有意或无意地忽略。这次危机到底发生了什么？泰国为什么突然放弃固定汇率制开始实行浮动汇率制？一向坚挺的新加坡元为何也受到冲击？到底谁才是这场危机背后的最大赢家？

　　让我们拨开层层迷雾，探索这场"金融危机"背后的故事。

泡沫中崛起的东南亚经济

　　1991 年苏联解体，美苏"冷战"随之结束。伴随着世界两大阵营对峙局面的消失，和平与发展成为世界的两大主题。市场化经济制度被世界上越来越多的国家所接受，不同国家之间开展经济合作，国际经济的共同语言逐步增多。从 20 世纪 80 年代开始，广大发展中国家加快了改革开放步伐，接受了发达国家的产业转移，逐步驶入经济发展的快车道。经济全球化成为当时各国经济发展的"主旋律"。所谓"全球经济一体化"，始于 20 世纪八九十年代。

　　二战结束后，各主要资本主义国家百废待兴，以原子能、电子计算机和空间技术的发明和应用为标志的第三次工业革命，是人类文明史上科技领域的又一次重大飞跃。新技术的出现带动生产效率的提高，社会生产力空前发展。紧接着，生产效率的提高又带动了国际贸易的繁荣发展，商品可以在全世界范围内安排生产和销售，劳动、土地、资本、信息等生产要素在世界各个国家之间进行流动和配置。

各国生产要素丰裕程度的差异促进了经济开放和融合，世界各国开始根据"要素禀赋理论"①来做生产要素方面的"资产配置"。

我们不要把"国家"想得太复杂，"国家"就是一群"人"的集合。只不过"人"多了，什么情况都会发生，这才"复杂"了。

我们观察"人"这个族群：有的人高，有的人矮；有的人聪明，有的人笨；有的人美，有的人丑。国家也一样，有的国家自然资源丰富，有的国家劳动人口多，有的国家科技水平发达，但大家都有一个相同的目的：让自己更强。

怎么让自己"更强"呢？那就是"合作"。每个国家都心照不宣地根据"两利相权取其重，两弊相权取其轻"的原则，集中生产并出口具有"比较优势"的产品，进口具有"比较劣势"的产品。

举个例子，泰国的自然地理条件适合种植橡胶，那就多生产橡胶。国内用不完的就卖到国外，谁需要就卖给谁，谁给的钱多就卖给谁，拿赚到的钱去买自己不擅长或者做得没其他国家好的东西。生产也是，哪个国家地价低、劳动报酬低，就去哪个国家搞生产。销售也是，哪个国家东西贵、运输成本低，那就卖给哪个国家。这个过程就是"国际分工"。

国际分工是生产力发展的必然结果，两者共同成为经济全球化的

① 要素禀赋理论的核心思想是，劳动相对充裕的国家生产劳动密集型产品并出口，资本相对充裕的国家生产资本密集型商品并出口。

推动力；经济全球一体化又反过来进一步促进了生产力的发展和国际分工格局的形成。

"天下熙熙，皆为利来；天下攘攘，皆为利往"。有钱赚、有 GDP 增长的事儿谁不愿意做呢？于是，国家之间一些原本的贸易壁垒被消除，各国市场变得越来越开放：劳动、土地、资本、信息得以在全球范围内流动，经济全球化成为一个不可抗拒的趋势。

特别是，在 20 世纪 80 年代末至 90 年代初，在第三次石油危机、海湾战争、苏联解体、日本经济泡沫破裂，以及美国经济低迷等一系列国际风波的影响下，发达国家内部缺乏投资机会。而与此同时，泰国、马来西亚、印度尼西亚、新加坡等国凭借制造业优势，实现了年均 GDP 的 10%左右的高速增长。

资本的"逐利性"决定了哪里"赚钱"，"钱"就会流向哪里。在经济全球化的进程中，处于产业上游的国家将劳动密集型产业转移到正在发展中的下游国家，大量的国际资本也不断涌入这些新兴经济体。

不知道有多少人还记得"亚洲四小龙""亚洲四小虎"这两个词汇。

"亚洲四小龙"和"亚洲四小虎"几乎同时崛起于 20 世纪 60 年代末，前者指韩国、中国台湾、中国香港和新加坡，后者指印度尼西亚、泰国、马来西亚和菲律宾。

20 世纪 60—80 年代，日本开始产业升级和产业结构调整，于是，前面提到的这些亚洲新兴经济体开始承接日本的产业转移。伴随着经济的飞速发展，这些国家和地区逐渐降低了对西方资本的戒心，开始金融自由化，放宽了企业的外资持股比例约束，积极招商引资。

毫不夸张地说，到了 20 世纪 80—90 年代，东南亚几乎是整个世界的经济引擎。由于亚洲拥有丰富且廉价的劳动力资源和土地资源，发达国家的加工贸易企业从技术含量低的纺织服装企业到技术含量稍高的机械加工企业，几乎都在亚洲开立了代理加工厂——一片热火朝天的景象被誉为"亚洲奇迹"。在这期间，泰国更是有持续十几年的经济腾飞。1995 年，泰国的人均 GDP 已经达到了 2846 美元，被世界银行列为中等收入国家①，成为当时亚洲为数不多的富裕国家之一。

当时经济处于高速发展期的泰国需要大规模融资，而本国如果没有足够的资金来满足这样的需求，就主要有两条路可选：一是引进外资，二是扩张本国信贷规模。受到西方金融自由化观念的影响，再加上全球经济一体化的浪潮，当时的泰国自然而然地选择了第一条路，大量引入外资对本国进行投资。

在世界经济结构大规模调整后，由于抓住了资本和技术对外转移的机会，泰国的经济得到了跃升。但这种过度依赖资本和比拼劳动力成本的粗放型模式暗含危机，泰国并未发现自己早已身处资本市场"陷阱"的边缘。

泰国仓促地开放了资本项目，短期内配套的监管措施来不及出台。由于监管的缺失，本来应该投向实体经济的外资逐渐开始流向房地产市场和股市，随后各路游资、热钱也不断涌入泰国，推高了股市、楼市的价格。

从表面上看，泰国的经济在不断发展，而表象下却隐藏着严重的资源期限错配问题：资本的贪婪使得大量中短期外债进入房地产投资

---

① 根据世界银行官网公布的人均国民总收入分组，1995 年中等收入偏下国家的划分标准为：726～2895 美元。

领域，本来短期的债务被用于长期投资的房地产，再加上楼市投机盛行，催生出巨大的资产泡沫。

岌岌可危的泡沫经济

泡沫形成的时候，身处其中的人无法区分成长起来的是真实的经济成果还是虚幻的泡沫，直到它被刺破的那一刻。

1994 年，互联网产业发展如火如荼，美元走强，进入升值通道。由于泰铢盯住美元，美元升值造成泰铢汇率持续走高，导致泰国出口受挫，经济增长放缓。1995 年，泰国的贸易赤字已经达到 162 亿美元，占 GDP 比重超过 8%。

另外，泰国外债的增加速度远超外汇储备的积累速度：1992 年，泰国外债的数额是 396 亿美元，到 1996 年这个数字已经达到 930 亿美元，其中一年内需要偿还的短期外债就高达 477 亿美元，而 1996 年泰国的外汇储备只有 387 亿美元。不幸的是，美元的走强更加重了泰国偿还外债的压力。

由于担心放弃固定汇率政策会造成泰铢贬值，增加国内的债务负担，造成企业破产、工人失业，同时，也为了给国际投资者信心以吸引更多的外资，泰国政府选择通过提高利率以维持盯住美元的汇率制度。

最高的时候，泰国的存款利率达到了 13.25%，如果美国的存款利率是 3%，把钱存在泰国的银行，就能比存在美国获得高出 10%的利息，于是，大量的外国资本被吸引进泰国。泰国提高利率的本意是为了吸引外资投资实体经济，而外国资本看到的却是高利率带来的无风险套利机会。高利率政策进一步抑制了泰国国内的投资和消费，加剧了经济衰退。

金融大鳄狙击泰铢的始末

泰国当时脆弱的金融体系、长期的贸易逆差和高企的通胀引起了国际资本的注意。当我们从历史发展的视角回看亚洲金融危机发生的始末，会发现国际游资这个时候已经开始在市场上悄悄地囤积泰铢，准备弹药了。

接下来发生的便是"金融大鳄"索罗斯做空泰国的故事。

"做空"类似于一种"空手套白狼"的投资手段：当投资者预测到某种东西的价格未来要跌，就可以先借入这种东西并卖出变现（先高卖），待价格下跌时再把这种东西买回来物归原主（后低买），一卖一买之间的差价就是投资收益。

索罗斯做空泰国的计划总共分三步：第一步，先向泰国的银行借到一大笔泰铢；第二步，在外汇市场卖出泰铢，换取美元；第三步，泰铢贬值后，再买回泰铢还给泰国的银行。

计划敲定后，1997 年 2 月，索罗斯以量子基金的名义外加巨额抵押物，向泰国的银行借入高达 150 亿美元的远期泰铢合约①。泰国政府当时并不知道索罗斯这些国际炒家的阴谋，还以为吸引到了外资，甚至盘算着在这个国际金融巨头这里赚取巨额利息，于是非常乐意借钱给量子基金。

很快，索罗斯带领他的伙伴们运用之前借到的巨额泰铢在泰国各大银行兑换美元，在外汇市场大规模做空泰铢，使得泰铢短时间内暴跌。为了维持汇率稳定，泰国央行被迫仓促应战，动用手中的外汇储

---

① 实际上，这是一种远期外汇合约，指的是外汇买卖双方在成交时先就交易的货币种类、数额、汇率及交割的期限等达成协议，并用合约的形式确定下来，在规定的交割日双方再履行合约，办理实际的收付结算。

备（美元为主）在市场上吸纳泰铢。

1997 年 6 月，量子基金再度向泰铢发起致命冲击。6 月 28 日，泰国外汇储备急剧减少，只剩 28 亿美元，几近枯竭。7 月 2 日，泰国政府无力回天，宣布放弃维持已久的与美元挂钩的固定汇率制度，实行浮动汇率制度。

"羊群效应"①在市场上从不会缺席。当泰国政府这个庄家都保不住泰铢时，泰国人民的信心崩塌了。于是，国内持有泰铢的机构和个人便开始恐慌性地抛售泰铢，泰铢在宣布脱钩当天就暴跌 20%。这时，"索罗斯们"完成了计划的最后一步，将借来的泰铢如数奉还，然后拿着赚取的 40 多亿美元离开了泰国。

汇率的稳定是一个国家经济稳定的基础，汇率长期频繁大幅波动对普通民众"信心"的影响是难以估量的。我们都知道，在经济活动中"信心"比黄金更重要，所以货币价值的大幅波动会让整个国家的经济都陷入动荡之中。

在"信心"严重受损的情况下，恐慌的泰国民众也跟着抛售泰铢买入美元，进一步加剧了泰铢的贬值，随后房地产价格暴跌，股票价格持续走低，银行的不良贷款率直线上升，泰国经济彻底陷入瘫痪。

几乎在同一时期，国际炒家们辗转于菲律宾、马来西亚、印尼、韩国等国家，用同样的做空计划对这些国家进行收割，所到之处无一不是货币贬值、股市暴跌、国际炒家带钱离场。这场爆发于泰国的金融风暴很快演变成亚洲金融危机。在金融危机的表象之下，西方资本主义国家对亚洲完成了一场财富的转移与洗劫。

---

① 羊群效应指的是个体容易受到群体的影响，并改变自己的观点、判断和行为等以追随群体，简单地说，就是人的从众心理或行为。

当泰国处于水深火热之中时，国际货币基金组织（IMF）充当了"救世主"的角色：向泰国提供紧急救援贷款。但同时向泰国提出了苛刻的条件：要求泰国政府通过国有企业私有化、破产法、修改外商投资法等方面的十一份法律文件，泰国政府不得不开放矿山、铁路、公路、水电等核心资产。

泰铢的大幅贬值进一步导致泰国国内大量的土地、企业等优质资产的价格相对美元来说出现暴跌，加上泰国政府放开了经济限制，国际游资就可以用相同的美元资金购买到更多的泰国优质资产。

毫无意外，这时国际游资卷土重来，大肆收购"大幅降价"的优质资产。

从表面上看，1997 年亚洲金融危机的爆发是由于美元进入大幅升值周期，以索罗斯为代表的金融大鳄和国际游资趁机炒作，套利投机引起的。但堡垒总是从内部开始崩溃的，亚洲金融危机爆发的根源在于，泰国这些新兴国家的急功近利让他们过早地开放资本市场，导致了风险在脆弱的金融体系中积聚。

"做空泰国"背后揭示的问题

经济学中有一个著名的理论，叫作"蒙代尔不可能三角"理论，在此基础上又有经济学家提出了"三元悖论"。

简单地说，就是一个经济体的货币政策不能"既要，又要，还要"。"三元悖论"理论认为，一个经济体不可能同时实现货币政策独立、汇率稳定，以及资本自由流动三大政策目标，最多只能同时选择其中的两个。

以中国香港为例，香港是世界性金融中心和自由贸易港，金融市场成熟，"资本自由流动"就成为它的一个必选项；同时，香港实行与美元挂钩的汇率制度，也就是将港币与美元的汇率固定下来，并严格按照既定的比例兑换，以实现"汇率稳定"。

比如，香港从 1983 年起开始实行港元联系汇率制度，港币和美元的汇率固定在 7.8∶1，香港在发行港币时都有美元"背书"，汇丰银行、渣打银行和中国银行三家发钞银行每发行 7.8 港元就需要向香港金管局交存 1 美元，每回笼 7.8 港元，都可以从金管局收回 1 美元。由于香港选择了资本的自由流动和与美元挂钩的汇率稳定，这就导致无论是美联储加息还是降息，香港都必须被动跟随，被美元"牵着鼻子走"。

从"蒙代尔不可能三角理论"来看，香港放弃了货币政策的独立自主权。

在亚洲金融危机发生之时，处于经济高速发展期的泰国为了取得融资放开了资本项目，大量吸引外资，最终造成泰铢暴跌，整个国家的经济陷入瘫痪，进而演变成席卷整个亚洲的金融危机。

泰国被"做空"的历史经验告诉我们，在不具备稳定的宏观经济环境和健康成熟的金融体系时，新兴经济体国家贸然开放资本账户[①]不仅没有好处，反而还会带来灾难性的后果。

由此也可以看出中国一直不开放资本项目的原因：在没有建立强有力的监管措施和危机应对措施的情况下，贸然开放资本项目账户，必然会引起国际资本的围攻，给国内经济造成重创。

---

① 资本账户是记录资本的国际流动，用以核算和监督投资者投入的资本或留存收益的增减变动及其结存情况的账户。

亚洲金融危机的启示

亚洲金融危机的影响极其深远，它充分暴露了 20 世纪 90 年代东南亚国家经济高速发展背后的深层次问题。这次危机也成为促进亚洲发展中国家不断深化金融改革、调整产业结构、完善监督体系的强大推动力。

历史的车轮滚滚向前，但相同的悲剧仍在不断重复上演。亚洲金融危机发生后的 20 多年间，仍有一些国家在不断地重蹈覆辙。

土耳其曾被认为是崛起的新兴大国，1990 年至 2005 年之间也出现过名义 GDP 连续 15 年高速增长的盛况。2008 年次贷危机，在全球通胀高企的时候，土耳其大规模降息"放水"，导致大量泡沫堆积在房地产领域，在 2018 年遭遇美国贸易战后，土耳其里拉暴跌。

以史为镜，说到容易，做到难。全球经济一体化的时代没有人能够独善其身。那我们该怎么办呢？

在《朱子语类》中曾探讨过关于"知其然"与"知其所以然"的关系问题，但"知其所以然"很明显已经不足以应对 21 世纪以来的社会经济发展形势了。所以，我们不仅要"知其然""知其所以然"，更要"知其根本然"！

第 21 讲
元宇宙：警惕经济"脱实向虚"

1992 年，美国科幻小说家尼尔·斯蒂芬森在一部名为《雪崩》的小说里，描述了这样一个场景：在未来世界的美国，政府已经对国家的经济和稳定失去控制，美元急剧贬值，社会的方方面面由私人企业、黑帮、雇佣军队控制。在这样一个混乱的世界里存在着一个虚拟实境：它是一个与现实世界平行的三维数字空间，人们可以通过各自的"化身"进行交流娱乐，这里的虚拟实境对应的英文单词"Metaverse"就是元宇宙的由来。

"元宇宙"由"meta"（超越）和"universe"（宇宙）组成，即"超越宇宙的世界"，意为构建一个与现实世界类似的平行世界。一个人穿戴上 VR 眼镜等一系列穿戴设备或者直接插一部侵入式脑机，进入一个感受上完全真实的世界，在其中他有一个新的身份，过另一个人的人生，在这个虚拟平行世界中生活工作、娱乐社交。

"元宇宙"被认为是互联网的下一个阶段，也被广泛称为"Web 3.0"。我们尽可以想象在虚拟世界中的生活：喜欢冒险与刺激的人，可以组队飞翔；喜欢经营与生活的人，可以建房种地；希望赚钱养家的人，也可以足不出户地虚拟办公。

2021 年 10 月，著名的科技巨头 Facebook 宣布改名为 Meta，将元宇宙这一概念彻底引爆。紧接着，微软、苹果、腾讯、字节跳动等科技巨头争相发布关于元宇宙发展的布局，力争在起跑线上先发制人。与元宇宙概念一起爆火的还有以比特币为代表的虚拟货币。2021年 11 月 10 日，单枚比特币的价格突破 6.9 万美元，创下历史新高。

　　元宇宙作为一个想象中的数字虚拟世界，目前尚处早期。那么在这个时间点，元宇宙和比特币爆火的背后，会有哪些深层次原因呢？

Facebook 改名让元宇宙出圈

　　用户期待新体验，资本寻找新出口，巨头渴望"脱胎换骨"。

　　元宇宙的出圈是因为科技进步激发了人们对平行世界的向往，让类似于电影《头号玩家》中"绿洲"一样充满想象和自由的虚拟世界有可能实现。它也如同区块链、人工智能、新零售、共享出行等风口一样，投资者和资本对找准风口、快速暴富的渴望，激发了对元宇宙这一热点的追捧。这就必须提到游戏公司新贵 Roblox。作为一款支持玩家在虚拟世界自建游戏与其他玩家共享的游戏平台，在 2021 年 3 月上市的招股书中，Roblox 多达 16 次提到"元宇宙"概念，其股价第一天便大涨 54%，达到 380 亿美元[①]，让世人第一次见识到了元宇宙的"钞能力"。

　　如果说 Roblox 提元宇宙，是游戏界新贵在给投资人和股民们画饼，那么 Facebook 作为科技巨头，互联网社交领域的"头号玩家"，为何不惜改名也要押注元宇宙呢？这既是 Facebook 看到了元宇宙作

---

① Roblox 首日参考价为 45 美元，第一日收盘价为 69.5 美元，大涨 54%，资料来源于 CNBC 报道及 Roblox 招股书。

为未来互联网形态带来的机会，也是 Facebook 近年来丑闻缠身、创新增长乏力的无奈自救之举。市值巅峰曾达到一万亿美元的 Facebook，近年来麻烦不断，从被美国联邦贸易委员会调查反垄断、非法窃取用户隐私数据，到涉嫌干预 2016 年美国总统大选①。Facebook 在西方普通民众的心目中形象已跌入谷底。在 2021 年第四季度财报中，Facebook 首次出现用户的负增长。

多重压力下，2021 年 10 月，Facebook 的创始人兼 CEO 扎克伯格将公司名改为 Meta，与那个丑闻缠身的 Facebook "说再见"，高调宣布要在 5 年内由社交媒体公司转变为一家元宇宙公司。脸书改名彻底在全球引爆了元宇宙概念。

如图 21-1 所示，Metaverse 一词的谷歌搜索指数在 2021 年 12 月达到极值，成为搜索引擎最热门的搜索词汇。微软、苹果、腾讯、字节跳动等科技巨头紧随其后，一起参与进元宇宙的竞赛中。

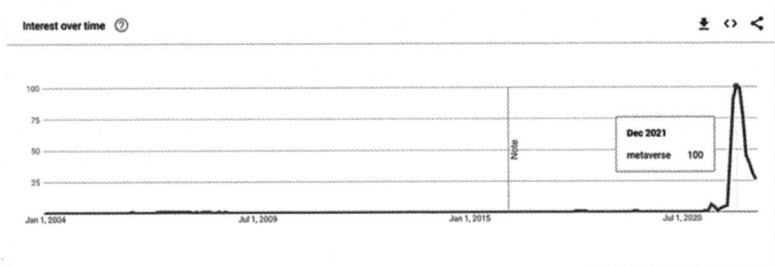

图 21-1　Metaverse（元宇宙）谷歌搜索指数

数据来源：谷歌

---

① 2018 年，Facebook 被指控泄露了超过 8700 万名用户的数据给名为剑桥分析的英国咨询公司；剑桥分析通过以问卷形式等方式得到用户画像，并与特朗普的竞选团队合作，影响 2016 年的美国大选，助力特朗普竞选成功。

元宇宙爆火背后的经济困境

从商业表象来看，元宇宙的爆火不过是一场由 Facebook、Roblox 等科技公司炒作概念、抬高股价的结果，但这还远远不是其主要原因。元宇宙爆火的背后实际上潜藏着全球经济正面临的困境。

第一重困境：当前全球面临着产能过剩、消费市场不足的矛盾。

工业革命以来，技术革命创造了大量的物质财富。时至今日，中国敞开生产可以供应全球的钢铁和基建，中东全力开采石油也能让全世界不再缺汽油，美国工厂饱和生产能把全世界武装成超级强国。可以说放眼人类历史，从未出现过一个物资如此充盈的时代，可随之而来的就是"幸福的烦恼"。

在工业化时代，人类的生产力很快开始出现了过剩，工厂之间会为了争夺有限的订单，开始打价格战，国家之间也会为了利润互相制裁，尤其是受新冠肺炎疫情这只"黑天鹅"的影响，全球的消费市场都陷入低迷，连将消费作为经济中流砥柱的美国也无法幸免。

当今经济很多问题都可以用四个字来总结，就是"产能过剩"！

低迷的消费数据意味着上游制造企业的产能还在持续过剩，越来越多的产能正在被闲置，社会经济循环开始出现机能性问题，如果不能及时提供流动性，社会资本将变成一潭死水。然而，以美联储为首的西方央行在新冠肺炎疫情后开始持续性、"无底线"地印钞，印钞带来的刺激在边际效应的作用下已经越来越小了，同时，各国还需要为印钞导致的严重通胀头疼，再继续"放水"的意义已经不大了。这是第一重困境。

第二重困境："马尔萨斯陷阱"[①]实际上正在底层民众中复苏。

回顾人类历史上的三次工业革命，每两次工业革命的间隔时间大约是 100 年，前 50 年是红利期，经济繁荣，人民生活水平提高，之后 50 年是退潮期，而每一次的退潮期，底层人民直接受到了"马尔萨斯陷阱"的冲击，从小康水平迅速滑入贫困。

回顾历史，在距离较近的 20 世纪上半叶，人类近代第二次陷入"马尔萨斯陷阱"（第一次为 1848 年欧洲大陆革命），短时间内连续爆发了一战、二战以及经济大萧条。二战后，第三次技术革命以及全球化浪潮让生产力更上一层楼，财富的蛋糕不断扩大，社会再一次从零和博弈的时代进入了飞速增长的时代，给人类带来持续几十年的和平繁荣期。

直到 2008 年金融危机，人类正在逐渐陷入近代社会的第三次"马尔萨斯陷阱"，房地产、股市的经济泡沫导致了人为制造的金融危机；新冠肺炎疫情下，全球经济低速增长，货币超发引发通胀，不断"榨取"着普通人的购买力；同时还伴随着贸易战、科技战、金融战，以及地缘政治军事冲突。实际上，这一切就是"马尔萨斯陷阱"重演的前奏。

"马尔萨斯陷阱"从来都没有离开过人类，随着人类社会从农耕文明时代进化到工业化时代，"马尔萨斯陷阱"的表现形式发生了变化，但其本质都是：零和博弈，存量厮杀。

---

① "马尔萨斯陷阱"又称"马尔萨斯停滞"，指人口按几何级数增长，而粮食只能按算术级数增长，所以人类不可避免地要遭受饥馑、战争和疾病。随着时间的推移，人口数量越来越多，人均物资越来越稀缺。当社会的资源增速赶不上需求增速的时候，肉体的互相消灭是唯一的出路，直到人口数量回落到一个合理的范围。

传统的财政政策和货币政策主要作用在需求端，并不能有效地去除过剩的产能，这时西方国家盯上了元宇宙和虚拟货币概念，这两个东西实在像是专为今天这个场景量身打造的。

虚拟经济的货币运行奥秘

经过十几年的发展，互联网对社会生活领域的改造已接近饱和，传统互联网增长进入瓶颈期，正在向下一阶段演进和寻找突破。

百年不遇的新冠肺炎疫情意外地减弱了人们在物理世界的联系，但也加速了数字世界的完善。人们在虚拟空间中留存和交互的时间增多，对虚拟世界的需求也随之变多。同时，随着 VR、AR、AI 等技术的发展，曾经只能出现在科幻小说和电影中的场景逐渐变为现实，虚拟空间的吸引力日益提升。元宇宙正在把物理世界的可虚拟部分映射到数字世界，在数字世界进行模拟和优化，逐渐形成一套完整的经济体。

虽然元宇宙有非常广阔的运用前景，但它毕竟还处于发展初期，还有非常多的技术及社会伦理难题需要被攻克，例如，VR 的刷新率及如何防眩晕，多个元宇宙世界如何交互，元宇宙的身份安全问题等。可以说，当下离元宇宙真正成型还有数十年的发展路程要走，那么，为什么元宇宙的概念会在萌芽阶段爆火呢？这关键在于，我们要理解元宇宙与虚拟货币背后的虚拟经济系统究竟是如何运行的，它与实体经济有何本质的区别。

实体经济的运行其实是环环相扣的自闭环链路：生产—运输—销售—资金回笼—再生产，其中任何一个环节堵塞，都会导致实体经济效率整体降低甚至失调。实体经济受制于必须要有实物商品/服务的交易，货币从产业链上游向下游渗透传导的过程，少则数日，多则数月甚至若干年，货币很容易在银行系统中滞留和空耗。于是，即使实施"开闸放水式"的货币政策，最终真正传导到居民端的资金规模也十分有限，货币政策的奏效存在着较长的时间延迟。然而在虚拟经济中，货币的传导效率和流通性都被无限地加快。

以比特币为例，它本身既是商品，又是货币。从购买的角度，交易比特币是消费行为；从供给的角度，比特币被"创造"出来可以看作一种生产行为。虚拟经济的生产和消费效率都是实体经济无法企及的。于是，虚拟商品的交易中省去了实体经济循环的大部分环节，如实物生产、运输耗时等，只剩下生产和消费这个一体两面的共生体，货币流通效率被无限提高。同时，虚拟经济交易受投资者预期、投资者情绪和政策态度的影响巨大，任何风吹草动都可能在虚拟经济估值及交易规模上立即产生剧烈的变化。

我们以实体经济的车企与虚拟经济的"矿工"①为例：在作为实体经济重要一环的汽车行业，一个车企在进行生产—运输—消费—资金回笼—再生产的过程中，任何一个环节出现了问题，都会导致产业链所收获的经济效益不如预期。就算所有的步骤都顺利进行，其从生产到资金回笼，再到再生产，所耗费的时间少则几周，长则数月，资本轮转的效率并不高。

相比之下，比特币随着需求的增加，它的价格不断提升，促进了其进一步被生产（挖矿）和交易。对于一个比特币"矿工"来说，生

---

① 在虚拟货币的世界中，"矿"是指诸如比特币等虚拟货币，"矿工"是指运用设备（例如比特币矿机）参与挖比特币的人，我们在本书第11讲详细讨论与介绍过比特币。

产（挖矿）—销售（在交易平台出售比特币）—资金回笼—再生产的过程不过是瞬间的事情，这与动辄数周、数月乃至数年的实体行业周期来说，实在是难以企及。

元宇宙：将货币吸纳进虚拟经济

在理解了当今世界面临的双重经济困境，以及虚拟经济令人瞠目结舌的资本流通效率后，元宇宙爆火的本质原因就不难理解了。

针对产能过剩的困境，政府需要达到的目的是将部分资金"圈禁"于虚拟经济中，从而实现在实体经济中去产能。

元宇宙概念爆火之后，Facebook、亚马逊、谷歌、微软等世界科技公司巨头作为领头羊，引导生产力向互联网和虚拟世界倾斜，使得虚拟世界相关的题材受到热捧，其他领域的资金就会转向虚拟经济。实体经济中的其他领域由于缺乏资金，生产力逐渐减弱，就达到了削减产能的效果，有助于回到经济供需平衡的状态。

面对"马尔萨斯陷阱"复苏的压力，以及通胀导致的普通人购买力急剧下降问题，通过将大量资金引入"元宇宙"这个虚拟世界，本质上是实现了货币的集中"销毁"，从而降低现实世界中的货币流通量，最终降低通胀。只要对虚拟经济施加不大的作用力，比如放开虚拟货币交易、持有合法化等，就能使大量资金涌入虚拟世界，从而极大地对冲印钞产生的负面作用。

在虚拟经济概念火热的时期，虚拟货币以及元宇宙概念股价格不断创新高，越来越多的投机者做着一夜暴富的梦，带资涌入虚拟经济市场。热钱被源源不断地吸入虚拟世界，从而与实体经济相隔离，这就是经济的"脱实向虚"。

当适量的超发货币被圈禁在虚拟经济中，或许能够达到控制现实世界的通胀与抑制过剩产能的目的，但历史无数次证明，资本和人性都是贪婪的：由实向虚易，由虚向实难。

我们可以设想一下，如果整个社会资源的天平都倒向虚拟世界，那么会助推虚拟货币、元宇宙等一切虚拟经济相关的资产价格水涨船高。当一个人、一个家庭、一只基金乃至一个国家，尝到了短期数十倍乃至百倍的资本回报后，谁还会投资关乎社会根基的实体经济呢？

但是，如同荷兰郁金香泡沫、英国南海公司泡沫以及美国的次贷危机一般，目前，以元宇宙为代表的虚拟经济中存在着大量的"庞氏骗局"，充斥着没有实际商业模式支撑、以圈钱为目的的"空气币""新概念"。

这些所谓的虚拟经济假借元宇宙之名，行集资诈骗之实，吸纳了海量的资本和社会资金。比如，STEPN 的"Move to Earn"爆火之后，带来了一拨"XX to Earn"万物皆可赚钱的玩法，如 Move to Earn（运动可赚钱）、Learn to Earn（学习可赚钱）、Eat to Earn（吃饭可赚钱）等。这些项目的商业模式是让消费者付费购买虚拟人物身份，获得参与虚拟社区的权限。消费者通过完成运动、学习、吃饭等任务，获得虚拟货币奖励。

随着这些虚拟社区的用户流量增大，虚拟货币的一种变现方式就是，外部公司在社区投放广告等，必须购买用户手中的虚拟货币来支付广告费用，以实现虚拟货币变现。同时，虚拟货币也将随着社区价值的提高而升值。此类元宇宙的创新商业模式确有先进之处，且不排除确实有少数公司在认真做，但从结果来看，早期很大数量的类似元宇宙的概念项目其实都是圈钱的"庞氏骗局"。

虚假的繁荣早晚会被戳破，最终换来的将是数百万人的财产损失，甚至社会衰退。

面对复杂的经济环境，西方国家对虚拟货币态度的转变也间接印证了我们对于虚拟经济功能的猜想：2020 年 3 月以前，虚拟货币交易在全球都受到严监管，典型案例就是，Facebook 的加密货币 Libra 曾在 2019 年 7 月被美国众议院叫停发行，理由是其"可能带来金融风险和监管挑战"。那时候，虚拟货币被认为是对传统主权货币以及国家信用基石的严重挑衅。

2020 年 3 月，因为新冠肺炎疫情对经济的影响，在美国开启"无限印钞"模式后，为了应对严重的通胀，欧美国家陆续放开了对于虚拟货币交易的管制，甚至允许以持有比特币为主的基金公开上市并且面向社会募资。虚拟经济成为超发货币的又一蓄水池。

与其同时，面临不同的经济形势，坚持经济高质量发展、持续致力于拉动消费的中国，对虚拟经济采取了坚决遏制的举措。2021 年 6 月中旬，中国人民银行牵头叫停了金融机构为虚拟货币提供开户、交易、清算在内的所有服务。同时，叫停全国所有虚拟币矿场，果断地将虚拟经济剔除出了中国市场。

如何客观看待元宇宙

元宇宙时代的到来将是一个超长期过程，目前尚处于极早期阶段。元宇宙的成熟需要实现软硬件技术的突破，还要解决诸多关键的社会机制问题，如在元宇宙中政府扮演什么角色，货币发行权由谁掌握，国家是否还存在……

虽然身处当下，没有人能够彻底描述清楚什么是元宇宙，就好像蒸汽时代的人没有办法想象现在的数字时代一样。现代的人是很难对属于下一时代的概念有足够清晰的认识的。但是，历史车轮滚滚向前，不容置疑，元宇宙代表着一个新的时代，即使不主动参与，也会被裹挟其中。

作为普通公众和投资者，对待元宇宙及虚拟经济最重要的是做到：不要既"高估短期"，又"低估长期"。

当一个社会现象被广泛讨论时，不能只关注表面的现象，而是要发掘一些重要的因素，从而看清楚背后的逻辑。当从经济学的角度去探究元宇宙时，发现元宇宙所代表的虚拟世界可以赋予经济运行速度与效率，但如果任由元宇宙及虚拟货币无序发展，大量"庞氏骗局"虹吸过量的社会资金，最终只会导致经济"脱实向虚"，对现实世界及实体经济造成负面影响。

一切社会现象与商业现象背后都是经济现象。当我们处在新旧时代的变革之中时，唯有保持头脑清醒、持续观察、加强学习，认清经济现象背后的逻辑和真相，才能在元宇宙时代到来的过程中顺应时代之势，抓住真正可以创造财富的机会。

第22讲
金融衍生品：重新认识交易

　　我们知道，金融是促进资金融通的活动，如果把金融的作用比喻为实现储蓄和投资转换的水管，那么，当这个水管内部有些地方生锈了，就需要除锈剂，而金融衍生品就充当了除锈剂的角色。

　　投资收益本质上是对风险的一种补偿，但可以设想，如果大家对投资的风险太过担心，就不愿意把储蓄用来投资，金融这个水管就不畅通了。

　　假设我们可以将这个风险拿来交易，有人替你分担了部分风险，这就相当于有了一个保险，你做投资的胆子是不是就大了？

　　实际上，金融衍生品设计的初衷是用来对冲风险的，不少人都听过，但少有人搞懂它的含义。要知道，任何复杂的金融概念都是对投资实务的描述，其基本原理并不复杂，我们需要通过概念看本质。

　　下面从最简单的金融衍生品——期货说起。

果农老王的赚钱之道：懂期货

　　在日常生活中，我们都习惯于现货交易。现货交易，通俗地说，就是一手交钱一手交货，无论是在水果摊买一个苹果，还是通过证券公司买一只股票，都是这样的交易方式。

与现货交易相对应的概念是期货交易，要想搞懂什么是期货，我们来看一个故事。

老王是一个果农，在某一年他的果园里产出了100吨苹果。一开始他和所有人一样，把苹果卖给那些经销商，至于价格，则取决于当天的市场价。

在这一过程中，老王发现随着其他卖家逐渐加入竞争，苹果的价格在不断降低。更让他害怕的是，不断降低的价格并没有让苹果更好卖，销量反而更差了。费了九牛二虎之力，他终于把苹果卖完了，但收入却不那么令人满意。

第二年，为了避免同样的情况再次发生，在向高人请教后，老王决定提早和那些水果经销商签一个合约。合约的内容是：当老王果园的苹果成熟时，经销商须按照某个特定的价格采购老王的100吨苹果。当然，为了让经销商顺利签约，老王根据以往的售卖经验给出了一个相对优惠的价格。

自从有了这个合约后，老王再也不用担心自己苹果的销量和价格问题，因为如果经销商违约，他将获得一大笔补偿。他现在需要做的就是好好施肥，让苹果的产量更高一些。

老王与水果经销商签订的这张合约在金融中就叫作远期合约（Forwards）。

有了这个合约，老王获得的收益就变成了：未来无论苹果的价格如何变化，他都能按照约定（固定）的价格售出这些苹果。当然，他也需要承担一定的风险，那就是如果苹果的价格上升，他便无法获得额外的利润，而这部分利润将进入经销商们的口袋中。

这个合约似乎完美地解决了老王遇到的问题，但其实还是存在一些隐患的。

天有不测风云，风险无处不在。假如老王的果园遇到了虫灾导致苹果歉收，与此同时，苹果的市场价格又不断上涨。那么，老王很有可能不得不从别处高价购买部分苹果，用于履行这份合约。毕竟合约中规定的是 100 吨，而老王自己的果园产量不足。这样，老王的损失可就大了。

当然，如果能预见这种可能性，老王最理智的做法就是将这份合约转让出去。但问题是，这份合约想要转让是十分困难的，因为其他果农可能未必能提供 100 吨苹果，或者有别的顾虑，总之，很难恰好匹配这份合约的内容。

此时，如果老王能够多懂一些金融知识，了解什么是期货（Futures），将能更好地帮助他解决问题。

和远期合约相比，期货最大的不同是，期货是一种标准化的合约，意味着具有流动的可能性。也就是说，假如老王按照期货的形式售卖苹果，就可以把每吨苹果做成一张标准化合约，从"批发"变为"零售"，当他需要转让合约时，购买者可以根据自身需求买入相应的数量。这就完美地解决了无法转手的问题。

期货的交易：如何体面地投机

通过老王的故事，我们对什么是期货有了一些基本的认知。在金融术语中，期货指的是以某种资产作为标的的可交易标准化合约，是一份提前约定交易货物、交易价格和交易时间的合约。如果说远期合约是一种类金融工具，那么期货就是完全意义上的金融工具。

期货不能凭空产生，它要依附于某一种基础资产，前面说到的老王的苹果就是一种基础资产。期货诞生于农业领域，因此最早的基础资产都是实物资产。自从有了期货交易所之后，期货的交易变得越来越频繁，期货也逐步发展出了另外两项功能：套期保值和投机套利。

什么叫套期保值？套期保值就是在你拥有现货的基础上，建立一个与现货大小相同、方向相反的期货头寸，用以锁定价格波动的风险。这听起来很抽象，我们还是回到果农老王的例子。

假如老王卖出了100吨苹果，但是他发现，这一年苹果的行情特别好，后面很可能要涨价。如果真的发生了这样的事情，自己岂不是要错过不少的利润。那么此时，老王觉得可以通过期货交易来锁定利润。也就是说，以一个固定的价格签订100吨苹果的买入期货合约。这样一来，即便苹果未来价格上涨，他也不会有什么损失。后来，有人告诉他，这就是套期保值。

在这个例子中，现货就是老王卖出的100吨苹果，"方向相反"就是要签订买入合约，"大小相同"就是要买入恰好100吨苹果。

套期保值，说到底就是无论买卖的是苹果、大豆还是原油，都能通过签订期货合约的方式来锁定价格。在这个过程中，风险进行了转移和重新分配，从而满足了不同人群的风险偏好。也可以说，套期保值是期货这类金融衍生品存在的核心逻辑。

另一项功能是投机套利。一听到投机，可能很多人觉得这是一个不"体面"的词。然而在金融体系中，投机代表的含义其实是中性的，尤其是期货市场中，投机套利是投资者最主要的获利方式。

投机套利是怎么产生的呢？它和期货交易中的保证金制度有关。期货交易所为了降低门槛，吸引更多的人进行交易，以及促进交易的顺利达成，故而采取了这项制度。即只要缴纳合约规定金额的一部分，就能参与期货的交易，比如缴纳交易金额的 20%，就能参与到其中。

由于商品的价格在不断变动，合约的价格也会不断变动。于是，出现了一批不交易商品，而专门交易合约的人，这种纯粹赌价格波动的交易就是所谓的投机套利。

因为保证金的存在，投机套利的杠杆率往往很高（20%保证金相当于 5 倍杠杆）。众所周知，在金融交易中，杠杆会成倍地放大收益和损失（在 5 倍杠杆下，合约价格 20%的跌幅相当于本金亏光），这就是为什么说期货交易的风险极高。

交割的过去与现在：对买与卖的新认识

和股票等一般金融投资品不同，期货交易理论上是需要交割的。

按照交割最早的定义，其实就是与现货的一手交钱一手交货相对应，只不过交割需要在未来某个时间点，以约定的时间和地点，以及约定的数量和价格进行交易。

随着金融活动的发展，交割的概念也在不断拓展。由于期货交易是通过买卖合约来赚取差价的，所以在期货交易中进行实物交割的场合并不是很多，"无实物交割"才是期货的主流。因此，在成熟的国际商品期货市场上，实物交割占比一般不会超过 5%。

如何理解"无实物交割"呢？简单地说，就是合约到期后，不通过交付实物履行合约，而是通过签订一份新的合约进行"对冲"。

我们知道，任何交易都是由买卖双方构成的，一般来说交易是单向的，即当买方将钱给到卖方，卖方将商品给到买方，一次交易就结束了。

在期货中，无实物交割就是把交易扩展为两次，并且这两次交易的大小相同、数量相反。通俗地说，就是我们既从卖方手中买了某个东西，同时又把这个东西卖给他，那么从实际结果看，实物根本就不需要出现，但两次交易都完成了。

举个例子，老王签订 100 吨苹果的买入合约，同时签订了 100 吨苹果的卖出合约，那么苹果压根就不需要在这笔交易中出现。但这一过程中确实发生了两笔方向相反的等值交易。因此，产生了两张合约。这在现实中可能没有意义，但在期货交易中却意义重大。

前面我们说到，老王为了防止苹果涨价，签订了 100 吨苹果的买入合约，这在期货中叫作买入做多。当合约到期后，一种方式是他按照约定的价格买入苹果，即他必须先拿出足够的钱来买入这些苹果，然后再把它们按照现价卖掉。但这样实在太麻烦了，老王其实还有一种选择，就是进行无实物交割。

具体怎么做呢？老王可以在合约到期前签订同样数量的苹果卖出合约，这在期货中叫作平仓。持有这两份合约，老王相当于买入 100 吨苹果后又卖出了，苹果在交易中根本不需要出现，但这两笔交易又同时完成了。通过这两份合约，"苹果"这个商品压根没有出现，老王就完成了套期保值的全部操作。

大家发现没有，期货交易比一般金融产品的交易更复杂。最主要的原因是期货交易有多个方向，而在现实生活中，人们交易一般只有一个方向：要么买，要么卖。如果我们要搞懂期货及其他金融衍生品，对于期货交易方式的理解非常关键。

前面说过，期货一定要对应一种基础资产，因此我们以苹果为例。但如果基础资产是某种金融资产，会有什么不同呢？

金融期货：了不起的创新

正如前文所说，期货最早被人们用于抵御商品价格波动的风险。然而，哪里的价格波动最大呢？自然是金融市场。因此，在期货市场逐渐发展成无实物交割后，把期货引入金融领域中就显得意义重大。

金融期货最早产生于外汇市场。之前我们提过，二战后随着布雷顿森林体系的建立，全世界的货币都紧盯美元，而美元紧盯黄金，这其实是一种固定的汇率制度。20 世纪六七十年代后，各国经济发展越来越不均衡，固定汇率难以维持，外汇市场开始出现大幅度波动，因而对冲外汇风险的需求大大增加。

尽管有这种需求，但当时还没有把期货引入外汇市场的先例，各方面条件更是不成熟。只有芝加哥商业交易所的领导者利奥·梅拉梅德想成为第一个"吃螃蟹"的人。不过，彼时芝加哥商业交易所在金融圈是一个非常边缘化的小交易所，靠梅拉梅德个人的影响力显然是不行的。在一次难得的机会中，他结识了美国自由主义经济学派的创始人——米尔顿·弗里德曼教授，他可以说是美国金融界德高望重的人物。在此之前，弗里德曼就一直批判固定汇率制度。经过短暂的沟通交流，梅拉梅德的想法很快得到了弗里德曼的认同，觉得货币期货确实是一个非常了不起的创新。

1971 年，尼克松总统宣布美元和黄金脱钩，意味着布雷顿森林体系正式结束，浮动汇率时代来临了。

在弗里德曼的支持下，芝加哥商业交易所马上成立了国际货币市场，推出了包括美元、英镑、瑞士法郎等几种货币的期货。从此，期货被正式引入外汇市场。

有了外汇市场的成功经验，期货与其他金融资产相对应则更加顺理成章，包括后来的利率期货和指数期货。但无论这些概念多么复杂，大家都可以回归到前面介绍的果农老王的故事中寻找答案。

金融衍生品：是天使还是恶魔

除了远期合约和期货，金融衍生品还包括期权（Option）和互换（Swap）。这些似乎都离我们的日常生活很远，但不得不承认的是，衍生品交易已经彻底融入全球的经济金融秩序中。

截至 2021 年底，全球衍生品市场票面价值的体量约为 600 万亿美元，净值为 12.4 万亿美元[①]，衍生品覆盖了几乎所有的基础资产，比如货币、利率、股票、债权、自然资源等。可以说，只要有风险的地方，都能够用衍生品来进行风险对冲。

我们都知道，金融本质上是人类用来对抗不确定性的工具，而金融衍生品恰恰符合这一特征。但任何事物都具有两面性，金融衍生品的滥用会带来很大风险，放任其无序发展反而会影响经济的稳定运行。

2008 年，次贷危机成为世界的关键词，随之而来的金融海啸席卷全球，其背后推手就是金融衍生品。

由于保证金和允许卖空等机制存在，金融衍生品在多数时候成了投机者热衷使用的高杠杆工具，而过度投机不仅造成了金融市场的更大波动，也推升了市场的泡沫。

我国对于金融衍生品的态度一直是比较谨慎的。一方面，因为中

---

① 票面价值，顾名思义指的是衍生品发行时所注明的价格，净值在这里可以简单理解为当前市场的价格。数据来源于国际清算银行（Bank for International Settlements）。

国的金融体系还不够成熟，缺乏有效的监管机制；另一方面，我们绝大多数人对于金融衍生品的认识严重不足，因此市场上有效的参与者并不多。

可以预见，随着中国经济的持续发展，金融衍生品的应用场景必将越来越多，投资者对金融衍生品的需求将不断提升。在这个背景下，认识金融衍生品的基本原理就变得尤为重要。

第 3 章

趋势思维：

中国经济观察

改革开放四十余年后，中国经济的天平已经缓缓从"效率"摆向"公平"。在全球经济面临衰退、"去全球化"呼声高涨的大环境下，中国的一些经济现象，是对这个时代特有的回应。

第 23 讲
"跨越中等收入陷阱"里的机遇

"普职分流"这个让家长"坐立难安"的教育规划为什么被热议？中国为什么推行"东数西算"政策？一个经济体量还不如广西的小国越南，为何能够在全球经济发展浪潮中"勇闯天涯"，甚至"赶超深圳"？

这一系列热点事件的背后，都与"跨越中等收入陷阱"有着千丝万缕的联系。

"跨越中等收入陷阱"：数字标准衡量不准确

如果你在大多数网站查询"跨越中等收入陷阱"，就会知道，按照当前世界银行发布的标准，当一个国家的人均 GNI（Gross National Income，国民收入）达到 12 535 美元（在中国应换算成人均 GDP 为 12 560 美元）时，如果经济出现停滞、反复波动，说白了就是经济发展"躺平"了，那这个国家就不用谈什么要进入高收入国家的行列了，因为它掉进了"中等收入陷阱"。

这么表述你不能说它有错，只能说它不严谨。这是因为历史上有些国家在上述统计意义上曾跨过去，然而没过多久又掉进去了。比如，有的拉美国家经历了经济的飞速发展，在即将"跨越中等收入陷阱"

之时，在政权更迭、经济发展失衡、国际局势变换等因素的影响下，经济停滞甚至陷入深度贫困。

那么如何衡量一个国家是否已经"跨越中等收入陷阱"了呢？

我们可以从"人"的角度来类推"国家"，举一个不太恰当但比较有趣的例子：我们经常形容一个人是"土财主""暴发户"，也就是说，这个人"有钱没文化"。换个方式来形容国家也是同样的逻辑，作为"国家"，经济发展赚到钱了，但是，你的经济发展靠的是低端制造、低端产业出口支撑的，喝的是发达国家吃剩的肉汤，哪天发达国家说我不想你汤喝了，我想倒掉或者施舍给你的"小兄弟"——就是与你同质的其他国家，那也是有可能的。

在股市中，有句特别流行的话叫作"你永远赚不到你认知之外的钱"，这个逻辑可以形容人，也可以形容国家。

用这句话形容国家，那就是：如果在经济高速发展的过程中不重视高端制造业、实体经济、科技发展等，就不能够冲破产业结构、收入分配、人口红利、技术创新、制度安排、城市化等方面的藩篱，此时，"中等收入陷阱"就会等着你！

所以说，"跨越中等收入陷阱"不能够仅仅使用以人均 GDP 为主的数字结构进行衡量，如果制度跟不上现代化、社会治理跟不上经济发展、科技实力跟不上城市化进程，诸多潜在的威胁没有从根本上消除，"中等收入陷阱"就不算"跨越"。

"引进来"再"转出去"："跨越中等收入陷阱"的不二法门

至此，我们都清楚了什么叫"跨越中等收入陷阱"，那"跨越中等收入陷阱"是一个什么样的过程呢？

"跨越中等收入陷阱"需要"引进来"和"转出去"两个步骤。

第一步，引进来。下面以日本为例说明。

在东亚，日本于20世纪70年代最先进入高收入阶段，我们如果把每个国家都比作一个投资世界里的"理性人"，当日本发现周边的好多"小兄弟"地价低、劳动力廉价时，他的第一反应是什么？那就是把一些劳动密集型的低端制造业迁往这些国家加工生产，并且还能销售部分产品过去。

这些"小兄弟"在引进这些产业后欢喜得很，因为他们只需要不断地"接受"，就能实现经济持续、稳步发展。这个阶段是不需要"动脑子"的，上游产业国家（大哥）给资金、给技术，"小兄弟"只管出人、出地就可以。

这也是为什么很多拉美国家陷入"中等收入陷阱"的原因之一。因为他们放弃了"思考"，如果再延伸一点，这也可以解释另一个经济学术语——"资源诅咒"（Resource Curse），也被称为富足的矛盾。

如果一个国家拥有大量某种不可再生的天然资源，从经济发展来看，反而形成工业化低落、产业难以转型的窘境，那就是陷入了"资源诅咒"。丰富的自然资源可能是经济发展的诅咒，大多数自然资源丰富的国家可能比那些资源稀缺的国家增长更慢。

比如，尼日利亚拥有巨大的石油储备，1970年到2000年，该国累计获得3500亿美元的石油收入，但生活在贫困线以下的人口反而从1970年的36%上升到2000年的70%。从阿根廷到委内瑞拉，对某种相对丰富的资源过分依赖，往往会导致贸易条件的恶化。

回到前面，"小兄弟"接受这些产业转移的过程就是所谓的"引进来"。但是"引进来"的过程也有尽头。

"小兄弟"国家在不断"接受"的过程中，由于经济飞速发展，地价、人力资本也会上涨，如果再遇到通胀，这些问题就会产生乘数效应。作为上游产业国家的"大哥"迟早会发现这一点。发现之后，他们就会寻求更经济实惠的地方转移低端产业，这时就要进入第二个步骤——"转出去"了。

文章开头提到的"越南赶超深圳"，也正是因为越南接到了上游国家从中国转出去的单子。

在这个过程中，有些国家、地区已经做好了这个准备，"大哥"想要转出去这些低端产业，那你拿走好了，因为我已经"准备好了"。比较典型的例子就是被称为"亚洲四小龙"的韩国、新加坡、中国台湾、中国香港，这些国家或地区当然也成功"跨越"了"中等收入陷阱"。

也有些"小兄弟"并没有准备好，比如泰国。但是"大哥"不会为你考虑的，该转出还是要转出，你"青黄不接"是你自己的事情。结果"小兄弟"就陷入了"中等收入陷阱"，人均收入从此停滞。

所以，"跨越中等收入陷阱"的第二步尤其重要，也更为艰难。

以上比喻不一定能够完全说明"跨越中等收入陷阱"整个模块的内容，因为它涉及一个国家或地区政治、经济、文化、社会的方方面面。但从一定层面来看，这个比喻可以作为"跨越中等收入陷阱"的一个剖面图。

我们再回到开头内容，根据前文的介绍不难发现，"普职分流"让家长"坐立难安"，"东数西算"让很多人摸不着头脑，"越南速度"赶超深圳等社会经济现象反映出的底层逻辑是：中国正处于"跨越中等收入陷阱"的第二阶段。

　　"跨越中等收入陷阱"的第二阶段中至关重要的一关就是产业结构的转型升级，换句话说，就是在低端产业因地价、人力成本上升等因素将要"转出去"之时，高端产业发展能够迅速"接盘"，从而实现全方位产业结构的战略升级。

　　在这期间需要全社会要素方方面面的努力，而"普职分流"和"东数西算"这两个举措能够在克服生产要素分配不均这个问题的基础上，带动生产效率的极大提高，这一切从某种程度上会直接或者间接地作用于产业结构的优化升级，成为推动中国"跨越中等收入陷阱"全要素结构中的部分力量，普通人更能从中找寻到自我职业发展的定位，与国家转型发展一起"乘风破浪"。

"普职分流"有机遇

　　逆向思维、批判思维、用发展的眼光看待问题是能够让我们终身受用的思维方式。所以当多数人"这么想"的时候，我们可以侧面想想，逆过来想想。

　　面对"普职分流"，大多数人都是焦虑的，这很正常。这个问题是人们受长期以来的传统文化、思想观念、社会环境、体制机制等因素的影响形成的。

　　我们用发展的眼光来看问题就会发现，事情将来的走势不会是这样的。"普职分流"本质上是教育领域的一次"供给侧结构改革"。

　　我们都知道，经济学是一门研究"稀缺"的学科，20世纪七八十年代"大学生"之所以"吃香"，毕业就分配工作，那是因为他们"稀缺"。如今"大学生"不再稀缺。2022年，中国高等院校毕业人数达1076万，人群庞大。

与之相对立的是，中国在"跨越中等收入陷阱"第二阶段中，与产业转型至关重要的高端制造业，其人才缺口巨大。这就是就业市场上的"信息不对称"，而"普职分流"正是为解决这个问题而提出的。

当前，中国制造业规模已跃居世界第一位，经过几十年的发展，已经建立起门类齐全、独立完整的制造体系，也培养出了一大批制造业人才队伍。在人才培养规模、人才资源结构、高端人才队伍建设、人才发展环境等四个方面都取得了巨大的进展，并在多个领域取得了与制造业发达国家相比较的优势。

经济新常态下，中国制造业发展面临着资源环境约束不断增强、人口红利逐渐消失等多重因素的影响。为此，从 2021 年以来，中央推出一系列针对人才发展的政策，从《制造业人才发展规划指南》到《中华人民共和国职业教育法》的出台，都表明：激发制造业人才活力已迫在眉睫。

所以，仅有规模化发展的制造业是远远不够的，只有拥有高质量发展的高端制造业才能推动产业结构的优化升级，这也是"跨越中等收入陷阱"的必经之路。

发展高端制造业需克服产业人才结构短板，这个短板主要体现在制造业人才结构性过剩与短缺并存两个方面。"过剩"体现在传统产业人才素质提高和转岗转业任务艰巨；"短缺"体现在领军人才和大国工匠紧缺，基础制造、先进制造技术人才不足，这已成为制约中国制造业转型升级的一大桎梏。

造成人才结构性过剩与短缺的根本原因是：人才培养与实际需求脱节。人才供需的结构性问题会导致用人单位主体作用得不到充分发挥，技能人才发展通道不畅等问题也逐步凸显。

"青年强则国强，青年立则国立"。

"跨越中等收入陷阱"需要强大的制造业转型发展的助力，而制造业转型升级的大道上需要青年人才的助力。"青年人才"从哪里来？答案是：教育。而实施"普职分流"是培养高端制造青年人才的重要路径，促进"普职均衡发展"，让"跨越中等收入陷阱"搭上高端制造业转型升级的"顺风车"。

"普职分流"从中国国内教育培养人才方面提出了新的长远规划，为解决就业供给侧和需求侧的结构性矛盾提出方案，有助于全社会要素逐步转变人才观念，从而扭转就业和用人中的职业偏差，形成尊重劳动、崇尚技能的良好氛围。

"三百六十行，行行出状元"，当然，如果这个行业正好响应时代所需，那就犹如乘上时代东风，所以对于广大家长来说，焦虑并不能解决问题，何不顺势而为，让孩子学好一门技术呢？

"东数西算"助力数字经济转型升级

当你逛淘宝、"刷"抖音、看 B 站、用百度时，大数据无时无刻不在"跟踪"着你。所以，你会发现，淘宝首页推荐的衣服大多可能是你想要的，抖音推荐的视频也是你最近关心的，当你通过百度搜索完一个问题后，你可能会收到相关的网页广告推送甚至手机短信。

在这里，我们能得出的结论是：大数据时代背景下，没有任何人能够独立于"数字经济"而存在，信息和数据技术将对未来人类社会的区域经济格局产生根本影响。

"东数西算"正是立足于这一时代背景所提出的，那么什么是"东数西算"呢？

　　我们学习地理的时候都知道，中国的资源东西分布严重不均衡，而今这种不均衡在信息技术领域（数字新型基础设施布局）中也较为凸显。数据显示，至 2020 年底，北京及周边、上海及周边、广州和深圳及周边地区 IDC（互联网数据中心）资源占比分别为 23.3%、16.4%、13.7%，合计 65.3%，而中部、西部及东北地区总占比却不超过三成。

　　中国东部地区创新能力强，但算力基础设施资源紧张，中西部地区能源和算力资源丰富，但产业过于低端化。

　　所以，如果能够将这些资源实现"东西整合"、优化配置，将有利于在中国建立新的数字经济增长点，这也就是"东数西算"。

　　"东数西算"工程项目的启动将助力于中国的空间产业均衡发展、人才分布均衡发展和数字经济的转型升级，使东西部收入分配更加公平，从而促进经济协调可持续发展，最终为实现国家层面上的"跨越中等收入陷阱"添砖加瓦。

　　"普职分流"和"东数西算"本质上都是在应对"人民日益增长的美好生活需要和不平衡不充分的发展之间的矛盾"，解决的是经济发展效率的问题，但它们不是全部。

　　很多人在"改革开放"的洪流中抓住了国家在"跨越中等收入陷阱"中第一阶段的机遇，投身于制造业产业发展的浪潮中，勇于创新，开拓进取，从而在国家经济飞速发展的这一阶段脱颖而出，成为与国家富强、民族振兴"共赢"的人。

　　"跨越中等收入陷阱"的第二阶段将比第一阶段更艰难，但依旧充满机遇。

第24讲
为何要防范资本无序扩张

长期以来，资本在世界各国的经济发展过程中都扮演着不可替代的角色。的确，资本逐利的特点是人类社会进步和经济发展的驱动力之一。资本作为不可或缺的生产要素，在促进科技进步、繁荣市场经济、便利人民生活、参与国际竞争中具有重要作用。

但是，我们也需要认识到，资本的劣根性就在于其无限扩张的欲望，因为扩张并不是无条件、无边界的。资本逐利的本质表明资本追求的是超额利润，在资本创造价值的同时，如果不加约束，它就会野蛮生长，甚至无序扩张，最终会形成垄断，给经济的安全发展和共同富裕目标的实现带来严重威胁。

公平的错觉：韩国教育的"资本化"

常言道："只要付出，就一定有回报。"但对韩国的高考生来说却并不一定如此。校外培训机构和资本之间的"精心合谋"，已经把韩国的教育变成了一场"内卷游戏"。伴随着"汉江奇迹"（指代韩国外向型经济的腾飞），韩国社会表达出对高水平人才的旺盛需求，于是，大学文凭成为韩国年轻人进入三星、LG、乐天这种大企业的敲门砖。

在韩国的学生中流行着"四当五落"的说法：每天睡四个小时的

考生会考上心仪的大学，而每天睡五个小时的学生则会落榜。激烈的高考竞争使得资本嗅着血腥而来，补习机构开始出现在韩国的大街小巷，逐渐发展成一个庞大的产业，《纽约时报》甚至把韩国的补习班称为"韩国教育体系的支柱"。

"好好学习"被高度资本化，家长在殷切的期盼与焦虑中甘愿付出高昂的补课费，教育成了韩国家庭的"吞金兽"，而被资本异化的韩国高考成了上层阶级保持家族繁荣的利器。当教育开支高到连中产阶级都无力负担、跨越阶级变得愈加困难的时候，上层阶级就可以摒除潜在的竞争者，降低阶级流动的可能性。

一旦校外的教育体系成型，公立学校将沦为"底层角色"，优质师生资源严重流失，然后就如同美国的学校现状：私立学校开进富人区，私立性质使得它们独立于教育监管范围之外，可以更自由地收取高昂的学费，而普通人家的孩子只能在美国公立学校的"快乐教育"中，成为一个平庸的人。

资本化的教育体系将把普通家庭阻挡在外，变成上流社会实现内部循环、稳固阶层的不二法宝。教育成了"资本"们生钱、赚钱的工具，和任何上市公司一样，教育资本化的最终结果就是："资本"掌控"教育"，"资本"决定"教育"。

从韩国教育被高度资本化的故事中，我们可以感受到垄断的形成对于教育领域造成的严重后果。事实上，垄断不仅会在教育行业发生，资本为了追逐利润，在各行各业都有动机去垄断。

他山之石：美国反垄断历史

从 1890 年世界上最早的反垄断法《谢尔曼法》诞生开始，全球范围内的反垄断浪潮从未停息，在反垄断的进程中，从洛克菲勒到卡耐基，从摩根到微软，反垄断的"大刀"一次又一次挥出。一百多年的反垄断历史中，滥用市场支配地位的企业、阻碍市场公平竞争的行为绝不能被容忍。

时代在更替，巨头们的垄断方式也在不断地"推陈出新"，但垄断行为的本质并没有发生变化。企业实现垄断后，最终的目的是要通过市场支配地位攫取垄断利润，而垄断利润实际上是对其他企业的利润和劳动者利益的侵占。如果我们看懂了这一层，就能明白为什么要防范资本的无序扩张。

反垄断从来不是新鲜事，回望美国的百年反垄断历史，从美国反垄断的潮起潮落中，我们能得到许多经验、教训和启发。

1870 年 1 月，洛克菲勒在俄亥俄州创建了标准石油公司，九年后，标准石油公司控制了全美 90%的炼油业，成为当时世界最强大的垄断企业。随着标准石油公司不断壮大，洛克菲勒成为 19 世纪第一个亿万富翁，并被冠以"世界石油大亨"的称号。

标准石油公司就像章鱼一样，将触角伸向了石油开采、冶炼、运输等石油行业的各个领域。到 1887 年，洛克菲勒几乎整合了全美国的炼油业，从生产到销售全面垄断了石油业。

当时美国的法律规定，本州的企业不得持有别州公司的股票，为了管好分布在美国各地的大大小小的炼油厂，洛克菲勒的律师多德提出了"托拉斯"（英文 Trust 的音译）的概念。通过托管的方式，将分散的公司股权委托给一个机构来管理，形成一个控股集团，这实际上就是金融信托（Trust）的一种形式。这样既能保证洛克菲勒对公司的控制，也能避开法律的限制。

洛克菲勒成为历史上第一个托拉斯的"掌门人"。

标准石油公司因垄断走向巅峰，也因垄断被拆分。凭借庞大的公司规模和丰富的石油资源，洛克菲勒通过打价格战的方式打击竞争对手，获取垄断利润。但过度垄断会让市场失去活力，不会有人再愿意去革新技术，消费者的权益也会受到损害。

19 世纪八九十年代，美国兴起了一股反垄断浪潮，直接促成了1890 年反托拉斯法案《谢尔曼法》的出台。1911 年，美国最高法院根据《谢尔曼法》判决，认为标准石油公司是一家垄断机构，应予拆散。经此判决，洛克菲勒的石油帝国被拆分成了 34 家地区性的石油公司，标准石油公司一家独大的局面走向终结。

另一个关于垄断的典型案例则是美国的微软公司。在中国"80后""90后"们的记忆里，刚开始接触到计算机和互联网时，IE 浏览器几乎是上网必备神器，对于上网"冲浪"最直观的印象应该就是 IE浏览器大大的"e"字图标。似乎 IE 浏览器就是互联网，互联网就是IE 浏览器。事实也的确如此，曾经的 IE 浏览器占据了浏览器市场的龙头地位，1998 年，IE 浏览器成为全球市场份额占比最高的浏览器，到 2003 年，它的全球市场占有率达到 95%。

1999 年，美国 19 州和司法部向微软公司发起反垄断诉讼，原因是"企图垄断浏览器市场"。2000 年 4 月，美国联邦法院宣判微软公司违反《谢尔曼法》，微软被裁定一分为二，一个专营电脑操作系统，另一个则经营除去操作系统外微软当时所经营的其他内容，包括Office 系列应用软件、IE 浏览器等。后因互联网泡沫，微软公司与美国司法部达成和解，免于被拆分，但微软付出了共约 18 亿美元的和解费用，并承诺不参与可能损及竞争对手的排他性交易。

反垄断也对微软公司和全球互联网市场产生了深远影响。

长期的高市场占有率，让微软认为 IE 浏览器已十分完善，放慢了更新和优化的速度。在技术和产品快速更新的互联网行业，故步自封无异于自掘坟墓，苹果的 Safari 浏览器、谷歌的 Chrome 浏览器、火狐浏览器等产品坚持迭代完善，吸引了大量用户，一步步蚕食了 IE 浏览器的市场份额。

据统计，IE 浏览器的竞争对手 Chrome 浏览器在 10 年内进行了多达 70 次更新，IE 浏览器却在 6.0 版本发布后的 5 年内没有进行任何功能修正。就这样，垄断者变成了落伍者，乃至被淘汰。2022 年 6 月 16 日，曾经上网必备的 IE 浏览器正式退出了历史舞台。

美国的反垄断历史就是防止资本野蛮生长的历史，而垄断的故事不仅会发生在美国，在世界的各个国家，资本的触角都可以伸向不同行业，并通过它们所拥有的资金优势和市场中的话语权去碾压其他企业。

存量博弈的"伪创新"

改革开放四十多年以来，创新激发了中国的新动能，在这期间涌现出了像华为、阿里巴巴、大疆等一大批极具创新力的企业，科技的进步带动了经济的发展，惠及了大众生活的方方面面。而互联网作为第三次科技革命的产物，在这期间已经深深融入了中国人的生活，科技腾飞的翅膀正稳稳托起中国人对美好生活的向往。随着人们的生活和互联网深度绑定，一个国家的经济和文化也开始和互联网绑定，最终国计民生和国家安全也会和互联网绑定。但同时须警惕，进入互联网时代，资本们开始以创新为名通过"技术垄断"影响着行业的正常发展，垄断变成了数据与算法的操控，科技巨头成为全球范围内反垄断的重点监管对象。

《资本论》中将资本主义的扩大再生产分为两种基本形式：内涵扩大和外延扩大。

内涵扩大是指在技术进步的条件下，通过工艺革新、改进设备、采用新材料、降低成本等方式，来挖掘企业的内部潜力和提高劳动效率以实现扩大再生产。这是一种由"量"向"质"的转变，也是中国真正想要达到的一种状态，也就是国家反复强调的"补短板"和"改变经济增长模式"。

外延扩大，则是指单纯增加生产要素的数量。把有限的生产要素转换为更多的可供消费的东西，这是经济学的本质，是真正的经济增长。只有当社会资源优先分配给那些符合国民经济发展方向、有发展前途的企业或者项目时，才能算是有效地利用资源，才符合经济学的理论，否则，只能降低资源配置效率，造成资源浪费。

诸如个别互联网巨头，无论发展社区团购还是共享单车，抑或是其他业务，实际上就是"以适当的资源浪费找寻符合企业发展的业务"。而这样做的目的只是为了找到赚钱的业务，不考虑对社会造成的损失。

经济学中有"负外部性"，指的是一个企业的行为影响了其他人或其他企业，使之支付了额外的成本费用，而后者又无法获得相应补偿的情况，也叫"外部成本"或"外部不经济"。

外卖或团购平台的"二选一"，就是负外部性的表现。经营外卖或酒店的商家被强制只能在一家平台发布信息，无法触及更多的潜在客户，造成外卖成本的提升或房间空置，站在整个社会的角度都是资源浪费。

此外，互联网行业的马太效应也非常明显，即强者愈强、弱者愈弱。在互联网行业中，常常表现出某个领域很容易被一两家平台所垄断的现象。垄断一旦形成，互联网企业就会滥用市场支配地位开始资本的收割——线下实体店受到冲击、菜市场小商贩得不到保障、消费者的权益也将受到损害，打工者的收入甚至生计也会受到影响。这些打工者多是弱势群体，面对互联网平台的收割，他们毫无反抗之力，等待他们的只能是失业的结局。

当关乎国计民生的各个领域都被互联网巨头把控，他们将利用自身在行业中取得的优势，不断拓宽自己的护城河，妄图将自己制定的规则变成一般的市场规则——那将是巨大的灾难。

说到底，很多互联网企业的垄断行为并没有直接创造财富，而是在转移财富，本质上不过是把一部分人的钱转移到另一部分人的手中。社会的资源总量是有限的，个别互联网巨头通过"烧钱"的方式，以"创新"为名跑马圈地："烧"着别人的钱，获取客户，抢占市场，然后垄断欺客，大数据"杀熟"……最终一地鸡毛，投资者和消费者为之买单。

表面上看，像社区团购这类创新的业务模式把传统产业（比如生鲜零售）和移动互联网、大数据、云计算等技术结合起来，是对传统产业的升级，但本质上并没有技术创新。而在中国的经济面临重大转型之下，国家会更加重视"真创新"，经济发展需要的是引领科技、产业发展的"真创新"企业，不是会"屠杀"传统产业的互联网企业的"伪创新"。

所以，在这种存量博弈之下，互联网企业"烧钱"引流，形成垄断，不仅会造成资源的极大浪费，还会耽误国内技术的研发，最终只能是加剧整个社会的"内卷化"。防范资本无序扩张，为的就是更好地引导这些钱用到技术研发的刀刃上。

有为政府 vs 市场的看门人

中国历史上长期存在"有为政府"的治理模式，中国也是全球在历史记录方面最丰富、最连贯、最悠久的国家之一，这在一定程度上也给中国未来的发展奠定了历史文化基础。

反观美国，白人殖民者到达美洲以后，夺取了印第安原住民的土地，然后建立了一个蓄黑奴的白人国家。此后，为了满足资本家的利益需求，美国开始吸引全球的资本和劳动力，成为名副其实的移民国家。

一个美国人可能是欧洲白人后裔、非裔、中国移民、印度移民，也可能是土耳其移民等。这些移民而来的美国人的文化背景不同，人种也不一样，这种情况下，美国社会怎么会存在"同胞之情"的概念呢？因为没有"同胞之情"的社会概念，所以有些在中国人看来不可接受的问题，而在美国却是被普遍接受的存在。

2021 年，《环球时报》援引西方媒体的报道：在一份针对 11 个高收入国家的卫生体系评估报告中，美国是唯一没有全民医疗保险覆盖的国家，在美国的低收入成年人中，有一半人因为费用问题得不到医疗服务。报道认为，美国在这 11 个国家中，医疗的公平性、获得机会和行政效率等都是排名垫底的，而挪威、荷兰和澳大利亚的排名相对领先。

不同于美国是由不同文化背景的外来移民组成的移民国家，欧洲主要的发达国家是由欧洲本土白人组成的传统的原住民国家。虽然欧洲也存在吸引移民的现象，但是整体上还是原住民社会，所以欧洲国家还是有"同胞之情"的概念的。

没有"同胞之情"的社会，人与人之间从根上就是陌生人的关系，社会整体就更倾向于自由：既然个体相互独立，没有联系，那么便"各人自扫门前雪，莫管他人瓦上霜"！

这就是为什么"熟人关系"越缺乏的地方，市场自由化程度就会越高。

就国家整体而言，中国偏向于熟人社会，美国是纯移民社会，因此美国的市场化发展程度更高也就不足为奇了。所以，纯粹用西方经济学的标准来衡量中国，从根源上说是毫无意义的。涉及民生的重要领域由国家来保障，需要创新增量的领域，则需要通过自由竞争来拉动发展，政府和市场并不是"非黑即白"的关系。

由此，我们看到，2021 年中国火热的教育培训、补课行业被叫停了。2020 年至 2022 年，很多流量明星、直播网红因为偷税漏税而被处以巨额罚款。这些事件背后都源于中国坚守"以人民为中心"立场，坚决防止资本无序扩张。

要知道，在天价补课费用节节攀升的情况下，教培市场总规模已超过 3 万亿元。而在资本快速扩张的娱乐圈，流量明星被资本选中在前台表演，以此创造的"饭圈"文化，不过是资本创造出来的消费文化，通过影响社会部分群体的消费习惯，攫取经济利益，甚至影响社会思想文化氛围。

我们设想一下，美国的教培市场大概率不会因被整顿而消失，反而会成为美国国会议员的金主，然后政客不断地游说，对全社会宣传：

这个产业存在是多么的重要，必须做大做强。在美国，用产业绑架社会来论证自己合理性的现象早就存在。无论枪击导致多少人死亡，美国保守派政客都坚持拒绝控枪，全美步枪协会还会反过来告诉老百姓，不控枪可以每年拯救多少人，控枪才会把人民置于水深火热中。

如果在韩国呢？韩国有这样一句俚语："韩国人的一生无法避免的三件事：死亡、税收和三星。"三星在 2012 年的总销售额达 2457 亿美元，为韩国创造了约 20% 的 GDP 产值。此外，还有像大宇、LG 和 SK 等势力不小的财阀存在。韩国财阀几乎等同于韩国的国家经济，财阀们为了攫取巨额利润，将触角伸进政治领域，为资本积累谋取特权。被财阀控制的韩国，普通人没有明朗的就业前景，看不到底层逆袭、阶层跃迁的机会，老百姓的生活会幸福吗？

中国财富管理的"道"

金钱永不眠，我们的确永远无法把握资本准确流动的规律，但防范资本的无序扩张、强化反垄断是中国统筹发展和安全、效率和公平、活力和秩序的重要表现。国家为资本设置"红绿灯"，一定程度上也保障了普通老百姓向上流动的通道是"顺畅"的。

当然，逐利是资本的天性，一味强调资本的自律和自我节制，无异于扬汤止沸。从根本上防范资本无序扩张，既要切断资本突破扩张限制的利益链条，完善资本制度，比如限制垄断、监管资本流向、禁止同业竞争等，也要继续利用好资本，发挥其积极作用，引导其助力"共同富裕"目标的实现。

在此过程中，普通人如何明晰社会的文脉，理出财富投资的逻辑呢？也就是说，我们怎么知道哪些领域是顺应趋势赚钱的，哪些领域是和教培行业一样属于高度不稳定的"雷区"呢?

判断有些事情在中国有没有前途,掌握个人财富的核心大趋势,就是首先要分析这些事对社会整体究竟有没有价值。

就中国的税收而言,一项税收是不是好的税收,取决于征收成本是否小于征收收益。这里的"征收成本"不单单是国家为此付出的直接成本,还包括整个社会的各种间接成本。

中国在 2006 年全面取消了农业税,结束了压在农民肩上延续了 2600 年的沉重负担,一个原因是农业税的征收成本已经大于对财政创造的收益,造成"对社会整体的净收益为负"。房产税也是一样的道理,什么时候征收房产税的成本开始小于房产税对转移社会财富所带来的收益,什么时候房产税就真的可以落实了。

在资本完全自由的西方国家,很多超级富豪都热衷于寻找可以合理绕过法律,实现少缴税乃至不缴税的"避税天堂"。比如,大家耳熟能详的苹果公司,在百慕大、卢森堡、荷兰等"避税天堂"注册了多个海外子公司,用一系列复杂的方式最终实现了避税目的。根据英国《卫报》报道,苹果建立的爱尔兰离岸公司(ASI)在 2011 年的税前收入为 220 亿美元,当年缴纳的税费一共为 1000 万美元,税率低到只有 0.05%

美国前总统特朗普同时也是一位身价达 25 亿美元的商人,但他每年只缴 750 美元的所得税,而美国的一名普通消防员每年要缴大约 5000 多美元的所得税。既得利益者在灰色地带想尽办法避税,这些"省下来"的税款实际上就是社会财富从穷人到富人的变相转移。

纵观历史,"劫贫济富"式的畸形税收导致的惨剧已经给过我们太多教训,不公平、不合理的财税体系使百姓陷入水深火热之中,甚至国家灭亡的事件数不胜数。明朝晚期，因为官商勾结，给商人减税，给百姓赋重税，终于陷入中央财政入不敷出的深渊；自称神圣的罗马帝国，贵族等富人阶层掌握了政策话语权，修订法案使得家族生意享受极低税率，将财政压力全部压在了百姓身上。从"明末惨剧"到"罗马悲歌"，促使它们最终走向瓦解和灭亡的重要因素都是日益不合理的财政税收。

无法想象，如果放任富人逃避纳税义务会造成怎样的恶劣后果——国家没有了稳定的税收来源，要么举债印钞，要么以各种名目向穷人课税，最终都将导致富人更富，穷人更穷。美国的"游说制度"使财团能够游说华盛顿的利益团体，甚至和总统博弈实现减税政策的落地，这是不是和明朝士大夫被商人买通，推动减税有相似之处呢？

历史虽然没有简单的重复，但结局总是很相似的。

我国一直致力于追求实现"社会财富的增长"与"社会财富的公平分配"这二者的高度统一，建立公正合理的收入分配秩序，建设中等收入者占多数的"橄榄型"社会。

所以说，在经济高速运转的过程中，如果出现了垄断的苗头，中国必会选择重拳出击，对垄断行为实行"零容忍"的态度。因为不论哪个行业，都要抱着为社会创造真正价值的敬畏之心。因此，中国的任何资本都必须为大多数人的利益服务，资本再大都不能伤害老百姓的根本利益。

从这个角度来看，以中国对教培行业、社区团购的整顿，以及对明星、网红偷逃税款的治理为导向，可以梳理总结出财富管理的"道"，就是财富究竟是对社会有正向价值，还是有负面影响。如果事件的影响是负面的，那么当断则断；如果对社会有益，符合未来财富整体的趋势，就是稳健利好的。

网络上，对于财富投资的研究，有人总结出这样一句颇有哲理的话："做投资，一开始以为是金融，后来发现其实是经济，研究经济的时候发现其实是政治，研究政治的时候发现其实是历史，研究历史的时候发现其实是哲学。"

其实不仅限于投资，任何小事情背后都有自己的大逻辑。

*大道至简，以简驭繁，越有智慧的道理越简单。*中国和西方世界截然不同的价值观必然衍生出不同的财富观和社会原则，正如生活在中国和美国需要有不同的对待事物的处理方法，和西方国家相比，中国人在管理财富时，也要有自己的"道"。

中国是后发现代化国家，在发展现代化的过程中，中国的很多经济学思想、财富管理思维都学习自西方体系。在汲取优点的同时，我们也要深刻意识到，如果把西方财富思维照搬中国，是会产生"水土不服"的。就像中国在经济发展的过程中，经过一些专家学者的验证，许多在西方国家行之有效的经济发展模式，在中国却"失效"了。我们要做的是对西方经济学理论和思维的"本土化"改造，懂得国内经济社会运行逻辑和规律，顺势而为，这样才能妥善管理好自己的财富。

归根结底，一切的核心都是基于中华民族是一个整个共同体，我们要促使社会发展得越来越健康，有时候懂得断舍离，顺应大方向和趋势，才是财富持续成功的"道"。

第 25 讲
方兴未艾的中国版 REITs

REITs（Real Estate Investment Trusts），中文称为"房地产信托投资基金"。REITs 可以使中小投资者以较低的门槛进入不动产市场，获得不动产市场交易、租金与增值所带来的收益。

2021 年 5 月 31 日，中国首批 9 只公募 REITs 正式公开发售，并且均实现超额认购，有效认购量平均是发行量的 7 倍，市场异常火爆。REITs，这个对于中国人来说比较新的名词开始频繁出现在公众视野中。

下面重点讲述房地产信托投资基金的原理，探讨这种刚刚引入国内就带有强烈社会主义市场经济特色的舶来品，到底值不值得我们普通人去参与，以及在中国经济中，REITs 可能会扮演一个什么角色。

REITs 是什么

REITs 的原理其实很简单，相当于一群人把一栋楼买下来，然后把这栋楼分成一份一份的，每一份就是这栋楼的所有权之一。投资者买了这种基金，就等同于拥有这栋楼所有权的一部分。REITs 把这栋楼每年的租金扣除营运成本，以分红的方式支付给投资者，投资者收到分红就相当于收租。另外，如果这栋楼升值了，投资者的投资也增值了。如果想提前卖掉，只要把手头的基金在证券交易所进行转让，就可收回现金。

用一句话概括，就是"集资买房，分享收益"。本质上，这就是房地产的资产证券化，是一种金融创新产品。

REITs 是一种封闭式共同基金，由专门的投资机构经营管理，投资综合收益将按比例分配给投资者，其主要收益来源是不动产产生的租金现金流，以及未来资产增值的部分。

其实 REITs 在西方国家是一个极为成熟的工具。20 世纪 60 年代的美国房地产市场比较冷清，开发商们一看房子卖不动了，怎么办？于是他们就想出了一个办法——把手里持有的房产拆分成金额不大的若干份，这样能负担的房产投资人就多了。这种办法加速了开发商的回款，让他们可以腾出资金用于新项目。靠着金融创新，西方国家提高了不动产资产的流动性。

REITs 模式随后发展到澳大利亚、日本、新加坡、中国香港等 40 多个国家和地区，涉及的不仅仅是住宅等商业地产，后来逐步拓展到交通、零售、能源等领域。

截至 2021 年年末，全球已上市的 REITs 数量达到了 932 只，总市值约 2.5 万亿美元，其中美国占比超过 60%，占据主导地位。1998 年亚洲金融危机之后，亚洲经济体逐渐引入 REITs，日本、新加坡发展迅速，成为亚洲 REITs 的主要市场。

从表 25-1 可以看出，实际上，多数经济体引入房地产信托投资基金这种金融工具的时间点都有一个共同特征，那就是当时的房地产市场非常低迷。全球 42 个具备 REITs 制度的经济体中，大部分也都是在经济低迷，甚至经济危机的时候推出 REITs。本质是因为，提高流动性是房地产低迷时期开发商等房地产参与者的客观需要。

表 25-1 各国家和地区 REITs 推出历史时间点统计

国家和地区 指标	美国	日本	新加坡	中国香港
出台时间	1960 年	2000 年	1999 年	2003 年
GDP 增长趋势	低速	低速	低速	低速
人均 GDP 增速	缓慢增长	缓慢增长	缓慢增长	缓慢增长
城镇化率	76%	70%	100%	100%
房价走势	持续低迷	持续低迷	快速下跌	快速下跌

数据来源：中国 REITs 联盟

归纳起来就是——经济触底反弹的时期最容易诞生 REITs。

与美国市场上重要指数的表现比较，权益型 REITs 在 1980 年至 2020 年的 40 年间，年化收益率达到 11.35%，跑赢美国各大指数。这与大家心里觉得投资房地产跑赢股市的印象比较一致。

全球各大经济体基本都有两个货币"蓄水池"，一个是股市，另一个是楼市。美国的两个"池子"的"放水量"差不多，所以美国代表房地产的 REITs 指数和代表股市的标普指数，涨幅从长期看相差不会大。但是中国的房地产信托投资基金并不是传统意义上的 REITs，也不是为了拯救楼市而生的。

中国版 REITs 的投石问路

2021 年，中国首批发行了 9 只公募 REITs，全称是"公开募集的基础设施不动产投资信托基金"（以下简称基础设施公募 REITs 或公募 REITs）。

这些基础设施公募 REITs 的发行从一开始就要求：底层资产不能是住宅、酒店、写字楼、商场等商业性质的房地产项目。和西方国家不一样，中国这些基金的投向是基建项目，比如我们俗称的"铁公机"（铁路、公路、机场）。因此，房价的涨跌和这批 REITs 没有直接关系。

中国首批发行的 9 只公募 REITs 均采用了"公募基金+基础设施资产支持证券"的产品结构，即原始权益人和各类投资者持有"公募基金"的基金份额，通过公募基金来 100%持有"基础设施资产支持证券"。图 25-1 展示了基础设施公募 REITs 项目产品结构的简略图。其中，基础设施由项目公司运营管理，获取租金、收费等稳定现金流。公募 REITs 采取封闭式运作，按照中国证监会的规定，每年收益分配比例不低于基金年度可供分配金额的 90%。可以看出，虽然公募 REITs 作为封闭基金，流动性欠佳，但是分红派息对投资者的保障还是不错的。

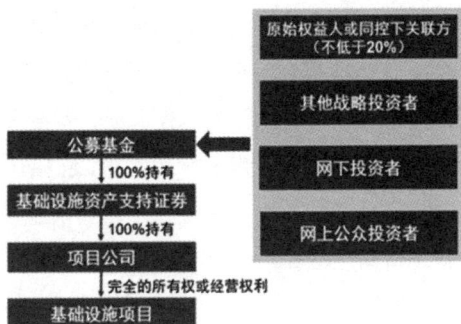

图 25-1　基础设施公募 REITs 项目产品结构简略图

图片来源：普华永道官网

比如，平安广交投广河高速 REIT，对应的底层资产为广州到河源的高速公路中的广州段，它的原始权益人为广州交通投资集团有限公司。投资人购买了这个 REITs，就可以通过过路费来获得稳定的年分红。

这首批 9 只公募 REITs 作为投石问路的试点，底层资产可谓"优中选优"，涉及产业园区、仓储物流、生态环保、收费公路等四大行业。项目类型包括经营权类（收益主要来自现金分红，如公路类）和产权类（收益来自现金分红、资产增值，如产业园区类）两种，均位于京津冀、长三角、粤港澳大湾区等三大核心都市群。在行业类目和地域的双重限制之下，首批 9 只公募 REITs 整体收益表现优良，在分红派息的基础上也获得不错的估值收益，如表 25-2 所示。

表 25-2　中国首批 9 只基础设施公募 REITs

基金简称	发行价格（元）	最新收盘价（元）	回报率	分红收益率	分红（元/份）	资产类型	项目类型
博时招商蛇口产业园 REIT	2.31	3.15	38.90%	2.49%	0.057 5	产业园区	产权类
华安张江光大园 REIT	2.99	4.01	36.69%	2.68%	0.080 0	产业园区	产权类
东吴苏州工业园区 REIT	3.88	4.78	25.80%	2.65%	0.102 9	产业园区	产权类
中航首钢绿能 REIT	12.86	17.19	40.98%	12.52%	1.675 8	生态环保	经营权类
富国首创水务 REIT	3.70	4.83	37.93%	7.34%	0.271 4	生态环保	经营权类
平安广交投广河高速 REIT	13.02	12.54	1.96%	5.67%	0.737 6	收费公路	经营权类
浙商沪杭甬杭徽高速 REIT	8.72	9.13	16.90%	12.22%	1.065 7	收费公路	经营权类
红土创新盐田港仓储物流 REIT	2.30	3.32	46.76%	2.50%	0.057 5	仓储物流	产权类
中金普洛斯仓储物流 REIT	3.98	5.07	33.00%	2.59%	0.100 6	仓储物流	产权类

数据来源：iFinD，最新收盘价截至 2022 年 7 月 18 日

但是，既然是金融产品，那就一定是收益和风险并存的，甚至在有些极端情况下，房地产信托投资基金的波动会高于股市。比如，因为新冠肺炎疫情防控需要，高速车流量大幅减少；还有，2008年美国房地产泡沫破裂引发金融危机，当年美国的房地产信托投资基金很多面临"腰斩"。

总之，一个东西只要有交易，就会受到各种宏观因素、心理预期的影响。因此，千万不要把房地产信托投资基金当成稳赚不赔的投资品。

对普通投资者来说，公募REITs引入中国，有望额外提供一个收益率还不错的投资工具，对于我们分散投资风险是有帮助的。但在中国，此REITs非彼REITs，在中国的不动产信托投资基金与住宅等商业地产挂钩之前，投资者无法通过公募REITs，靠着住宅价格上涨而实现资产增值。如果你觉得中国引入REITs只是为投资者多提供一种选择，这并不准确。

大家要思考一个本质问题：为什么中国首批会发行基建类的不动产信托投资基金，而没有公寓、商铺、酒店之类的产品？

有些东西的诞生不一定是因为它有多好，而是因为它有存在的必要。

为什么中国需要REITs

中国的众多基建工程是国企来运营管理的，就像刚才说的广州交投集团，盈亏也是企业自身在承担。类似的基础设施存量巨大，这些项目基本上都由国家主导建设。

在没有REITs之前，国家大多需要通过发行债券来为基础设施建设融资，而在推出 REITs 之后，REITs 募集的资金会直接用于基础设施的建设，且基础设施的所有权和收益就归属于投资者。

也就是说，之前高速路收多少钱跟一般投资者没有直接关系，以后通过基础设施公募 REITs，收费的多少直接影响着投资者的收益。所以，投资者能够更好地分享国家经济发展带来的红利。

除此之外，在过去，中国的基础设施项目在建成之后，一般不能够出售变现，只能由原来的投资方，比如一些地方投资平台公司长期持有。哪怕项目收益再好，也只能算是一块动不了的资产，卖不出去。

现在相当于把这一块原本极其不活跃的资产盘活了，也让国家能腾出余力去做其他新的建设投资。在这个过程中，谁握有符合条件的优质项目资产，谁就将成为受益者。比如，一些不满足上市条件的城投企业，不动产信托投资基金给了他们一次在资本市场公开融资、流通的机会。

从这个角度讲，未来我国肯定会继续大力发展不动产信托投资基金。截至 2021 年末，中国基础设施领域的存量资产规模已超过 130 万亿元，REITs 市场向前发展必将是万亿元级规模，即使只有 10%被做成基础设施公募 REITs，也有 13 万亿元。

基础设施公募 REITs 对国家层面的意义，要远大于对我们普通老百姓。你可以不参与投资，但不可以不知道这个新事物。未来时机成熟了，住宅、商场类 REITs 也可能会推出。虽然操作上尚有诸多难关，比如产权归属等法律问题，但该来的早晚会来。

根据历史表现，公募 REITs 拥有收益率不俗、投资门槛较低、与股债的相关系数小等优势，值得我们关注。关于公募 REITs，我们普通投资者需注意两点：

一是，基础设施公募 REITs 走过试点之后，公募 REITs 发行必将更加市场化。在投资选择更加丰富的同时，底层资产也将更多元化，出现分化。未来一定要注意底层资产，选择底层资产和运营水准比较优质的基金，像所有的投资一样做到"不懂不碰"。

同时，我们也应该清醒地认识到，有明确高收益、能赚钱的基建或房地产好项目，传统融资渠道可能已能满足其融资需求。毕竟，很难有企业会找到特别赚钱的好项目，辛辛苦苦建设好后，再主动拿出来分享高收益的。因此，作为普通投资者，我们应该对 REITs 的收益率有一个合理预期，其注定不会特别高，但优势是有长期稳定的分红，这一点已经超越很多股票。

二是，注意 REITs 是封闭式基金，更加适合长期持有。什么是封闭式基金？就是基金份额不能赎回，只能根据市场价转卖。"折价魔咒"和流动性弱是所有封闭式基金的共性问题。REITs 封闭投资期限很长，因此更适合目标为获取长期稳定分红、不打算经常买卖的投资者。

我们把这些问题想清楚后，可以更加有的放矢地决定未来是否投资基础设施公募 REITs 及其在自身投资资产池中的位置。

第 26 讲
"数字经济" 时代背景下的机遇

　　说起数字经济，大多数人肯定是既熟悉又陌生的。说熟悉，偏偏没法准确地给出定义；说陌生，数字经济已然遍布我们生活中的各种场景。我们甚至可以轻易地举出数字经济与传统经济对比的例子。

　　你站在马路边上招手打出租车，这是传统经济；你通过手机 APP 打车，这是数字经济。

　　你想吃麦当劳，拿着一张纸质优惠券去麦当劳餐厅，这是传统经济；你在网上订餐，系统自动抵扣优惠券，外卖骑手小哥把餐给你送到家里，这是数字经济。

　　你看电视购物，听着"快快拿起电话订购吧"，这是传统经济；你在短视频平台看各种主播在销售产品，听着"今天下单就会优惠到底"，在弹出的窗口点击链接下单，在线支付，这是数字经济。

　　你去服装店买衣服，试了好几件才挑到满意的衣服，但尺码不合适，只能等店家从其他店调货，这是传统经济；你在服装定制 APP 中输入身材尺码，系统自动生成你的三维建模，你可以直观看到衣服的上身效果，而服装厂根据你的身材数据下料，生产后把衣服快递到你家里，这是数字经济。

　　那数字经济到底是什么呢？

数字经济是什么

作为经济学概念，数字经济是指人类基于大数据，引导、实现资源的快速优化配置与再生，实现经济高质量发展的经济形态。数字经济，作为一个内涵比较宽泛的概念，凡是直接或间接利用数据来引导资源发挥作用，推动生产力发展的经济形态都可以纳入其范畴。它不是虚无缥缈的虚拟经济，而是采用新的方式来影响实体经济的一种崭新形态，"新零售""新制造"等都是其典型代表。

早在20世纪90年代，美国学者唐·泰普斯科特（Don Tapscott）在他的专著《数字经济：网络智能时代的前景与风险》中就提到"数字经济"这个概念。后来，随着"数字经济"的不断实践和发展，人们又为这个概念增加了新的内涵。2021年6月，中国国家统计局公布了《数字经济及其核心产业统计分类（2021）》，首次确定了数字经济的基本范围：数字产业化和产业数字化。

数字产业化，就是通过现代信息技术的市场化应用，推动数字产业的形成和发展。简而言之，就是数字技术带来的产品和服务，例如，电子信息制造业、信息通信业、软件服务业、互联网业等，都是有了数字技术后才出现的产业。举例来说，我们现在使用的各类打车软件、数字电视、数码相机、智能门锁等，就是将通信、信息、大数据等数字技术产业化而做成的产品。

产业数字化，就是利用现代信息技术对传统产业进行全方位、全角度、全链条的改造。简而言之，产业数字化是指这些产业原本就存在，但是利用数字技术后，带来了产出的增长和效率的提升。随着数字经济过去几年的发展，产业数字化的例子比比皆是。比如，"互联网+物流""互联网+医疗""互联网+制造"等，这些产业的数字化都无一例外地提高了产业生产效率，为这些产业的飞速发展带来了新动力。

数字产业化和产业数字化是一种互补关系。以制造业为例，像电子元件、智能设备等数字产品的制造业，就属于数字产业化的部分；而类似人工智能、5G、区块链等新一代信息技术与先进制造技术进行深入融合的，能提高制造业质量和核心竞争力的先进生产方式，则属于"产业数字化"，这两者相互作用、相互促进。

理解数字经济：一个工业互联网的故事

为了便于理解数字经济时代正在发生的事情，我们来看一个工业互联网的优秀案例。

做过淘宝服装生意的读者朋友也许听说过"犀牛智造"的工厂。这家工厂是阿里巴巴进入服装制造领域的一次探索。服装厂我们再熟悉不过了，无非就是根据市场需求设计出最新的服装款式，再通过批量化生产投入到市场中。但不知道大家有没有注意到，身边的服装品牌可谓倒下了一拨又一拨，这说明服装行业绝不是我们想象的那么容易做的。可以说，服装行业作为制造业的典型代表面临着多重压力。

首先，是劳动力成本的快速增长。这表现为中国劳动力成本上升速度不仅显著快于美日欧等发达经济体，而且快于南非、巴西等发展中国家。中国产业工人人均月收入已大大超过东盟多国，同时，企业招工难的问题日益突出，这些现象我们经常能在新闻报道中看到。

其次是服装库存问题日益严峻，服装行业库存过去 10 年增长了 8 倍，中国服装行业每年库存积压约合 9000 亿元，占销售额的 30%～50%，这又是相当大的一笔成本。

还有一个更深层次的问题，那就是随着老百姓生活水平的提高，对于服饰的需求开始变得复杂多样，像 2015 年左右兴起的"快时尚"就体现了这种趋势。简单地说，这就需要商家快速精准地捕捉甚至预测客户的需求，且能够快速将衣服生产出来送到他们手中，稍慢一步就要被竞争对手抢占市场。

总之，单从这几点问题来看，哪一点都不是好解决的。

说到"犀牛制造"，这个工厂是如何解决这些问题呢？首先要理解，这个"犀牛智造"既是传统意义上的工厂，同时又是一个工业互联网平台。

消费互联网平台大家相对比较熟悉，它重塑了我们吃喝玩乐等一系列消费行为，像吃饭会事先看手机 APP 上的评价，打车会使用软件等。而工业互联网平台重塑的是企业的生产行为，也就是说，通过互联网的技术让生产更加科学、合理，进而带来更高的效率。而提升效率的核心是实现供需的精准匹配，这需要对生产流程的各个环节进行全面改造，包括市场需求分析、产品设计打样、生产计划制订、营销分销等。总的来说，就是要将整个生产过程数字化，将传统的相对机械、僵化的生产体系调整为更加透明、高效、灵活的生产体系。

为了便于理解，我们分别从供需两个方面各举一个例子。

从需求来看，如今消费者品味的变化极快，这对于服装业来说并不是好事，毕竟谁也不能未卜先知地知道消费者喜欢什么，但是，大数据、云计算可以。相信大家只要打开自己的手机就明白了，对于经常通过手机 APP 看"汤山老王"视频的朋友，平台自然就会多推送那些比较有深度的财经类视频，这是因为大数据、云计算摸准了你的喜好。对应到服装制造上，如果工厂能够在每次服装换季之前，就得知不同人群喜欢的服饰风格，就能较为准确地设计出人们喜欢的产品。

从供给来看，在明确需求后，工厂要做的就是快速响应需求和制作成品。然而，当工厂每天接到数百种款式的处理需求时，传统的依赖人工的方式已无法保证打样和工艺的效率、质量，这时就需要云端系统介入管理。比如说任务分配，系统会自动给出更加合理的分配方案；比如生产过程中，每一位工人会配备一名"AI 贴身教练"，工人在缝制、质检过程中，人工智能可实时提供辅助参考。原来一个工人每天要靠肉眼检查 500 ~ 800 件衣服的质量问题，过程枯燥又难免有疏漏。但在视觉识别算法的加持下，系统会辅助检测，主动发现问题，减轻了近 1/3 的工作量。

除制造业以外，我们非常熟悉的"数字金融"也是数字经济发展的前锋。我们已经习以为常的电子支付，如中国的支付宝和微信支付（中国是电子支付改造最为彻底的国家）、美国的 PayPal，等等。除支付之外，数字经济时代的信贷服务也在发生着变化。2016 年诺贝尔经济学奖获得者本特·霍姆斯特罗姆曾指出：数字经济时代，信息是一种新的抵押品。有了数字平台上收集的信息，小额借款人获得信贷不需要抵押品，因为贷款人比借款人更了解他的信誉。

尽管数字经济发展迅速，但步入 21 世纪 20 年代，全球仍处于数字经济发展初期，初见成果，但是也存在很多问题。

比如，联合国贸易和发展会议（UNCTAD）在《2019 年数字经济报告》中指出：当前数字革命已经在创纪录的短时间内创造了巨大的财富，但高度集中在少数国家、公司和个人身上。互联网连接不足的国家与高度数字化的国家之间差距趋于扩大。报告指出，在最不发达国家，只有 1/5 的人使用互联网，而在发达国家，4/5 的人使用互联网。

此外，在利用数据和前沿技术能力方面的差距更明显：非洲和拉丁美洲拥有的主机代管数据中心占世界总数的不到 5%；而美国和中国占所有区块链相关专利技术的 75%，占全球网购总额的 50%，占全球云计算市场的 75%以上。世界各国的数字经济发展极不平衡，将对几乎所有可持续发展目标产生影响。在数字经济时代，不断扩大的数字鸿沟让广大发展中国家，尤其是最不发达国家更加落后，并且，身处数字经济时代，采集信息的手段和方式多种多样，人就暴露在信息采集中，尤其是通过大数据分析，人的行为倾向都可以预测。在大数据网络时代的收集和储存能力不断提高之时，每一个人在搜索面前都无所遁形。

比方说智能手机的 GPS 定位已无处不在，个人位置可能已经毫无隐私了，即使你不用微信摇一摇，别人也有办法知道你在哪里。而手机里的各种应用软件，或许不经过你的允许，也可以悄悄地窃取你的地理位置，进而能够实现对你的跟踪定位。

在数字经济的发展过程中，我们如何在保护个人隐私的同时，不遏制科技的进步和创新的向前，这是一个需要不断摸索的问题。针对数字经济的数据安全问题，2014 年，诺贝尔经济学奖获得者让·梯若尔形象地描述为："我们想倒掉洗澡水，但别把在洗澡盆里的小宝宝也泼出去了。"

为什么要发展数字经济

中国政府已将发展数字经济上升为国家战略，同时"十四五"规划中又将"数字经济"首次独立成章，数字经济在政策高度上受到了历史少有的高待遇。那么，中国为什么这么重视数字经济呢？

2021 年，中国数字经济规模达到 45.5 万亿元，同比名义增长16.2%，占 GDP 比重达到 39.8%[①]，数字经济已经由经济的组成部分转变为人们寄予厚望的经济增长新引擎。在新冠肺炎疫情、逆全球化、人口老龄化以及传统经济进入瓶颈期等不利影响下，如果没有新的增长点，中国经济将会十分被动。但幸运的是，我们赶上了进入数字化时代这样的发展阶段，数字技术给经济带来了很多增长机会，为中国经济发展破局带来了新机遇。具体地说，我们可以从消费、投资、出口等宏观经济三大指标，来分析中国着力发展数字经济的底层原因。

首先从最日常的消费场景来看，改革开放以来，消费支出对中国经济增长的贡献率一直处于较低的水平，与发达国家和同等收入的发展中国家相比，都存在较大差距[②]。同时，单纯依靠传统的产品供给结构，也无法满足"90 后""00 后"等年轻一代多样化、差异化的需求，消费力很难通过传统因素得到激发。在传统消费模式疲软的情况下，数字经济逆势带动了消费增长。

比如，现在电商、在线教育、在线医疗等平台迅速发展，衍生出了平台经济。而平台经济作为数字经济的真实载体，使得消费可以在线上达成，突破时空的限制。原本潜在的消费就可能转化为实际的消费，很大程度上促进了消费增长。同时，新生代的流行文化以及淘宝、

---

① 数据来源：中国信息通信研究院发布的《中国数字经济发展报告（2022年）》。

② 根据《第一财经日报》，中国的消费支出占 GDP 的比重在 2011 年—2020年间平均为 53.3%，与世界银行发布的发达国家最终消费支出占 GDP 比重的 80%，以及发展中国家占 70%以上的数据相比仍有较大的差距。

抖音、小红书等流量平台的带动，催生了"直播经济""网红经济""新国货""露营经济""汉服经济"等众多新业态。而流量平台利用人工智能、大数据算法等，可以更加精准地匹配消费者品味，有力发掘和迎合了大量的消费需求与消费场景。数字经济时代，"新消费"正在重塑消费习惯，激活消费市场。

接下来看看国家层面的投资。2008年，中国为了应对金融危机，实行了一揽子经济刺激计划，并将资金着重投入到了传统基建中，这在中国经济发展建设的过程中发挥过巨大的作用。但是，传统基建存在低水平重复建设等弊病，再采用传统基建的投资模式，已经不能像以前那样行之有效。如何重新擦亮和挥好投资这把利剑，是一个全新的命题。

在此背景下，数字经济成为拉动投资的重要载体。一方面，数字经济的发展，离不开5G网络、人工智能、工业互联网等新型基础设施及产业配套，这无疑可拉动大规模的投资增长。比如，2022年，中国的"东数西算"工程全面启动，这一项工程每年便可带动约4000亿元投资。另一方面，在市场竞争下，各种信息技术正在快速迭代升级，技术想要跟上竞争节奏，就需要源源不断的研发投入，这在客观上就拉动了很大规模的研发投资。比如，中国备受瞩目的新能源汽车以及配套的充电站、电池等产业，博得了投资者的青睐，在资本市场上吸引了大量投资。新兴的智能制造产业以及互联网产业等，在传统经济投资乏力的背景下，成为拉动投资的最重要新业态。

在对外贸易层面，在逆全球化的时代，中国传统制造业受到了关税和供应链危机的影响，进展艰难。同时，从现实国际分工格局看，中国的很多产业仍然处于全球价值链的中低端，随着中国生产成本的上升，"世界工厂"的绝对优势地位有所减弱，跨国制造业企业出现外迁趋势。而数字经济是一种与传统模式不同的商业模式，并不受上述因素的影响。

以"数字贸易"为代表的数字经济，正在以数字化驱动贸易模式转型。贸易数字化一般分为货物贸易数字化和服务贸易数字化。其中货物贸易数字化一般指大家较为熟悉的跨境电商，如美国的亚马逊，中国的阿里巴巴速卖通，以及腾讯持股的东南亚跨境电商 Shopee 等。而服务贸易数字化，被认为是真正意义上的数字贸易，如跨境远程医疗、跨境移动支付、跨境线上化知识服务等数字产品。随着数字技术的发展和商业模式的创新，这些服务贸易数字化的新业态、新模式正在加速成长。

相对于传统贸易，数字贸易具有时间周期短、附加值较高、能有效规避传统贸易壁垒等优势。具有更长远意义的是，数字贸易在重构全球化分工价值链，助力中国在全球价值链中的分工位置攀升。根据联合国贸易和发展会议的测算，2020 年，中国可数字化交付的服务贸易规模已达到了 2947 亿美元。即便在新冠肺炎疫情的影响下，依然每年以 8.4% 的速度逆势增长。商务部发布的《中国数字贸易发展报告 2020》显示，预计到 2025 年，中国可数字化的服务贸易进出口额将超过 4000 亿美元，占服务贸易总额的比重达 50% 左右，数字贸易将占据半壁江山。因此，读懂数字贸易，才能看懂中国外贸的未来。

除此之外，中国面临着数字经济全球化的外部挑战，必须加快数字经济的发展步伐。21 世纪以来，世界大国都在大力发展高端技术，以引领本国数字经济的提前飞速发展。随着中国科技创新能力的提高，中国已具有与美国等主要经济体同台竞技的能力时，碰撞打击就迎面而来。

比如，华为在 5G 通信领域的领先，是部分发达经济体不愿意看到的，随之而来的就是切断产业配套供应，遏制中国的通信发展。

数字经济的发展道路上没有"孤勇者"，数字经济全球化有着不可或缺的发展机遇。谁先建成数字科技，谁就能引领世界走向更高文明。我们不前进，就会被竞争对手甩在身后，甚至被孤立在数字经济全球化的主流之外。在全球以国家为单位的竞争中，这一点是中国不可接受的。因此，中国必须加快发展数字经济，与全球数字化浪潮形成更紧密的融合，才能打破西方国家的数字封锁。

说到这里，大家知道为什么中国大力发展数字经济了吗？小到习以为常的移动支付，大到关乎经济增长和国家前途的消费、投资、外贸以及全球化，数字经济都肩负着提升中国全球竞争力的重要使命。在新技术革命的转型变革期，面对内外部挑战，中国的数字经济转型还有很长的路要走。

中国的数字经济之路，必将道阻且长，行则将至，行而不辍，未来可期。

新基建：数字经济的基础设施

数字经济如此重要，那数字经济的成败关键在哪里呢？答案是：新基建。

在 2018 年年底的中央经济工作会议中，中国明确提出了"加强人工智能、工业互联网、物联网等新型基础设施"建设，这是"新基建"这一概念的首次亮相；2020 年，全国两会首次将新基建写入《政府工作报告》，同年，国家发改委进一步明确了新型基础设施的定义及范围，涉及 5G 基站、特高压、城际高速铁路和城市轨道交通、新能源汽车充电桩、大数据中心、人工智能和工业互联网等七大领域。

新基建的本质是利用 5G、云计算、大数据等新兴信息化技术，赋能和推进产业数字化、数字化产业的快速发展，是传统经济向数字经济转型的重要基础设施。

从历史的视角来看，新基建是一个相对概念。所谓的新旧，都是以所处时代为基准，相对于过往历史而言的。伴随着技术革命和产业变革，新型基础设施的内涵、外延也不是一成不变的。比如，处于新时代的"新基建"，就是相较于 20 年前中国经济的"新基建"——"铁公机"而言的。步入 2020 年后，中国新基建涉及的领域进一步拓展，但最核心的就是"网""云""智"。

"网"，即 5G，是第 5 代移动通信技术，高速率、大容量、低时延是它的突出特点。如果说 4G 像"修路"，5G 则更像是"造城"，因为 5G 除了用于人–人通信，也可用于人–物、物–物通信，被认为是实现"万物互联"的重要基础设施，可有效助力车联网、自动驾驶、远程医疗，以及 AR&VR 娱乐体验等跨行业融合的转型升级。因此，4G 可以改变我们的生活，但 5G 将有可能改变我们的社会。比如，倘若 5G 技术普遍落地，医疗专家就如同长了"千里眼""顺风耳"，即使相隔万里，也可以如同身临其境，完成高难度的诊疗操作，远程手术、远程诊断将成为现实。

"云"，即云计算，为企业提供需要的存储空间和算力，可支持企业低成本实现数字化。云平台具备的强大算力，可支持大数据分析，用于辅助决策、精准预测。例如，浙江省便利用了阿里云大数据，预测"一小时后堵车"，通过将高速历史数据、实时数据与路网状况结合，基于阿里云大数据计算能力，预测出未来一小时内的路况，预测准确率稳定在91%以上，成为目前全球已公开的最优成绩。通过对未来路况的预测，交通部门可以更好地进行交通引导，用户也可以做出更优的路线选择。

"智"，即大数据和人工智能，"AI+"未来有望让无数行业融合升级。比如，人工智能深度学习技术，在图像的分类与识别上已经取得了非常大的进展，从一开始的"认出图片里究竟是猫还是狗"，到现在可以"认出图片里究竟是不是肿瘤"。部分企业将人工智能应用于合规工作中，自然语言处理技术能够扫描文本，并将其与所设置的关键字相匹配，以识别与公司有关的信息。

从第一次世界大战后，全球主要国家应对经济衰退最常用的方式就是搞基建。21世纪以来，搞基建是大部分国家刺激经济的主要手段，比如美国经济一发生下滑，就想到修建与墨西哥的边境墙。那么中国为什么是在2018年这个时间节点提出"新基建"这个概念呢？其实也从侧面反映出中国的领导层在这之前，就意识到传统基建拉动经济已经不堪大任了。然而这个"新"字，不仅表达了基建的投资方向发生改变，更代表了国家在基建投资思路上的一次重大变化。

新基建是数字经济的底层，数字经济的所有业态都是在新基建的基础上生长出来的。老基建对应工业经济，新基建对应数字经济，这是两个维度。搞新基建，其实是为了中国经济转型和高质量发展的需要。中国的新基建对未来的意义，可谓是对传统基建的超越，这也与"适当超前"发展新基建的政策一脉相承。

中国发展数字经济有着得天独厚的优势，比如，发展数字经济必须得有5G基站、云计算等新基建，这些我们都是世界第一阵营的，同时中国领先的互联网公司具有媲美欧美的人工智能算法能力。更重要的是，中国有 14 亿人口，8.5 亿名手机网民，4.5 亿名宽带用户，这些都成为中国数字经济发展的坚实后盾。而国家政策和国家意志的顶层助力，无疑会大大加快数字经济的发展进程。可以畅想，在"新基建"的坚实地基上建成数字经济之时，也将是中国经济引领世界之时。

数字经济将是未来时代的主线

世界经历了农业经济时代、工业经济时代，而现在，正在进入数字经济时代。虽然每个国家的进程有快慢之分，但世界主要经济体都对数字经济这一趋势坚信无疑。像德国、美国、英国、韩国、日本等也都已将发展数字经济提升为国家未来重点发展方向，同时这些国家的数字经济事实上已经在 GDP 中占据了较大比重。

每一种经济形态变化的背后，都蕴藏着巨大的机会。根据过往经验，每一个行业大机会，都是从资本市场开始的，而数字经济无疑将成为未来几年资本追逐的主战场。作为普通人，我们不要把数字经济当作概念或者主题来炒作，而应当把数字经济当作接下来 10～20 年的人生规划和投资主线。不管是生活还是投资，都应当积极把握其中的机会。

数字经济不是未来，数字经济已来。我们每一个个体所要做的，就是以开放的心态接纳新事物，顺应时代的潮流。而谁又将是数字经济的急先锋和引领者呢？让我们拭目以待。

第27讲
时代为什么选择了新能源汽车

在路上，我们能看到挂着"绿牌"的新能源汽车越来越多。

新能源汽车是指采用新型动力系统，完全或主要依靠新型能源驱动的汽车，主要包括纯电动汽车、混合动力汽车、氢发动机汽车等。

作为全球新能源汽车行业的龙头企业，特斯拉在2021年10月25日，成了首个市值突破万亿美元的车企。特斯拉的市值从1000亿美元来到10 000亿美元，只用了21个月，而从9000亿美元到10 000亿美元，只用了一天。特斯拉公司首席执行官伊隆·马斯克在社交媒体上发文直呼：疯狂。

汽车产业是国民经济的支柱之一。据不完全统计，2019年，中国政府投入的新能源汽车补贴超过3000亿元。发展新能源汽车已经成为中国的重点发展战略之一。

很多人可能都想问：国家为什么要花这么大的精力去扶持新能源汽车？

燃油车的制霸时代和国产燃油车的赶超乏力

电动车出现的时间比燃油车早得多。

1834年，世界上第一台电动车诞生，而大约半个世纪之后的1885

年才出现了内燃机车。随后的二十年间，美国路上也只有大约 20% 的车是燃油车。直到 1908 年，随着大名鼎鼎的福特 "T 型车" 开始流水线生产，燃油车凭借着稳定的动力来源和低廉的成本占领主流市场。

自此之后，仅仅用了不到 30 年的时间，燃油车一统江湖，把含电动车在内的其他动力汽车彻底挤出了世界舞台。然而燃油车最饱受诟病的地方就是它无比复杂的机械系统，以及低下的机械效率（燃油的热能向汽车动能转化的效率）。实际上，燃油车的潜力在一开始就被物理定律给限制住了——热量的散失以及机械间的传输损耗只能被改善，无法被完全克服。

人类花了 120 多年时间，穷尽了数十万亿美元的财富，以及几代人孜孜不倦的努力，发明了众多令人眼花缭乱的技术：涡轮增压、直列发动机、转子发动机、双喷射系统，就是为了逼近机械效率的极限，并用更少的油耗去输出更大的动力。

比如，仅仅是为了让发动机换挡顺畅，同时降低油耗，德国大众钻研出了干、湿两种 DSG 变速箱，日本则有液力变速箱。单是一个变速箱里就包含了数不清的精密齿轮和传动装置，毫不夸张地说，这对工艺的要求和难度不比航天发动机简单多少。

然而，在过去的 120 多年间，燃油汽车行业是各发达国家拉动内需的良药和国民经济运行的支柱。作为发展中国家的中国，也在 2000 年后把汽车工业放在了与房地产同等重要的位置。

汽车工业堪称 "民用工业皇冠上的明珠"，一是因为它的规模足够大，产业链足够长，二是因为它的直接消费者主要是普通群众。

中国用了 "市场换技术" 的策略，使得中国高铁制造成为世界龙头。那么为什么同样的策略用到中国汽车工业的发展中，效果却不太明显呢？

很重要的原因便是，汽车有"国民工业"的属性。

我们要知道，飞机、高铁的采买和运营多由国企主导，而民用汽车的购买者是普通群众，国家没法做到保护式地大规模销售国产汽车。高铁、飞机可以由国企大量采购来保障研发公司的利润，但是国家不可能要求或者规定老百姓去买某个牌子的车。而且汽车具有很强的消费品属性，产品使用的体验很容易辨别。

此外，汽车的机械系统更新换代非常频繁，而且汽车的机械设计有个特点，简单地说就是：入门容易，超越难。

对于汽车行业的后发追赶者而言，做出在性能层面还说得过去的产品并不难，但是如果想把性能提高到九成，就可能得花费十倍于之前的时间和资金。

于是，一个严重的矛盾摆在了中国燃油车企业（后发者）面前：即使用尽"洪荒之力"研发成功，做出了和西方国家不相上下的汽车，未来如何摊平成本呢？而且很有可能在即将投产的时候，外国头部车企已经换了下一代的技术。这时候如果国内车企不降价，就很难与外国车企竞争。但如果降价，就无法持续反哺科研环节，升级产品。

理解了上面这段话，也就理解了中国本土汽车产业很难破局的根本原因。

新能源汽车：中国产业升级的旗舰项目

在大幅落后于对手的情况下，"推倒重来"可能是中国汽车工业最好的翻身机会。新能源汽车给了中国一个追赶的契机。

昂贵的陀飞轮手表成本不菲，但在精确度上面，与电子智能表相比，几乎没有任何优势；同样，复杂而精密到难以逾越的燃油车，在新能源汽车面前，也开始日渐式微。

新能源汽车之所以能在 2015 年后完成对传统汽车的"逆袭"，主要得益于两方面：

第一，技术的突破使得成本大幅下降。表现最为明显的就是电池技术不断的突破。

第二，各国政府加大对新能源汽车的支持力度，包括大量的财政补贴和产业政策。比如，中国国务院办公厅更是印发《新能源汽车产业发展规划（2021—2035 年）》，把新能源汽车产业发展推到了一个战略高度。

虽然新能源汽车产业的发展对"碳中和"目标的完成大有裨益，但中国推动新能源汽车战略真正的意义在于三点：

第一个意义，和传统汽车产业一样，为了经济发展。

在第一款触摸屏手机出现之前，世界对这种手机的需求是零，因为没人见过这种产品。新供给创造新需求，才能带来新的经济增长。与此类似，新能源汽车这种新供给正在成为创造新需求的增长点，拉动中国经济。

汽车行业是唯一一剂可以与房地产行业比肩的拉动内需的良药，新能源汽车除了具备和传统汽车一样拉动内需的潜力，它的产业链更加丰富。

大家想起新能源汽车产业链，一般只会想到电动化相关产业。实际上，除了电池电芯、电控、制动、热管理等电动化相关产业，还有非常多的附加高端技术产业。

电动化只是一个过渡环节，是基础中的基础，下一步是智能化、自动驾驶、智慧交通。这些都对中国的大基建有巨大的推动意义，有非常强的连锁效应，可以诱导新产业崛起。

传统燃油汽车产业本来就是劳动密集型产业，创造了无数就业机会，新能源汽车在拉动内需、创造就业上面的潜力，远远超过传统汽车，并且，新能源汽车产业链的每个环节，其利润也远超传统汽车。

第二个意义，降低中国对石油的过度依赖，分散经济风险。

中国对能源的渴望超出了大家的想象，能源安全一直是中国比较头痛的问题。要想从根本上摆脱这种在能源上被卡脖子的窘境，就要从产业上崛起。电动能源这种新能源的出现和应用，配合着"西电东送"战略和"特高压"产业的发展，其实变相增加了中国的能源储备。

第三个意义，助力发展数字经济。

新能源汽车其实就是一个移动的数据搜集器，从某种程度上说，新能源汽车未来卖的不是车，而是服务。这一切的基础都是数据。

举例来讲，自动驾驶使用的是视觉解决方案，车上有多个摄像头组成的传感器系统，会不停地识别周边环境。这些数据有非常大的商业价值和社会价值。所以也不难理解，各行各业都涌入新能源汽车这个赛道。

因此，很多"赛道外"的企业，醉翁之意不在酒，说是想造车，实际上是想垄断数据。毋庸置疑，数据将是未来商业领域最重要的资产。

中国需要特斯拉这条"鲶鱼"

2021年，特斯拉市值一度超过了第二到第九名市值加起来的总和。特斯拉是中国新能源汽车市场放开后首个外商独资项目。

站在特斯拉的角度，它为什么来中国？

当然是因为庞大的市场和生产力。除了市场潜力，中国独具巨大的劳动力资源和完善的供应链，特斯拉年产 100 万辆的宏大计划，也只有在中国才能实现。更低的生产成本、巨大的消费市场，使得特斯拉股价的暴涨和它的上海临港工厂落地使用的时点几乎一致。

但是站在中国的角度，中国现在缺的是工厂和产能吗？当然不是。中国缺的是高精尖技术和人才，以及通向高端制造业的一个机会。

外商直接投资占国内生产总值的百分比，从 2011 年的 47%，到 2020 年的 42.9%。中国实际利用外资占 GDP 的份额是在下降的，中国早已过了以招商引资为主要经济工作的年代。

但是，特斯拉在中国设立更多的是生产工厂，而非自主研发机构。那为何要让特斯拉进入，还不惜特批 100%外商独资？

大家如果参照手机行业，用苹果手机产业链的崛起来理解特斯拉在中国的落地，就会恍然大悟。苹果的研发在美国，但生产、组装在中国。因此，中国涌现了一整条非常完善的手机产业链，建立起全球最完整的智能硬件产业链，包括电子器件、屏幕、摄像头等。

有一个说法：硅谷的一个产品方案出来，在美国需要花三个月才能找齐电子元器件，但是到了华强北（指华强北科技时尚文化特色街区，位于广东省深圳市福田区）只需要一天。当我们把产业链的基础打结实了，就会诞生出小米、华为、OPPO、vivo 等国产品牌，反过来一步步占领外国手机品牌的市场份额。

可以说没有苹果，肯定没有这背后相关产业链的发展，便没有后面国产手机的崛起。

我们让特斯拉在上海建厂，正是想让它重复苹果的故事，围绕新能源汽车建立并完善一整条产业链，拉动中国新能源品牌的崛起。不同于智能手机领域，在新能源汽车和自动驾驶的赛道上，中国并没有落后太多，而且，相比于手机这个终端，汽车这个终端用金额来衡量体量大得多，行业的规模、渗透力、影响力远在智能手机之上。

特斯拉上海超级工厂没建多久，蔚来、理想和小鹏这三家中国本土新能源车企就与特斯拉展开了正面竞争。而竞争，对创新确有促进之效。

就像手机行业一样，中国需要一个样本，去倒逼国内供应链的升级，甚至超越外国。特斯拉就是这条鲶鱼，在鲶鱼效应下，与其说国内车企"获得了时代的馈赠"，不如说"机会只留给有准备的人"。

纯电赛道的新机遇，新成就，新挑战

2017年，中国新能源汽车销量开始猛增，以宁德时代为首的动力电池上游企业们也借着政策东风迅速崛起，正是这一年，宁德时代超越松下电器问鼎行业出货量榜。

中国迅速增长的电动汽车销售带来的规模效益，显示了矩阵产业链的威力。中国庞大的市场带来了巨额销量，因而摊薄了科研成本，技术以极快的速度迭代更新，带动了全产业链的飞速发展，产业资源互补使得产品价格持续突破新低。

中国头部新能源车企在国家政策的鼓励下，以决然的姿态冲进了纯电赛道，如今基本掌控了电动汽车的先发优势。此外，以开放市场为条件，中国十多年来一直通过监管规定，使得跨国公司将其最好的电动汽车技术转让给合资企业。

硬气地做着不赔本的交易，历史未重演，而是被改写了，这是让人颇感振奋的。

当极致简化的电动车像一百年前那样挤走燃油车后，属于中国高层规划的电气化时代才刚刚来临。根据中国电力网报道，2013 年，中国发电装机容量超越美国跃居世界第一；2015 年，中国光伏装机总量超过德国位居全球第一；2016 年，中国超越美国成为世界最大可再生能源生产国；2017 年，中国主导制定的特高压、新能源并网等国际标准已经成了全球相关工程建设的重要规范；2021 年 4 月，中国石化宣布将在 2025 年之前建设 5000 座智能充换电站。这些都是统治电气化时代的前奏。

中国的电车上下游企业通过生产资源互补，产业工人互补，并且在国家高层全力扶持的政策加码下，在 4 年时间里把动力电池的成本摊薄至不到过去的 20%，续航提升了 1 倍。这在传统燃油车发展史上是绝不可想象的，因为燃油车那种机械的物理突破，比电池这种化学能量的进步要缓慢得多。

燃油车此时已经颓势难止了，即使国外头部车企已经开始了慷慨的专利输送，也不会阻挡中国去燃油车化的速度，汽车电动化在中国的全力推进势在必行。

美国引以为傲的美国梦，是从麦当劳（大众消费）到苹果手机（高端制造和消费升级），而中国也正在逐步把舞台留给宁德时代这样的工业巨头。

宁德时代的市值在 2021 年达到 1.18 万亿元，超过了五粮液，成为深圳证券交易所（深市）市值第一的股票。

背后的逻辑很简单：白酒只是社会繁荣的产物，工业硬实力才是我们保持社会持续繁荣的基业。中国一旦掌握电动车的第一梯队入场门票，改变的不仅仅是中国汽车行业，而是全球高端制造业乃至能源博弈的格局。

第 28 讲
债务的本质：从"基建狂魔"说起

对于"基建狂魔"这个称号，几乎每个中国人都有着切身的体会：四通八达的高速公路、不断提速的高铁、能够覆盖到乡村的通信基站以及平地而起的高楼，"基建狂魔"已经成为中国的名片之一。

的确，中国担得起"基建狂魔"的称号：截至 2020 年年底，中国高速公路里程 16.1 万千米，世界第一；高铁总运营里程达 3.8 万千米，世界第一；中国移动通信基站总数达 931 万个，世界第一。

2013 年，中国提出"一带一路"倡议，"基建狂魔"的建设足迹拓展到亚洲、非洲、拉丁美洲各国，中国的基建实力越来越受到世界关注。新冠肺炎疫情初期快速建成的火神山、雷神山医院更是"基建狂魔"的速度体现。

为何我国要搞"大基建"

基建是基础设施建设的缩写，而基础设施包括交通、邮电、供水供电、园林绿化等市政公用工程设施和公共生活服务设施等。简单地说，基建就是我们平常看到的铁路、公路、桥梁、水利工程等各种建筑与设施。

事实上，一个国家能够在短时间内高效完成大规模基础设施建设并不是常态。纵观历史，即使是发达国家也都是花费了几代人的努力才完成全国范围内的基础设施建设。

就拿美国来说，在南北战争后，欧洲饥荒给美国南方带来了大量劳动力，于是美国兴起了一轮建设高潮，花费了将近一个世纪的时间才完成了其国内铁路、公路的修建。

要说起中国成为"基建狂魔"的主要因素，就不得不提到爆发于美国华尔街的次贷危机了。

2007年4月，随着次贷危机的爆发，金融危机开始在全球蔓延，世界经济陷入泥潭。受到次贷危机冲击最为强劲和直接的欧美国家，是中国主要的出口市场。欧美进口的需求疲软，直接导致中国月度出口增长率从2007年2月的51.6%下降至同年12月的21.7%。

同时，全球主要经济体为了应对次贷危机，其央行纷纷采取相对宽松的货币政策，大幅提升了市场的资金流动性，导致中国面临着通胀的压力，国内居民的购买力减弱，消费萎缩。这个时候"三驾马车"（投资、消费、净出口）中唯一能够拯救经济的就只有投资了。

投资主要涉及三个领域：基建、房地产和企业设备采购。

在经济不景气的情况下，企业生产出来的产品销量也不会好，因此，没有企业愿意加大投资采购设备。

中国房地产市场也深受次贷危机的影响。一方面，全球范围内的通胀导致水泥、钢材等房地产上游行业的产品价格上涨；另一方面，次贷危机重创了资本市场和商业银行体系，加之次贷危机对美国房地产市场的冲击使得中国房地产市场的悲观情绪蔓延，2008年，中国的房地产企业普遍面临融资困难的境况。于是，基建成了政府在金融危机中拉动经济的一个抓手。

当全球经济处在水深火热中的时候，在 2008 年 11 月召开的国务院常务会议上，时任国务院总理温家宝宣布中国实施一揽子刺激计划，提出进一步扩大内需、促进经济平稳、较快增长的十项措施。

说起这十项措施，你可能感觉很陌生，但如果提到"四万亿计划"，几乎没有人不知道了吧？初步计算，实施这十大措施，到 2010 年年底约需投资四万亿元，部分财经媒体和经济界人士称之为"四万亿计划"。

这一揽子刺激计划的四万亿元资金，大部分都用于投资和兴建基础设施了。在金融危机时大搞基建，其实也很容易理解。

拿高铁举例，国家建设高铁需要采购钢铁、水泥等物资，就能拉动生产这些物资的企业进行投资、生产。高铁正式开工建设之前需要经过设计、勘探、监理等流程，就会衍生出对物流、后勤、财务、审计等生产性服务的需要，相关的单位因为高铁项目获得了新的业务。

此外，高铁建设项目相关的其他上下游产业比如冶金、机械、信息、计算机、精密仪器等也会因为高铁的开工建设而雇佣人员。这些人员有了收入，才能去消费，消费就会激活衣食住行相关的生活性服务业链条。

这都是财富创造的过程。

基建在刺激经济方面发挥了积极的作用，但是基建项目的前期投资巨大，且回报周期非常长。一定程度上可以说，"大基建"是一种短期内完全看不到任何经济效应的投资。

中国国家铁路集团有限公司 2021 年 8 月发布的 2021 上半年财报显示，虽然集团的营收增长，但仍处于亏损状态，上半年亏损了 507.37 亿元。但高铁的建设和运营对于上下游产业链有着非常强的市场拉动作用。

因此，"大基建"有着很重要的长期经济带动效应。巨额的前期投入成本和漫长的投资回报使得大基建项目要倾全国之力才能大规模建设，靠民间投资是不可能的。

当经济危机来临的时候，个人消费意愿降低，企业的投资、出口能力下降，整个市场的经济活力就会降低。所以，这就需要政府来充当投资人，通过基建来刺激和弥补民间经济力量的不足。

美国曾经也是"基建狂魔"

实际上，中国并不是唯一一个通过基建提振经济的国家，美国曾经也是一个不折不扣的"基建狂魔"。

早在 1916 年，美国的铁路里程就达到了 41 万千米，要知道，直到 2020 年，中国的铁路营业里程也才只有 14.6 万千米。

罗斯福新政时期，为了刺激内需，美国国内大规模进行基础设施建设，美国的基础设施一度达到其他国家难以企及的高度，并长期保持多项世界之最，旧金山金门大桥、纽约帝国大厦、胡佛水坝等标志性建筑享誉世界。但此后的故事便有了不同的走向。

大约从 20 世纪 70 年代起，美国基础设施建设几乎进入停滞状态，使用耗损和人口增长等因素导致公路、机场、桥梁等设施越来越老旧，不堪重负。

虽然美国政府想过要重建国内的基础设施，但美国高速公路实际上都是由财团控制的，他们不愿意大力建设高铁。所以，美国搞基建，尤其是高铁这种全局性、系统性的基础设施，必然受到各方利益集团的打压。

前文提到过，基础设施建设因投资规模大、回报周期长，很难吸引到私人资本投资。美国国内的基建落后，归根结底，是因为无利可图。

之所以对比中美两国投资基建的情况，并不是想分出孰优孰劣。决策都是有两面性的，2008 年中国实施的一揽子刺激计划使国内经济在次贷危机中率先复苏，也刺激了全球经济，但中国的经济也为此付出了一些代价。

"大基建"的资金来源：地方债

抛开政府谈经济是不现实的。特别是在中国，政府在经济中的角色不单单是"公共服务"的范畴。它不仅是经济政策的制定者，更是中国经济的深度参与者。

中国的"大基建"资金来源主要有自筹资金、国家预算内资金、国内贷款三种。截至 2017 年，"大基建"资金来源中自筹资金的比例最高，达到 58.60%（见图 28-1）。自筹资金的形式主要有政府性基金收入、政府专项债及各种债券等。政府性基金收入的绝大部分是土地使用权转让收入。2019 年，中国土地使用权转让收入在政府性基金收入中的占比达到了 84%。

从具体的操作模式来看，一方面，借助土地抵押，地方政府融资平台获得银行贷款，土地出让金也可以作为发行城投债的担保物；另一方面，土地出让收入是地方政府债务的重要还款来源，在偿债压力下，地方政府就会有维持高房价、高地价的动机。

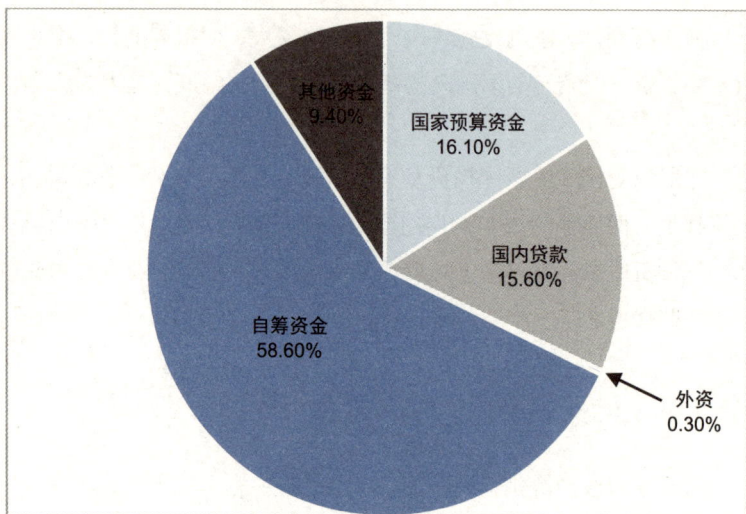

图 28-1　中国"大基建"资金来源占比（截至 2017 年）

数据来源：华泰期货研究报告

可以看出，这套土地金融模式的关键是土地价格，也就是资产价格。政府债务的评估严重依赖地方土地价格，当土地价格下降时，就会出现资不抵债的风险。

实际上，地方政府利用这种模式推动了城市化，但同时也积累了大量债务，也就是地方政府债务剧增。

地方政府债务常简称为地方债，简单的理解就是一种借条。地方债是以政府信用作为背书的，因此，几乎所有地方债的评级都是 3A 的最高级，理论上，不存在违约的可能性。

信用评级高的地方债正是风险偏好低的商业银行所青睐的，因此，商业银行是购买地方债的主力。财政部的数据显示，截至 2021 年 12 月末，中国地方政府债务余额已突破 30 万亿元。规模如此之大的地方债是怎么形成的呢？

改革开放以来，中国的政绩考核以经济发展为主要指标，而经济发展又以 GDP 增长为核心指标。于是，为了能够拉动 GDP 增长，地方政府有借钱完成项目兴建的需要。

自 1994 年开始实行分税制改革以来，地方政府的财政收支矛盾一直存在，并且随着越发收紧的地方政府举债规定相继出台①，就出现了地方政府经投资平台举债的模式——地方政府靠城投公司借来的钱进行基础设施建设。

大规模"举债换发展"的模式下，中国的经济得到了发展，但也造成了地方隐性债务杠杆率不断升高的问题。

商业银行向城投公司提供的贷款往往期限短、利率高，投资于回报期长、投资收益率低的基建就会导致债务的期限错配，出现短债长投的问题。城投公司被迫借新还旧，造成地方债不断攀升。

基建"路径依赖"下的产能过剩

2008 年金融危机时，这一揽子刺激计划解决了就业问题，带动了 GDP 增长，促进了经济的发展。但大规模的基础设施建设也滋生了路径依赖，由此带来了产能过剩的后果。

在经济快速复苏，GDP 增长回到正轨的同时，四万亿元的资金注入市场导致了物价上涨，在资本品与生产要素价格全面上升的同时，还带来了产能扩张，尤其是钢铁、水泥、建材等相关行业。

---

① 根据 2014 年发布的《国务院关于加强地方政府性债务管理的意见》（国发〔2014〕43 号），明文规定地方政府举债不能突破限额限制，且不得通过企事业单位等举债，且不能用于经常性支出。

可问题是，当时的中国已经没有相应容量的市场需求。在这样的背景之下，中国在 2013 年提出了"一带一路"倡议，与沿线国家建立经济合作伙伴关系，用亚非拉国家的基建需求来释放中国的过剩产能。某种意义上，"一带一路"倡议是中国的一种主动性战略选择。

此外，在基建领域，产能过剩还会导致新项目的收益率下降。道理很简单，两座城市间本来有一条高速，为了基建投资项目金额看起来比较"漂亮"而修的第二条高速公路，收益肯定不如第一条，这就是经济学上的边际收益递减规律。

现在看来，中国在当时采取的措施和方向是没有问题的，在促进经济发展方面具有成效，但意外发生了。

在美国主导的经济全球化浪潮之下，美国的任何经济政策或多或少会对参与经济全球化的其他国家产生影响。2014 年，美联储开启加息周期，加息的直接效果就是使美元回流美国本土。

在美联储加息的影响下，2014 年至 2015 年的中国经济遇到了一系列重大挑战：人民币汇率贬值的同时，进口和出口双降，基建投资增速也不乐观。

与此同时，中国国内楼市库存高涨，经济不景气导致部分实体企业出现了债务违约的问题。

2014 年，中国的房地产市场经过了 10 年的生长，已经成为当时国民经济面临的一大问题。土地金融模式使得居民财富和地方政府财政收入都与房地产行业关联在一起。地方政府出资的城投公司是基建投资的主导力量，如果楼市低迷，地方土地出让收入降低，基建投资就会面临巨大的压力。

于是，"去杠杆"这一选项就不得不暂时先放一放。2014 年下半年开始，中国的住房贷款政策开始了新一轮的松绑。

2015 年，中国购房贷款余额同比增长 23.2%，2016 年的购房贷款余额同比增长 35%，两年累计增长 66%。2016 年，单是新增房地产贷款规模就达 5.67 万亿元，占当年新增信贷的 44.8%，创下历史纪录。

随着房价上涨，地方政府和房地产开发商反倒是越来越依赖举债，创造一些价值不大、收益不高的项目。而随着边际收益的递减，部分开发商在 2018 年以来频频出现债务危机。

债务的本质

债务不管转移给谁，都是有成本的。就像随着基建设施越建越多，基建的边际收益是递减的一样。如果基建项目的产出覆盖不了债务成本，那么我们就能判断债务出问题了。

当债务成本的增长速度超过经济发展速度，就会成为拖累经济和产生系统性风险的最主要因素之一，并且，债务的成本是不会凭空消失的。只是，经济处于高速发展阶段，总能暂时掩盖一些本该出现的问题。

但好在，"房价永远涨"的信念已经逐渐被瓦解。早在 2014 年，中国就首次提出"构建房地产市场调控长效机制"。同时，政府也意识到，当越来越多的制造业生产要素流入房地产部门时，就会大大减少制造业的潜在劳动力供给，使制造业出现"用工荒"和劳动力成本快速上涨的问题。

因此，2016 年发生的债务货币和房价相互推高的过程不会再重复上演。债务、货币和房价相互推高的循环，必然会被宏观负债率的极限和我们国家经济转型的紧迫性所制约。

中国在人类历史上第一次在这么短的时间完成大规模的城镇化，势必需要用较长的时间去消化其间产生的成本。我们希望的就是以最小的代价熨平这产生于发展中的褶皱。

同时，我们不能否定债务的正面作用，从宏观层面来看，如同 2008 年这一揽子刺激计划迅速提振了经济，适度的负债水平有利于扩大内需，促进社会经济的发展。

债务更是促进企业快速扩张的重要杠杆，如果企业仅仅依靠自有资金来经营，其发展必将受到极大的限制。企业通过举债经营，可以运用更大的资金力量扩大企业规模和经济实力，提高企业的运行效率和竞争力。

对于我们个人来讲，过度的信贷消费只会吞噬现金流，让人背上沉重的债务负担。更为明确的做法是保持良好的记录，善于运用杠杆去撬动更大的财富。

假如你想买 100 万元的房子，但存款只有 30 万元，通过银行的信用资质审核贷到了 70 万元，相当于用 30 万元做成了 100 万元的事，这就是杠杆的作用。合理地运用杠杆，去负担一些"理智"的债务，债务将会成为一个人走向财务自由的助推器。

只是要时刻记住，任何事物都有两面性，这是永恒的真理。

第 29 讲
理解 "内循环"：煤矿工人为何买不起产能过剩的煤

1929 年，资本主义世界 "大萧条" 来临时，发生了这样一则小故事：

一个煤矿矿工失业在家，冬天很冷，他女儿问他，"爸爸，天好冷，为什么不烧点煤来取暖？"

矿工说："爸爸失业了，没钱买煤。"

女儿又问 "你为什么失业？"

矿工说："因为我们挖的煤太多，卖不出去。"

同时，农民辛辛苦苦种植出的一马车燕麦无法卖出，甚至连一双低质量的胶鞋都换不到，用玉米做燃料比卖掉玉米再去买煤更划算，大量奶农把牛奶倒入密西西比河……

这不禁让人疑惑，明明需求和供给都有，却由于某个环节出了问题导致经济运转不起来。那就是——供给过剩，消费力不足。

中国实行市场经济体制后，人们的物质生活水平不断提高，但也出现了类似的一些现象：生产力快速发展的同时，社会的消费力却没有跟上。

"生活需求"vs"有效需求"

请读者朋友们思考一个问题：是商品供给决定了市场需求能力，还是市场需求能力决定了商品供给？

19世纪以来，这一直都是一个备受争议的问题。在1929年美国经济大萧条之前，多数经济学者和普通老百姓都认为，工业革命带来的科技进步大大提高了生产力，为人们提供了更多、更好的产品。人们可消耗的产品增加了，质量变好了，经济也就发展了。

直到大萧条到来，人们发现老一套供给决定需求的理论失效了。新的理论认为，无法实现的消费，不能算作真正的需求。主流经济学理论里所提到的"需求"，是"市场需求"，也是"有效需求"。我们普遍意义理解的"需求"，一般是"生活需求"。

"生活需求"是本能的，与消费能力无关，而"市场需求"与消费能力有关。

因此，在商品产量爆发式增长，而消费能力没有同比例增加时，社会也就无法消化掉多生产的商品，出现了产能过剩。实际上，产能过剩本身就是一个相对的概念，所谓"过剩"，其实是消费能力或消费需求赶不上产能增长。

如何解决过剩的产能问题呢？1936年，凯恩斯带着《就业、利息和货币通论》出现在人们的视野。"凯恩斯主义"认为，生产和就业的好坏，取决于总需求的水平。就是需求决定供给，只要能够刺激需求，就可以促进经济增长。这给政策制定者们提供了一个思路：刺激需求。在产能过剩的时候，全球经济体通常鼓励人们借钱消费，试图以刺激消费的方式走出困境。

实际上，"需求刺激"理论并不是近代才有的，中国古代就有人深谙此道。

齐国政治家管仲提倡"蛋壳彩绘,木柴雕花",也就是鼓励有钱人用蛋壳画画,用木制工艺品当柴火烧,让富庶的人们把钱花出去。北宋时期的政治家范仲淹曾在西湖举办龙舟比赛来解决杭州饥荒的问题。因为有比赛,自然会吸引富家子弟,既然来了,自然要喝茶、吃饭、住店。范仲淹就是以这样的方法,带动了西湖乃至整个杭州的周边产业,增加了老百姓的收入,从而曲线完成饥荒治理。

缓解内需不足:全球化

工业革命以来,生产力的提升不再是经济的唯一主题了,还有一个词一直是世界经济的主旋律——全球化。

全球化之下,任何国家都不再是封闭的体系。比如说,中国生产的东西,如果自己消费不了,并不一定会引发国内的产能过剩危机,因为有全球的市场可以吸纳和消费中国的产品了。于是,我们就可以将需求划分为内需和外需,内需就是指国内需求,外需就是指出口需求,即国外需求。所以,全球化对外需的助力作用也就不言而喻了。

中国的政策制定者在 20 世纪末就设计了很多具有远见卓识的战略规划,最重要的举措就是推进中国加入世贸组织(WTO),参与国际分工,为中国物美价廉的商品拓展销售渠道。

从加入 WTO 起,中国的工厂开始夜以继日地运转,工人们加班加点地工作,每年出口到世界各地的商品不计其数,积累了天量的外汇储备,进而成就了一个令人惊叹的经济发展奇迹。

在这个过程中,中国逐渐成为"世界工厂"。同时,用出口商品赚来的美元换取芯片、粮食、石油和其他生产原材料,进一步巩固了

"世界工厂"的地位，也稳坐上世界第二大经济体的宝座。

这套经济"外循环"的模式被中国发挥得淋漓尽致。换句话说，在经济"外循环"顺利时，内需的强弱并不会对经济产生特别巨大的影响。中国的老百姓没有消费到实实在在的商品，但商品销往了世界各地，换来的美元等外汇创造出了"漂亮"的 GDP 数据。

因此，当全球其他地方发生经济危机导致需求不足，即外需不足时，中国可以提倡扩大内需，在国内消化掉这些产品。但这种提倡只是为了短期对冲外需不足，当国际局势稳定后，外需恢复，对于中国而言，扩大内需就不会变得非常急迫了，因为又有了大量国外的"订单"。

为了更好地参与全球化，除了加入 WTO，中国的战略布局还体现在汇率体系的设定上，即让人民币与美元锚定。由于美元霸权的存在，国际贸易必须要用美元结算。一国为参与国际贸易，就必须维持本国货币与美元的汇率稳定，否则，汇率频繁地大幅度变化是没法做生意的。因此，人民币发行以美元为"锚"，也是中国经济快速发展的重要因素之一。

全球化间接造成的"分配问题"

世界上不存在只有优点的东西，持续的贸易顺差使得美元不断地通过贸易流入中国。只要有美元流入，中国央行就需要向社会投放等量的基础货币（人民币）。即使 2008 年金融危机以来，中国的对外依存度逐渐降低，央行也有超过一半的基础货币是因为美元的流入不得不发的。

图 29-1 是 2021 年中国人民银行的资产构成，可以看到，国外资

产是最多的,而国外资产中,最主要的就是美元储备。可以简单理解为,有多少国外资产,央行就需要投放多少基础货币。钱多了,很多资产不可避免地会产生泡沫。

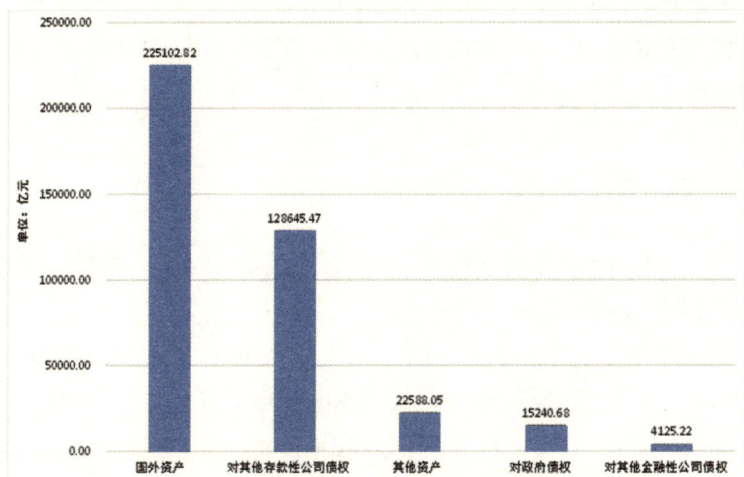

图 29-1　2021 年中国人民银行资产构成

数据来源:中国人民银行

请读者朋友们再思考一个问题:这些多出的货币都流到了哪里?

一方面,资金流入了资本市场或房地产市场。另一方面,企业为了自身发展壮大,扩大再生产,往往需要举债经营,于是,很多企业都会向银行系统贷款。总之,这部分资金没有直接流向中低收入群体,或者说流向他们的只有很少一部分。

对于一个国家来说,商品消费的主体往往是中低收入群体,他们因为庞大的基数和刚需,拥有稳定的消费能力和消费需求。从特征来看,该群体具有相对固定的薪酬,但整体上,他们的劳动报酬增长幅度会小于被动印钞导致的资产泡沫膨胀速度。于是，资产泡沫和生产资本越积累越多，而资本为了保值，就会持续地扩大产能。

所以，到最后产能上去了，但中低收入群体在付出劳动、参与生产的过程中，薪酬没有获得相应的大幅增加。由此导致，主要消费群体的"有效需求"很难得到提升，"扩大内需"就成了长期伴随中国经济的主要课题之一。

拉动内需的"良药"：房地产

大家都熟悉拉动经济的"三驾马车"：消费（内需）、投资和净出口。20 世纪 90 年代末，中国开始提出"扩大内需"。

1997 年发生了席卷整个亚洲的金融危机，由于中国的特殊国情和有效的应对，这场危机对中国金融市场的影响并不是很大。但是，中国的出口却遭受了重大打击：因为中国出口的商品主要销往东南亚市场，金融危机的发生导致东南亚国家的购买力大幅减弱，已无法大量进口商品。

然而，祸不单行，当时中国长江流域、松花江流域接连发生了历史罕见的洪涝灾害，迫使许多出口企业停工停产，进一步打击了投资和对外出口。

从那时起，中国第一次旗帜鲜明地提出了"扩大内需"。

"扩大内需"有两个要素：钱和物。"物"在这里是指能够满足消费者需求的某种东西。换句话说，要想"扩大内需"，首先要找到一样东西，这个东西人人都需要，且有足够的体量，才能担当起"扩大内需"的大任。

什么东西人们最需要，而且体量还很大？没错，当然是房子。于是,中国的房地产改革开启。

1998 年 7 月,中国的住房计划经济时代终结,政府开始启动房地产商品房市场。随后,2002 年,为了扩大地方政府的收入来源,中国实施土地"招拍挂制度"。当时恰逢第二代婴儿潮,巨大的住房需求就这么释放开了。

2003 年,"非典"来袭,为了预防疫情对经济的冲击,同样需要扩大内需。同年,银行系统根据国家的部署,对符合条件的房地产开发企业和房地产项目加大了信贷支持力度。

2008 年,全球金融危机逐步传导至中国,为了稳经济,房地产这个扩大内需的工具被启用。伴随着国家的一揽子经济刺激计划,大量资金流向房地产市场。在当时城镇化、棚改以及积极的财政政策等多重因素叠加下,全国对房产的需求被极大地激发。

2012 年,由于欧债危机的影响,加上 2008 年的一揽子经济刺激计划的作用,中国国内通胀预期高企,经济增速放缓。于是,房地产这一拉动内需的工具再一次被使用。影子银行体系的扩张外加金融产品的创新,使信贷资金开始不断流入房地产市场。

2015 年,随着美联储逐步退出量化宽松,中国开始加快供给侧改革,经济增速下降,于是有了"稳增长"的需求。再加上当时中国房地产库存居高不下,以"去库存"为主线的房地产扩大内需再次启动。

我们以时间线回顾了中国房地产市场发展的几个重要节点,可以看出,曾经的房地产创造了中国最大的内需,在拉动经济增长中发挥着巨大作用。但是,中国居民的财富也被大规模转移到了房地产中。1992 年以来,中国居民的可支配收入占 GDP 的比重呈下降趋势。换句话说,在同等规模的国民收入中,居民的收入下降了,这也导致了居民消费的乏力。

得益于房价的上涨，中国很多人进入到中产阶级的行列，然而住房贷款也挤压了原本可以用于消费的收入。所以，中国中产阶级的现实就是，资产看上去都很高，但可用于消费的部分却是有限的，"住着上千万元的房子却舍不得打出租车"的现象比比皆是。毕竟，纸上财富再高也不能有效地刺激消费，也就无法达到去产能的目的。

中国"双循环"的新发展格局

正所谓"分久必合，合久必分"。纵观世界历史，"全球化"与"去全球化"是交替进行的。伴随着世界各国及地区在经济、贸易、技术、文化等各个维度的割裂趋势，"净出口"难以长期担任拉动经济的大任。对于中国而言，老百姓自己的消费成绩单对经济必然起着决定性的作用，即中国经济的好坏在"去全球化"期间，也将越来越依赖内部居民的消费能力。

于是，"加快构建以国内大循环为主体、国内国际双循环相互促进的新发展格局"被写入《中华人民共和国国民经济和社会发展第十四个五年规划和 2035 年远景目标纲要》。

2020 年新冠肺炎疫情的突如起来，加速了"去全球化"的进程，国内的消费萎靡对于中国的经济除了造成短期冲击外，也会有深远的影响。

所谓万物同源，内需的萎靡不振，实际上也是源于之前过于依赖"外循环"模式了。当对外出口带动经济增长的模式难以为继，"内循环"便成为经济发展过程中必须要打通的环节。

"内循环"和"扩大内需"有本质的不同，"扩大内需"只能把蛋糕做大，解决不了分配的问题。而 "内循环" 的实现是中国企业生产的商品可以用到中国居民自己身上。企业获取利润之后资金再以工资的形式流入中国居民手中。这样居民有钱了，才能继续消费，从而形成良性的循环。

这个假设十分理想，但问题是，这个过程中各个环节的利益如何进行分配？这是最为关键的一点。比如，能不能在保证房地产安全着陆的情况下，打破老百姓对 "房价一直涨" 的一致预期至关重要。

问题的关键，就是居民用来消费的钱有多少比例能以薪资形式回到居民手中。如果回不去，那充其量只是 "扩大内需"，远远达不到 "内循环"。

正如保持生物活性的关键不在于从外界获得了多少能量，而是自己能够对各种能量进行多少有效地转化，形成一个良性的机能存活的内循环。

第 30 讲
浅谈"全面注册制"和中国股市的方向

2019 年 7 月 22 日，25 家带着"科技""医疗"等标签的公司集体上市，成为首批在科创板上市的企业。由于前 5 个交易日不设涨跌幅限制，它们的股价大多一飞冲天，这种场面像极了十年前创业板刚开启的时候。

与之前创业板不同的是，科创板的推出伴随着一系列全新的制度，其中最重要的一项就是注册制。这项制度酝酿多年，之前由于时机不成熟等原因不断推迟。随着注册制正式落地，中国资本市场的改革进入了新阶段。

2020 年 6 月，创业板改革并试点注册制。2021 年中央经济工作会议要求，全面实行股票发行注册制。这表明，在经历了科创板、创业板的注册制运行之后，主板注册制也箭在弦上。

对于我们广大投资者来说，注册制的推出势必对股市的投资逻辑带来一定改变。那么，如果注册制在全市场推行，将会对我们的投资产生何种影响？

中国股票发行制度的演变

注册制全称是证券发行注册制，指证券发行申请人依法将与证券发行有关的各种资料完整、真实、准确地呈报给主管机构并申请注册，主管机构只负责审查发行申请人提供的信息和资料是否履行了信息披露义务的一种制度。我们作为普通投资者对公司的上市制度可能没有深入了解，但其对股市的影响却是不可忽视的。

要了解注册制是怎么回事，还需要了解中国股票发行制度的演变路径。

1993 年 4 月，国务院发布《股票发行与交易管理暂行条例》，最早确立了股票发行的审批制，这项制度具有较为浓重的计划色彩。在该制度下，股票发行是由国务院监督管理机构根据实际情况，制定大体的股票发行数量，经国务院批准后下达给计划委员会，最终分配给各地。

这种类似于家长分配蛋糕的做法，离不开当时的时代背景。中国股市成立之初，大部分人对股市是什么，以及股市有什么作用都没有概念。有关股市的具体落地和推广工作就落到了上交所和深交所身上。

借助于上海的经济底子，上交所一开始取得了先发优势，很快便推进本地一些效益好的企业上市，完成了股市的初步构建。如非常著名的上海申华电工联合公司等八家公司组成了"老八股"。

对深交所而言则没那么幸运，它不得不把业务拓展到全国。然而，当时能够符合上市条件的企业并不多，一般来说都是各个地方的龙头国企，于是，股市自然就成了帮助地方国企上市融资的平台。

在尝到甜头之后，各地对上市的热情日益高涨，渴望上市的企业也越来越多，进而出现竞相争夺上市名额的现象。为了能够兼顾地区公平，便有了上市名额分配的做法。

　　然而，这种制度看起来似乎很合理，却隐含着一些深层次的矛盾，主要表现为人为干预的痕迹过重。说到底，股市就是股票交易的市场，有着"市场化"的内在要求和逻辑，人为干预很难达到资源的合理配置。这为中国股市早期的发展奠定了基调。

　　后来，随着市场发展，上市制度又进行了改革和优化。到了1997年，中国正式确立了"核准制"的法律地位，并于2001年正式取消了审批制。

　　和审批制相比，核准制增加了自下而上的上市公司选拔过程，简单地说就是通过保荐人（一般指证券公司）推荐具备发行条件的公司上市，并对公司进行担保，承担连带责任。

　　除了需要保荐人推荐外，核准制仍旧延续了审核批准的程序。在核准制下，证券监督管理机构不仅需要查看申报文件的全面性、准确性、真实性、及时性，还得关注公司的质量，像营业状况、财务状况等。总之，证券监督管理机构在这个过程中既要负责资质审核，还要对公司做出价值判断。

　　对于注册制，当公司申请上市时，发行人（上市公司）只需将依法公开的各种资料，完整、真实、准确地向证券主管机关上报，更像是一种"自我注册"。

　　与之前着重于审核相比，注册制的核心是信息披露。

　　举个例子，你可以把公司上市流程想象成你去营业厅办理电话卡，"你"就是这个"公司"，办理电话卡的过程就是申请上市。在注册制下，营业厅只会审核你递交的材料是否真实有效，以及是否全面准确等，不会对你这个人做出评价，即对你是否有价值，是好是坏，不会做出任何判断，而是交给市场去判断。如果是好公司，上市后自然有投资者愿意买你公司的股票。

可能有人觉得核准制挺好的，有监管机构把关，上市公司的整体质量不是更有保障吗？有这样的想法也很合理，因为没有哪一种制度是完美的，采用哪种制度完全取决于股市处在哪个发展阶段。

注册制最为看重的是信息披露，要想真正实现这一点并不容易，尤其在各项法律法规和制度体系都不完善的时候。因此，在市场建立初期，我们通过核准制自然能够规避掉一些风险。但随着中国资本市场的深化改革，核准制越来越为市场发展掣肘。

比如，在核准制下，公司想要上市是极难的，有的公司为了顺利通过发审会，难免会对上市资产进行过度包装，向市场传递一个错误的"内在价值"，造成估值偏离。但与此同时，高估值不仅没有吓跑投资者，还会受到投资者的追捧，因为新股是一种稀缺资源，且有证券监督管理机构和保荐人作为"隐性担保者"。

新股上市后不断上涨，于是"打新股"成为一桩稳赚不赔的生意，这进一步强化了投资者抢购的预期。种种现象都严重影响了股市合理配置资源的功能，核准制由行政力量替代股民选股，导致了资本市场并不能完全市场化。

"全面注册制"对中国股市的影响

截至 2022 年 5 月，注册制已经在科创板试点近三年，在创业板试点近两年，我们似乎并没有看到注册制对 A 股带来明显的变化。

这有两方面的原因，一是注册制作为一个系统性的制度还有很大的完善空间，二是注册制对于股市的影响实际上是深层次的、长期的。

目前看来，试点注册制对于股市的首要影响是上市公司的数量迅速增加。

仅 2021 年，全年共有 524 家公司进行了 IPO（首次公开募股），创下了 2000 年以来的新高。随着 A 股全面注册制的落地，能够上市的公司也必将越来越多。

究其原因，我们可以发现，由于核准制对公司的规模、盈利能力等有较高的要求（比如公司在最近三年内须连续盈利）。所以，过去能够上市的往往是那些盈利稳定、发展成熟的企业，这或许是出于对投资者的保护。

然而，许多有潜力的公司也因此被拒之门外，像过去大量互联网公司就无法在 A 股上市，其中一个很重要的原因就是它们达不到 A 股的上市要求，例如网易、京东、拼多多等。

注册制后，A 股对具有科技属性的公司明显倾斜，并且对于盈利的要求也放宽不少。这意味着 A 股也能像国外成熟资本市场一样，可以接受一家不盈利的公司。哪怕是亏损的公司，在满足信息披露要求的前提下，公司也是可以正常上市的。如此一来，像是科技、医药类等高投入、高风险、高回报的公司也将迎来上市的机会。

随着时间的推移，A 股上市公司的各板块市场表现将会发生根本性改变。

2000 年以来，A 股市值最高的公司毫无疑问是大金融板块，金融板块占全部市值的 20%左右。总的来说，中国头部上市公司的"科技"含量并不高。

随着 A 股全面注册制后，以科技、医药为代表的高成长性公司越来越多，A 股也有可能出现类似于苹果、谷歌、强生这样的巨无霸企业。对于国内的老百姓而言，过去投资高成长公司的机会并不多，但中国并非缺少这样的企业，而是这类企业大多到海外上市了，普通人难以享受到这些企业发展的红利，反倒是国外的投资者通过投资这些"中概股"赚了不少。

未来，随着海外优秀企业的回归，以及本土优质公司在 A 股生根发芽，中国资本市场的竞争力将不断提升。

与此同时，A 股的尾部公司将加速淘汰。某种程度上说，实行注册制后，一家公司是否值得投资是交给市场判断的。

比方说，一家公司如果经营业绩极差、行业前景黯淡，投资者就会"用脚投票"，公司股价长期低迷。但如果在核准制实行的情况下，这家公司恐怕还会成为各方竞相争抢的"香饽饽"。

为什么呢？因为在 IPO 还需要排队的时候，上市资格是一种稀缺的资源。有的公司符合上市条件，但是不得不等待漫长的审核周期。所以，考虑到公司的发展需要不断的资金投入，"借壳上市"成了 A 股市场独特的风景。

那些新上市的公司凭借这个方法能快速融到资金，那些业务不再盈利的公司也可以依靠"壳价值"获益，然而，这严重扭曲了市场的风险定价机制。

注册制实施后，所有公司一律"宽进严出"，新股从预披露到上市的周期明显缩短，上市效率得到了极大提升，不必再等待漫长的审核周期。因此，对"壳公司"的需求会显著下降，"壳资源"炒作的现象会急剧减少，资本市场也将进一步规范。而那些经营状况不好，又不想着如何自救的公司，由于得不到市场的认可，自然会被淘汰。

注册制改革，无疑对资源的配置效率有非常积极的作用。

从产业升级的角度看中国股市

2013 年 11 月，中共十八届三中全会提出，推进股票发行注册制改革。也就是说，监管层在 2013 年就已经在酝酿注册制改革了，但一直没有合适的时机推行。尤其是 2015 年中国股市发生了千股跌停、千股涨停的股灾，暴露了当时资本市场的诸多问题，让关于注册制改革的《证券法》修订遭到了重大挫折，一直到 2017 年 4 月该法案才进行了第 2 次审议。

注册制对于中国来说绝对是一件大事，它对于资本市场乃至中国的经济转型都非常重要。因此，随着时机成熟，2019 年之后中国大大加快了注册制的推进进程。

要明白注册制为什么这么重要，就需要对中国的金融体系有基本的认知。

一直以来，中国的金融体系都以间接融资为主导，即以通过银行体系给企业贷款为主要模式。而间接融资一般要求企业有担保物，对风险控制的要求比较高。在这套融资体系下，最成功的模式莫过于所谓的土地融资模式，即开发商通过抵押土地获得银行贷款，再通过卖房所得向银行还款。作为离货币"水龙头"最近的行业，开发商越做越大，银行也赚得盆满钵满。

随着这套模式在全国广泛推行，房地产逐渐成为各地的支柱产业，同时也带来了不少问题。这种模式显然难以为继。

中国的产业升级，本质是从低端制造业向高端制造业跃迁，目的是建立全球创新中心，补齐科研短板。任何一个国家的经济发展都要经历两个阶段：

第一阶段，简单粗暴的方式，只要投入更多的要素，比如劳动、资本，就能促进经济发展，比如房地产和传统制造业。

第二阶段，投入更多资源和要素的拉动力不明显了，必须提高从生产要素到终端产品的转化效率，最典型的代表是高端制造。

就像农村地锅烧火，开始时不断加柴，火就能更旺。柴加到一定程度，就不能只加柴了，因为再加柴火也不会更旺。这个时候就要用鼓风机或者使用燃烧效率更高的燃料，提高转化能力。

中国现在就处在由第一阶段向第二阶段迈入的关键节点。未来的中国制造，谋求的不是生产要素投入量的大规模增加，而是要把要素和资源放到更有效率、更能产生回报的地方。

从传统行业向高端制造业的转变，也就是从以往重资产、低利润的模式转变为轻资产、高利润的模式。这种新模式和以往以房地产为支柱的经济增长模式有很大不同。原有的重资产模式，获取资金的主要方式是信贷，比如房产开发商找银行借钱。不管是开发商还是购房者都是如此，有抵押物，安全，这种方式各方都接受。

未来以科技为主的高端制造领域，很多项目除了人脑就是电脑，根本没什么实实在在的抵押物。这些行业要发展，靠低风险偏好的信贷是借不到钱的，所以只能大力发展资本市场，扩大直接融资比例。

然而，要想推倒一种旧模式是比较容易的，但要在旧模式的基础上重建一种新模式则是困难的。其关键在于，如何找到新的经济增长点。

从世界主要发达经济体的经验来看，只有通过培育创新型高科技企业，顺利实现产业升级，才能为经济带来新一轮的增长，而这类公司的特点决定了其必须主要依靠直接融资获得资金。

　　所以，我们要从中国大转型的战略高度来认识股市。过去中国多重视楼市，未来就会多重视股市，这是发展高端制造产业，帮我们步入强国之列的必然要求。

　　耶鲁大学陈志武教授在他的著作《财富的逻辑》中举过一个非常形象的例子：深发展卖给股民们的东西是一种金融合同，是一份写在纸上的许诺。交易的东西没有形状、没有颜色、没有味道，也没有声音。这种合同所保证的权益可以值很多钱，也可以一文不值，关键在于制度是否健全①。这个例子说明了，制造业因为其"有形"的特点，发展所需的制度支持远远低于证券市场所代表的金融业、服务业。

　　因此，A股（制度）发展的过程不是一蹴而就的，而是一个逐渐市场化的过程，市场化的程度决定了直接融资的通畅程度。注册制如果能够顺利推行，则意味着 A 股在市场化的道路上向前迈进了一大步。

　　换句话说，注册制本身不是目的，它只是市场化的一个必要步骤，真正的目的是打造一个更加高效的证券市场，用金融的方式促进中国融资结构、产业结构的调整，推动中国实体经济的发展。

　　可以看到，这会引导资金注入中国的资本市场，在政策的持续扶持下，中国未来核心资产的红利很可能将体现在这里。

　　发达国家走过的路，中国一步也不会少走。能不能抓住机会，取决于我们的认知。如果我们还是按照过往中国的经济发展模式看待资本市场，看待中国股市，很可能就会成为"刻舟求剑"这句古语的真实写照。

---

① 摘自陈志武《为什么中国人勤劳而不富有》。

注册制：新一轮改革的开始

当然，注册制并不是当前解决所有问题的灵丹妙药，而仅仅代表这轮改革的开始，与此相关的退市制度等还需不断完善。无论如何，这已经为我们普通投资者指出了一条相对明确的道路。越早认识到这一点，就越有机会在未来的投资中抢占先机。

首先，普通投资者应该明确，注册制下的股票投资绝不会更加简单，而是更加复杂。

越是成熟的资本市场，个人投资者的占比则越低。我们大部分人可能不愿意相信的一个事实是，A 股对个人投资者还是比较"温柔"的，最典型的就是一些价值很低的"垃圾股"还能苟延残喘，给诸多个人投资者"逃命"的机会。

然而，全面实行注册制后，股市的分化将更加明显。随着上市公司的数量迅速增加，市场的资金量是有限的，资本一般不会雨露均沾，因此，上市公司的优胜劣汰将进一步加剧。

我们会看到，少数优秀的公司会享有更高的估值，但对于市场中的绝大部分公司来说，得不到资金青睐是常态，而投资这类公司想要获利则是极其困难的。更不用说那些业绩持续较差的公司，甚至还会时刻面临退市的风险，个人投资者如果不幸选到这些公司的股票，恐怕就要竹篮打水一场空了。

其次，"打新股"再也不是稳赚不赔的了。

对于老股民来说，每年通过"打新股"获得的收益其实是不低的。A 股的打新制度是只要持有一定量对应板块的公司股票，就能免费参与新股的申购，中签后再缴款。核准制下的新股上市一直有溢价空间，投资者中签后少则几个涨停板，多则十几、几十个。一年下来，平均也能有 3 到 5 个点（即 3%~5%）的年化收益。然而实行注册制后，新股的定价也更加市场化，无风险套利空间就基本没有了。

最后，我们更要看到，A 股全面实行注册制后带来的机会——未来 A 股的长期价值更加凸显。

从越来越多的长线资金，例如社保基金不断流入股市，我们就能看出这种趋势。全面实行注册制后，随着 A 股优秀公司的增加以及国家对于股市的重视和支持，优质公司将得到青睐。与此同时，上市公司的基本面将变得更加重要，价值型股票和成长型股票将迎来发展机遇期。

老股民都听说过"题材股"，在 A 股的大部分历史中，"概念"炒作占领了主流市场，那是因为市场上没有几家真正值得投资的公司。这几年，纯粹的"概念"炒作已经在逐渐减少，业绩为王的观念开始深入人心。而基本面良好的价值股和成长股，将越来越受到市场的认可，A 股有可能进入价值投资时代。

总之，全面实行注册制以及伴随而来的一系列改革，是未来几年甚至几十年中国资本市场的大事件之一，意义不亚于 21 世纪初的股权分置改革，其中蕴含的机会自然不用多说，能否抓住的关键还在于我们能否改变对于 A 股的刻板印象，并且意识到我们正在面临着一次前所未有的改革。

与宏观经济改革相伴的，应当是我们思想和认知层面的改革。如果我们调整思路，与时俱进、客观深入地研究宏观经济以及公司基本面，股市将很有可能给我们带来意想不到的回报。

至于 A 股的"慢牛"是否真正会到来，已变得不再重要，因为优秀公司的股价总是在曲折中向上的。

第 4 章

投资思维：
可复制的价值投资

数百年来，无数金融投资大师在资本市场的锤炼中，创立、实践、验证了可以被复制的价值投资体系。

财富是认知的变现，价值投资体系则是认知的实践。

第31讲
有效市场假说：为什么市场需要"敬畏"

在 1973 年，有一个叫作伯顿·马尔基尔的学者在其《漫步华尔街》一书中说：把一只猴子的眼睛蒙起来，让它通过乱扔飞镖去选股票，其回报都能和基金经理差不多。你相信吗？

是的，这种观点看起来是如此反直觉的。不过这种观点是建立在著名的"有效市场假说"（Efficient Markets Hypothesis，EMH）之上的，这个理论对整个金融投资领域产生了非常深远的影响，是现代金融学的基石。

最早提出"有效市场假说"的是经济学家尤金·法玛。他认为，市场是有效的，资产价格已经及时、充分、准确地反映了资产内在价值的所有信息，所以大多数投资者是无法打败市场的[1]。

可以想象，这种理论是多么令投资者绝望，毕竟如果投资者无法打败市场，那么主动投资的意义何在呢？并且，马尔基尔还为"猴子扔飞镖"提供了大量严谨的数据，通过论证得出：美国历史上绝大部分基金经理的长期业绩跑不赢市场的平均水平。

---

[1] 严格地说，在完全有效市场中，所有人都无法打败市场。

什么是有效市场

有效市场是一个较为抽象的金融学理论。

当股票的价格在任何时间点都反映了所有可以获得的信息，那么我们就可以把这个市场称为"有效市场"。在有效市场中，投资者永远不可能获得比市场更多的信息。换句话说，如果我们觉得自己比市场更聪明，那一定是自己搞错了。

值得注意的是，这里提到的"可以获得的信息"其实包括以下三种类型：

一是证券价格的历史信息，也就是市场指数或者个股的历史走势，这类信息是技术派的投资者们使用的主要资料。

二是指公开发布的信息，比如一家上市公司的财报或者减持、回购、重组等信息。概括地说，就是价值投资者在分析时所能用到的公开信息。

三是指内幕信息，就是少数相关人员掌握的信息，而且这些信息在很大程度上一旦公开，就会导致证券价格发生变化。这类信息也是不少投资者想要四处去打探的所谓"小道消息"。

《投资学》一书中有一个很有意思的例子可以说明有效市场的核心思想：有一位经济学教授和他的学生走在路上，看见前面地上有一张钞票，教授说不用捡，那肯定是一张假钞。学生不信，走过去一看果然是假钞，教授解释说："如果那是一张真钞，早就被别人捡走了。"

这就像超市结账排队，你没必要去纠结排哪一支队伍更快，因为前面的顾客都已经计算过了。将这个逻辑放到股票市场上可以得出结论：没必要费尽心机去思考该买哪一只股票，因为任何人都无法通过分析来获得超额收益。

当然，有效市场要想成立，需要满足以下三个条件：

其一，所有的投资者都是理性且独立不受影响的；

其二，市场上的公开信息要被所有人获得；

其三，没有人可以单独对股价施加影响。

根据信息公开程度的不同，有效市场分为三类：强式有效市场、半强式有效市场、弱式有效市场。

强式有效市场最接近完美的有效市场，它指的是和市场交易相关的所有信息，无论是公司的历史信息如历史股价、成交量，还是关于公司发展的公开信息如公司基本面信息、行业信息、宏观信息，甚至是内幕信息都完全体现在了资产价格中。

试想在这样的市场中，信息的传递效率高到极致，股价能够即时反映出市场上的一切信息。这就意味着投资者无论如何努力分析，也不可能得到超额回报，只能跟随市场被动投资。

比强式有效市场弱化一些的是半强式有效市场。投资者无法利用历史信息和公开信息获得超额收益，只能通过内幕信息获得超额收益。通俗地讲，技术分析和基本面分析都无效，只能依靠打听内幕信息战胜市场。

内幕信息还没充分反映在股票价格中，也就是说，内幕信息的传播还存在时间差。那些能够提早获取"小道消息"的投资者也许能尝到一些甜头。但对于大部分投资者而言，不被所谓的"小道消息"蒙骗就算不错了，普通投资者想要战胜市场也几乎是不可能的。

在半强式有效市场中，市面上所有关于投资的"秘籍"都不可靠，因为主动投资是不可能跑赢市场的，投资者最好只期待获得市场的平均收益，如何获得呢？

最简单的就是买入指数型基金。20 世纪 70 年代，美国的资本市场就被认为近似于一个半强式有效市场。那时候，美国的主动型基金表现都很一般，没有帮助投资者赚到更多的钱，反倒是指数基金卖得不错。

最后一种是弱式有效市场，指的是资产价格的所有历史信息已经被人们充分消化，但关于公司前景或者公司的基本面信息，以及内幕信息都没有充分反映在股价中。

在此种市场下，由于公司的基本面情况并不能被所有人了解。也就是说，还是有可能挖掘出别人没有发现的好公司的。所以，基本面分析是有可能帮助投资者获得超额收益的。但技术分析是无效的。因为技术分析是通过对历史规律的总结来推断股价未来的表现。弱式有效市场中，资产的价格已经充分反映了过去的价格和交易信息，这就表明了，基于任何股价历史数据做出的分析都是无效的，所以技术分析失去了作用。

有效市场的理论尽管如此抽象，但在现实中我们多少还是能感觉到的。

我们都知道股价的波动和即时消息高度关联，一个利好消息会带动股价的快速提升，而利空消息会导致股价的急剧下跌。这种速度超过了我们每个投资者的反应速度，背后就是有效市场在发挥作用。

1986 年 1 月 28 日，美国的挑战者号航天飞机意外失事。在事故发生后的几分钟内，美国股市中与此事件相关联的公司，其股价都迅速发生了变化。其中几家公司的股价下跌了 3%左右，而一家叫作莫顿的公司股价甚至下跌了 11%。这其实就反映了市场的有效性。

看到这里，我们基本了解了什么是有效市场，以及有效市场的分类。然而，我们多数人也许会有一个疑问：有效市场真的存在吗？

有效市场真的存在吗

巴菲特曾经在他致股东的信中说："如果有效市场真的存在，那我们只能沿街乞讨。"有效市场假说从一开始就是一个饱受争议的理论。有些投资者把它奉为圭臬，另一些投资者则把其当作"无用的"理论，尤其在 2008 年金融危机以后，持后一种观点的人明显增加。

首先，要想知道有效市场是否存在，我们先看看有效市场的前提条件能否成立。正如前文所说，有效市场成立的三个前提：理性人、信息完全公开透明、股价不受个人影响和操控。很显然，这三条无论哪一条，在现实中都难以满足。

既然有效市场在现实中不存在，那么经济学家为什么还要假想出这样一个市场呢？关于这个问题的答案，我们先来看一个例子。

学过初高中物理的我们都知道，物理学中的许多概念在现实中也是找不到的，像牛顿三大定律中提到物体的静止和匀速状态，在现实中就不存在。那么我们能说这些概念不存在吗？当然不能。更重要的是，正因为这些概念才使得物理学成立，而物理学对于现代社会有多重要就不用多说了吧。

同理，在金融领域，"有效市场假说"就是一种必要的存在。在此之前，关于市场的认知是比较零散的。

事实上，任何理论都是对现实的某种简化，而简化的目的是让人们用更加科学的方式认知世界。有效市场理论让人们更清晰地理解了资本市场，是因为它更好地描述了资本市场的本质。

其次，有效市场的存在给出了一把衡量资本市场的"尺子"。有效市场中最重要的因素是信息的开放和透明程度，越开放、越透明的市场是越有效的市场。

任何资本市场都可以用有效性来衡量其成熟的程度。以美国为例，美国的资本市场在建立初期就是一个缺乏有效性的市场，市场中充满着投机的氛围，那时只能勉强通过技术分析来寻找股价变动的规律，价值投资的鼻祖格雷厄姆险些破产。后来随着金融监管日趋完善，市场的有效性不断增加，价值投资逐渐成为美国市场的主流。

另外，伴随着有效市场理论的兴起，各国资本市场的信息披露制度日趋完善。要知道，资本市场的信息披露质量与黄金同样重要，成熟的资本市场都是信息充分交换的市场，信息披露制度也是有效市场成立的基础。

最后一点，随着技术的进步，有效市场正在逐步成为现实。进入21 世纪，信息技术飞速发展，信息的传播效率不断提升。许多历史性的大事件通常在几秒钟内就能传遍全球。从技术的角度来看，完美的有效市场正在逐步成为可能。

有效市场理论对投资的指导意义

尽管有效市场如此重要，但我们作为个人投资者，不是只要选择好公司就行了，它对我们投资有什么现实意义呢？

其一，一个不可回避的现实是，不管在哪里投资，总是离不开资本市场。而一个市场的有效性会影响我们投资的策略。

过去我们时常听到一个金融名词叫作"套利"，指的是利用同一商品在不同市场的差异化定价，投资者通过资本转移，赚取无风险收益的行为。当市场不那么有效时，套利行为则十分普遍。比如 20 世纪 90 年代中国邮票市场火爆，邮局新发行的邮票一出来就被炒得翻倍。据部分人回忆，当时大量邮票经常出现邮局一个价，邮票市场交易的时候另一个价的情况，许多人通过低买高卖发了财。

若熟悉 A 股历史，我们就会知道 A 股在建立初期也并不是一个强势有效的市场，即不是完美有效的。较少投资者关注公司的内在价值，大部分投资者只关心如何通过信息差来获得套利的机会，也就是俗称的"打探消息"。而随着中国资本市场的不断发展，市场制度逐渐完善，市场的有效性在日益增强（但也未达到强势有效市场程度），套利的可能性就少了很多，而那些把精力放在研究公司基本面的投资者会有更大的胜算。

其二，市场的有效性并非均衡的，不同板块间的有效性存在差异，且各板块处在动态变化的过程中。这表现为，越热门的板块，有效性越高，因为其信息被投资者接收得越充分。与此相反，那些相对冷门的板块，由于投资者的关注度不高，其市场的有效性往往也不高。

市场有效性的高低决定了股价反映内在价值的程度，正因为如此，在冷门板块最容易出现"捡漏"的机会。因为冷门板块并非总是冷门的，尤其是在 A 股，板块轮动的特征还是比较明显的，一旦它的景气度提升，其有效性就会迅速恢复，价值也将迅速回归。因此，"人多的地方不去"，往往是一种挖到低估值资产的有效策略。

这一点在 A 股历史上被多次验证。比如，2018 年春节期间，正值年报发布之际，"大消费"概念站了"风口"，以消费股为代表的大盘股在主流基金的关注下，消费龙头股纷纷创新高，开启了一段持续多年的行情。

其三，市场的有效性提醒我们时刻要敬畏市场。因为历史已经证明，长期来看，99%以上的人是无法打败市场的，哪怕是经验丰富的基金经理，也不敢轻视市场的威力。

就像我们现实世界中没有完美的圆，但我们依然要在数学中假设一个完美的圆出来，然后去研究它的特性。完美的有效市场也许并不存在，但现实中的市场总是介于完全无效和完全有效之间。或者说，市场最多偶尔"开小差"，但如果我们总能发现市场的错误，那还是要留点心，因为大概率错的是自己。

如果有那么一两年，我们的投资收益率都总能高于市场的平均水平，要告诫自己切勿得意忘形，也不要以为自己对资产的"历史信息"和"公开信息"有多么精准的解读能力。因为那未必代表我们自身的水平有多高，或许只是运气比较好，在之后的投资操作中还是应当慎之又慎。

有效市场和预期：现在 vs 将来

市场越有效，我们就越无法战胜市场，这是否就意味着我们普通投资者没必要学投资呢？

如果这样认为，我们不仅没有理解有效市场，更没有理解投资。因为在有效市场中，我们能做的还有很多，其中最重要的就是要学会做出合理且正确的预期。

预期是什么？简单地说，预期就是对于未来情况的估计和判断。

预期和金融天生就联系在一起。金融顾名思义即"资金融通"，具体而言就是用自己的未来作为信用的抵押物，获得另外一方的资金，它本质上是一种双方对于未来共同的预期。

在有效市场中，尽管信息足够公开透明，但并不意味着所有人的预期都是相同的。曾经有一个流传甚广的故事，有两个人到非洲某地调研，发现这个地方的人从来不穿鞋，其中一个人认为这里没有卖鞋的市场空间，而另一个人则认为这里的市场潜力巨大。在股市中，基于同样的信息，不同的人也能拥有不同的预期。因为有效市场描述的是当下，而预期描绘的是未来。

当然，在大多数情况下，尽管同样的信息会导致大部分投资者有相近的预期，但未必代表这种预期就是正确的。

就像法国社会心理学家古斯塔夫·勒庞在他的著作《乌合之众：大众心理研究》中描绘的那样：人一到群体中，智商就严重降低，为了获得认同，个体愿意抛弃是非，用智商去换取那份让人备感安全的归属感。

在股票投资中想要获得成功，随大流一般是不行的。当然，如果为了保持特立独行而做出了错误的预期，同样得不到好的结果。只有当大多数人的预期是错误的，而我们自身又能保持合理且正确的预期，我们才能获得巨大的投资收益。当然，这还需要我们在投资上不断精进，具备敏锐的洞察力，能够对市场信息进行筛选和判断。

总结一下，有效市场假说作为一种理论，有一定的抽象性，需要我们在市场实践中反复琢磨。这个概念看起来很简单，但要真正理解并不容易。对我们个人来说，有效市场假说最大的意义在于提醒我们要时刻敬畏市场，并在深刻理解市场和公司的基础上进行合理预期。

毕竟在投资中，谦虚不仅是一种美德，更是能够帮我们获取收益的重要品质。

第32讲
现代金融学唯一的"免费午餐"

假如老王的公司在 2021 年效益特别好，赚钱后有了一大笔现金流，别的公司都因没钱而发愁，老王的公司虽然有很多钱，但是也有甜蜜的负担，那就是：这笔钱该怎么用出去。

问题来了，股东怎么知道哪种投资方法更赚钱呢?

企业赚了钱，一般有两种投资花钱的途径：债权投资（如购买债券）或者股权投资（如购买其他公司股份）。而作为股东，你会倾向于稳定的债券收益，还是冒点风险去赚取更高的股价上涨收益呢?

在这里，选择的基本逻辑是：首先应估算出债权投资、股权投资的收益差异，以及承担的风险程度。那么，股东就会在投资收益和可承受风险中进行抉择。债权投资的收益和风险衡量相对简单，而股权投资的估算则比较复杂。

这时，本讲的主角——资本资产定价模型（Capital Asset Pricing Model，简称 CAPM）就登场了。

CAPM 主要用来研究证券市场中资产的预期收益率与风险资产之间的关系。形象地说，钱就是"资本"，资本也属于一种"资产"，"定价"实质就是"报酬"。"资本资产定价模型"实际研究的是，投资人将"钱"这种资产以股权投资的形式出让使用权，因出让使用权并承担资产失去控制的风险所需要获得的报酬。

可能有人要说了：我又不是大股东，又不去选择投资哪个公司的股份，CAPM 跟我有什么关系？CAPM 作为现代金融学的理论基础，之所以传播得这么广泛，是因为它同样能估计股票的期望收益率，与我们普通个人投资者是密切相关的。

有人说，要了解一个人的投资水平，只要让他简单描述对资本资产定价模型的理解就行。下面我们来学习大名鼎鼎的 CAPM，首先回顾 CAPM 的起源。

CAPM 的起源：从马科维茨的"均值方差理论"说起

1990 年度诺贝尔经济学奖的三位获得者之一，是发现了均值方差理论的哈里·马科维茨。他认为，约翰·伯尔·威廉姆斯在《投资价值理论》一书中，对证券的价格和价值进行分析时，缺少了对风险的考虑。

威廉姆斯的观点是，证券的价格反映了其内在价值，而证券的价值取决于未来收入流的贴现。马科维茨发现，这个理论缺少了对风险的分析，投资者固然要使预期收益率最大化，但也应该认识到，投资的风险是无法回避的。

要了解均值方差理论，我们首先要明白均值和方差是什么。

均值和方差分别用来刻画"收益"和"风险"这两个影响资产配置的关键因素。

均值指"投资组合的期望收益率"，它是单个资产的期望收益率的加权平均值，权重为相应的配置比例，刻画的是投资组合的"收益"。

比方说，你购买格力电器、美的集团、海尔智家三只股票组成了一个投资组合，配置占比分别为 40%、30%和 30%。假设预测 2022 年三只股票都会赚钱，预测收益率分别为 1%、3%和 5%，那么，这个投资组合的期望收益率就是 0.4×1%+0.3×3%+ 0.3×5%=2.8%。

方差指"投资组合收益的风险波动率"，它衡量了资产的实际收益率与均值的背离，刻画的是投资组合获得预期收益率的"风险"概率。如何看待方差呢？假设 2022 年 A 股的整体平均收益率为 10%，而有的股票涨幅为 30%，有的股票则下跌 30%。可见，单只股票的收益率与市场均值的差距比较大，方差实际上就是与均值相比的离散程度。而投资组合的收益率的方差越大，收益的波动就越大，收益就越不稳定。

投资者在进行资产配置时，需要同时考虑均值和方差。要在"预期收益"和"预期风险"之间进行权衡。毕竟，大家都知道"投资收益与风险是成正比的"，股票收益高，风险也高，债券收益低，风险也低。

投资任何金融产品，收益与风险都是相生相伴的。

我们都很熟悉一句话，"不要把所有的鸡蛋放在同一个篮子里"。这句话用在投资领域表达了一个非常重要的道理：资产配置需要适当分散——这也就引申出均值方差理论中另一个重要的概念"协方差"。

上文介绍了均值方差理论，它是由"均值"和"方差"两个核心概念组成的，马科维茨发现，其中代表投资组合风险的"方差"，不仅取决于单个资产的方差，而且取决于各种资产之间的协方差。

在投资决策中，协方差用来衡量不同资产之间的相关性，它们的收益率是同向变化还是反向变化的，以及相互影响的程度如何？

比如，在格力电器、美的集团、海尔智家三只股票组成的投资组合中，每两种资产的协方差都会影响整个组合的风险。分析投资组合的风险，并不能仅仅考虑各种资产本身的风险，也要同时考虑资产之间的相互影响。

不同资产之间的协方差，有正数、负数和零等三种情况。

若协方差为正，表示两项资产的收益率同向变化，总是同时上升或者同时下降。

若协方差为负，表示两项资产的收益率反向变化，总是一升一降或一降一升。

若协方差为零，则有两种可能：①两项资产的收益率之间没有任何关系，是相互独立，互不影响的；②两项资产中，至少有一项为无风险资产，无论另一种资产如何变化，无风险资产的收益率都是稳定的。

比如，格力电器的收益率上涨，美的集团的收益率也上涨，那么二者就是同向变化的，即协方差为正；若格力电器收益率上涨，而美的集团的收益率下跌，那么二者就是反向变化的，即协方差为负。协方差的绝对值越大，二者同向或反向变化的相互影响程度也越大。

随着投资组合中的资产数量不断增加，协方差将变得越来越重要，而单个资产的方差将变得微不足道。也就是说，协方差几乎成了投资组合方差的决定性因素。

协方差最巧妙的应用是提供了一种风险对冲的思路。

若投资组合的多项资产总是"同涨同跌"，将会加大投资组合的风险波动。而投资者通过组合协方差为负的不同资产，则有望对冲掉部分风险，提升投资组合预期收益的稳定性。最经典的风险对冲案例是：2017年，全球最大的避孕套生产商杜蕾斯收购了婴幼儿奶粉巨头美赞臣，以保证不管人口趋势如何变动，杜蕾斯都将立于不败之地。

"分散化"被称为现代金融学唯一的"免费午餐"（free lunch）。通过选取具有风险独立性或风险对冲属性的资产，并且分配合适的资产比例，可以直接影响投资组合的风险，从而构建一个我们想要的收益-风险组合。

那么现在问题来了，我们应该如何决定投资组合的资产分配比例？

有效前沿：最佳的投资组合不是唯一解

均值方差理论的核心是通过分散投资在风险既定的情况下获取更大收益。那么，在特定的目标收益水平下，如何寻找风险最小的投资组合，或在特定的风险水平下，如何寻找收益最大的组合呢？

马科维茨的有效前沿理论给了我们答案。

不同的投资者，对风险和收益具有不同的偏好。年富力强的中青年投资者可能是风险偏好型的，喜欢"搏一搏，单车变摩托"；依靠退休金生活的老年投资者可能是风险规避型的，追求稳健，不喜欢承担风险。因此，中青年投资者与老年投资者偏好的投资组合往往是大不相同的。

不同的投资偏好没有优劣之分，最重要的是适合自己。

"有效前沿"诠释了所有理性投资者的选择——如果风险水平相同，选择能提供最大收益率的投资组合；如果预期收益率相同，选择风险最小的投资组合。因此，有效前沿就是满足同等风险条件下收益最大，同等收益条件下风险最小的各种投资组合的集合。

注意，有效前沿是线，不是单个的点。

现在我们来看有效前沿的基础理论。如图 32-1 所示，"有效前沿曲线"的横轴代表风险，纵轴代表收益。图中每一个点都意味着一个投资组合，每个组合对应了不同的收益和风险。而在每一个收益水平下，风险最小的组合点在哪里呢？

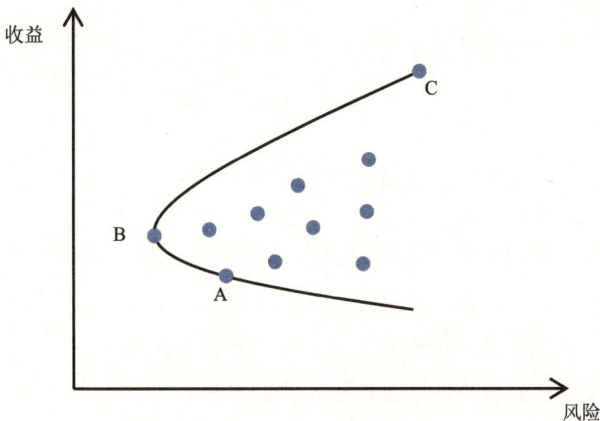

图 32-1　有效前沿曲线

由图可见，位于 A、B、C 点所在的这条边界曲线上的所有点都是在特定的收益水平下风险最小的投资组合。但这条曲线上的每个点都是最优的投资组合吗？显然不是。我们以 A 点和 B 点为例进行分析。B 点和 A 点相比，收益更高，风险更小，所以 B 点这个投资组合优于 A 点。同理，B 点也优于 BA 段其他点，BC 曲线上的点是最优的投资组合。BC 段被马科维茨称为"有效前沿"。

有效前沿最重要的精髓就是告诉我们"最佳的投资组合不是唯一解"。在投资者的不同主观诉求下，将会有不同的最佳投资组合和资产配比。

接下来，大家一定很关心应该如何利用有效前沿计算出不同的最佳投资组合。然而，对我们普通投资者而言，将期望收益率、方差和协方差等作为已知数据，输入多数人都看不太懂的数学模型中，不仅计算量庞大，难以操作，且这些数据或多或少有误差，在现实中无法得到精确的有效投资组合。

那么，我们该怎么办呢？

来看看现代投资组合理论之父马科维茨是怎么配置自己资产的吧。在安排自己的退休账户投资时，你是不是觉得他会设计一个特别复杂的模型，然后选择一个看上去很高级的权重组合？

事实上，他只是进行了平均分配，用了 50%的钱买债券，用了50%的钱买股票。

他认为，如果按照自己的模型，首先应该计算出债券和股票的历史收益及收益的方差，然后算出最优的权重组合。但是，如果股票涨了，自己肯定会后悔，"当初怎么没多买点股票"。如果股票跌了，也肯定会难过，"之前为什么买了这么多股票"。所以最后干脆 50∶50对半分，也就不用考虑那么多了。

虽然马科维茨并没有使用高深的模型进行投资，但其实他依然实践了投资组合理论，比如投资股票和债券，分散化资产配置，以及最重要的，投资偏好没有优劣之分，最重要的是适合自己！

所以，即便我们无法完全按照有效前沿来配置个人的投资组合，也应该认识到投资学理论的伟大思想对我们有重要的投资指引意义。

什么是 CAPM

均值方差理论用波动率衡量资产的风险，认为高波动率必须有高收益作为补偿。但高风险的资产不一定有高收益，比如 2019 年中国市场不断"爆雷"的 P2P，曾被投资者调侃道，你惦记着 P2P 平台的收益，而平台惦记着你的本金。

所以说，有时候高风险未必会有高收益。

CAPM 基于均值方差理论发展而来，进一步精细刻画了"风险"，将其划分为系统性风险和非系统性风险。非系统性风险可以通过分散投资化解，无法分散的系统性风险才需要高收益作为补偿。

首先我们来搞清楚什么是系统性风险和非系统性风险。

系统性风险（Systematic risk），指市场中无法通过分散投资来消除的风险，也被称为市场风险（Market risk）。比如：利率、经济衰退、战争等，这些都属于不可通过分散投资来消除的风险。

我们日常生活中也经常遇到系统性风险，比如 2019 年老王准备创业开一家民宿，在经历了贷款、选址、装修等一系列精心准备后，民宿终于在当年年底开张了。然而，没想到 2020 年年初新冠肺炎疫情席卷全球，旅游人数断崖式下跌，民宿的入住量几乎为零。最终，老王的民宿不得不以破产告终，此时他面对的就是系统性风险。

非系统性风险（Unsystematic risk），也被称作个体性风险（Unique risk），指的是个别股票的自有风险。比如，某公司发生重大战略决策失误或声誉风险，某高科技公司的核心技术团队集体跳槽等，这些风险是少部分公司才会出现的。投资者可以通过变更股票投资组合，分散投资来消除。

归纳一下，系统性风险就是影响到全局的风险，而非系统性风险是仅影响局部或者说个体的风险。

　　系统性风险在 A 股中体现得特别明显——"同涨同跌"。大量股票随着大盘涨而涨，随着大盘跌而跌。如果上证指数暴跌，大部分股票都面临避无可避的系统性风险，投资者无法通过分散化投资消除。即使投资组合涵盖了市场所有的股票，系统性风险仍不能因分散投资而消除。

　　所以在计算投资回报率的时候，系统性风险是投资者最难以预测的。

　　明确了 CAPM 的两个基本概念，让我们来看看 CAPM 的基本公式：

$$R_a = R_f + \beta \times (R_m - R_f)$$

其中：

R_a 为资产的预期收益率，是未知量；

R_f 为无风险利率，R_m 为市场平均收益率，β 代表资产的系统性风险，上述 3 个变量均为已知量；

$R_m - R_f$ 被称为"市场风险溢价"。

　　为什么要加入"无风险利率"？无风险利率可以理解为，我们进行投资最少要赚取的回报率，大多数国家把国债的收益率作为无风险利率。也就是说，任何股票投资应该要赚得比国债多，因为任何被投资的企业（无论是通过股权还是债权）违约风险都比国家要大，因此，如果回报率相同，我们也没必要承担不确定性的风险，直接买国债就好了。

　　"市场风险溢价"是怎么得到的呢？是市场所有股票的平均收益率减去无风险利率。作为一个投资者，我们一定会在投资前考虑为什么把钱投资于股票而非存进银行，是因为股市的（预期）回报要高于定期存款利率。高多少？就是用市场平均收益率减去无风险利率，市场风险溢价就是用来衡量这种差值的工具。

所以，市场风险溢价越大，我们把钱投入股市，承担系统性风险获得的补偿就越大。

"贝塔系数 β" 究竟代表什么呢？β 反映了单个风险资产与整体市场波动的联动性。比如，若 β 为 1，表示市场上涨/下跌 10%，该证券上涨/下跌 10%，也就是大盘涨多少，这个资产就涨多少，是完全一致的；而 β 为 5，表示市场上涨/下跌 10%，该证券上涨/下跌 50%，股价波动幅度将大大超越大盘表现。β 就像一种杠杆，代表单个风险资产相对于整体市场的风险。β 越大，表示我们购买的这项资产系统性风险就越大。

CAPM 模型可简化表述为：资本的平均收益来自无风险利率和系统性风险带来的风险补偿——资本资产收益=无风险利率+风险补偿。

可见，CAPM 模型认为只有证券或证券组合的系统性风险才能获得收益补偿，而非系统性风险不能得到收益补偿。这是由于前文提到的，非系统性风险是可以通过分散化投资进行消除的，当市场资产足够分散时，市场波动几乎就只来自系统性风险。

换句话说，既然非系统性风险能被消除，而你作为投资者却不去分散投资消除它，那是你自己的问题。市场不会因为你自己的问题而去"额外"奖励你。

总的来说，CAPM 在均值方差理论的基础上，使"风险-收益"关系具体变为"系统性风险-收益"关系，能够帮助我们更好地估计股票的收益。

CAPM 真的有用吗

大量研究者用国内外金融市场的数据来检验 CAPM 是否有用，所得到的结论是不统一的。研究并不认为 CAPM 是完全正确的，但也无法否定该模型。

有人认为，在一个较短的时间跨度内，CAPM 与市场实际不符，但拉长时间段，CAPM 又能较好地拟合市场数据。

我们要认识到，与其他经济学和金融学理论一样，CAPM 是对现实世界进行高度抽象化的建模，具有严格的假设条件，但现实世界更为纷繁复杂。

比如，CAPM 假设市场没有交易成本和信息成本，所有的投资者都可以同时获得信息。但现实中，存在着佣金、税费和信息不对称，不同投资者接收信息的时间、质量都是不同的，有的人可能经常浏览财经 APP，有的人很少去看财经信息。

再如，CAPM 假设所有的投资者都能够以无风险利率不受限制地借入或者贷出资金。而实际上，我们在生活中无论是向银行贷款还是向亲戚朋友借钱，都是受到约束的，不可能随心所欲地借钱。

CAPM 虽然不是完全契合现实的定价模型，但瑕不掩瑜，并不妨碍其成为现代投资组合理论中具有里程碑意义的模型之一，因为它提供了一个科学看待投资组合问题的角度。

CAPM 没有那么完美无缺，但也可以在现实中使用。

我们在配置资产时，可以根据对市场走势的判断来选择那些具有不同贝塔系数的证券进行组合，以获取较高的收益或规避市场风险。

当有很大把握预测牛市到来时，应选择那些具有高贝塔系数的资产。这些具有高贝塔系数的资产将成倍地放大市场收益率，带来较高的收益。相反，在熊市到来之际，应选择那些具有低贝塔系数的资产，以减少因市场下跌而造成的损失。

现代投资理论教给我们的那些道理

实际上，不管是均值方差理论还是 CAPM，都是通过设定严格的假设条件，"化繁为简"地抽象出最核心的投资原理。

现实世界纷繁复杂，投资学的原始理论一般难以在现实股票投资中被直接套用。基金公司等专业投资机构真正利用的量化投资模型和数据变量会复杂成百上千倍。作为普通投资者，我们也无须纠结如何利用复杂的公式及数据进行股票投资决策。

对我们普通投资者来说，这些经典理论最重要的价值就在于它们的思想：均值方差理论告诉我们，资产投资不仅要考虑收益，更要考虑风险；分散化是投资者唯一的"免费午餐"（free lunch），资产配置应当注意分散投资风险；可策略性地配置具有风险对冲属性的资产，保证投资组合收益的整体稳定；最佳的投资组合不是唯一解，适合自己的投资诉求最重要。

CAPM 则告诉投资者，高风险必须有高收益作为补偿，根据对市场走势的判断，选择具有不同风险波动的证券，以获取较高的收益或规避市场风险。上述经典的投资学理论，除了指导我们进行股票投资，还能帮助我们培养冷静和客观的投资"心境"，同时也是不错的人生行为哲学。

总之，均值方差理论、CAPM 可能会对你的投资提供有用的帮助，但不会存在一个完美的方法来解决我们所有的投资难题。我们要了解不同的投资方法和理论，掌握投资技巧，谨慎对待每一次投资选择。

第 33 讲
散户在股市亏钱的根本原因

截至 2022 年 2 月，中国的股票投资者达到了 2 亿人，以中国人口总数 14 亿人为基数，意味着每 7 个人中就有 1 个证券市场投资者。这个数字较 2015 年已经翻了一倍，股民的人数正在以肉眼可见的速度增加。

然而，老百姓对于股票投资的看法并不乐观，例如，"卖房炒股"曾入选 2018 年十大败家行为。说到原因，自然是因为普通人炒股大多结果不佳，轻则亏损小部分个人积蓄，重则赔掉几乎所有财产。

股票投资尽管看起来十分简单，无非是买入和卖出两种操作。但若要在投资中取得成功，还必须具备一定的认知水平、专业能力和操作手法等。更重要的是，部分人甚至还以为"一买就跌，一卖就涨"是因为庄家和自己作对，这显然不是亏钱的真实原因。

事实上，对于普通人来说，短期的投资失败并不可怕，可怕的是一直没有找到失败的原因，从而不断地失败下去。

"七亏两平一赚"

在讨论股票投资亏损的有关问题前，我们首先来谈一谈中国股市的主力军是哪个群体。

从数量上看，中国股市的自然人投资者占比约为 99.7%，也就是说，99%以上都是个人投资者。根据《上海证券交易所统计年鉴（2021卷）》，持股金额方面，83%的自然人投资者持股金额为 50 万元以下，持股金额在 100 万元以上的投资者比例为 8.7%。由这组数据不难发现，中小个人投资者是中国股市的主要参与者，他们持股金额不高，但数量却很庞大，这个群体也是我们通常说的"散户"。

从持股市值占比上看，一般法人持股市值占比最高，约为 55%。而公募基金、私募基金、保险公司、社保基金以及信托机构等专业机构投资者，持股市值占比接近 20%，他们在金融专业知识、信息获取、投资技能等方面具有相对优势，对市场影响力较大。

股市中有一句话，叫作"七亏两平一赚"，说的是，炒股的人中有七成是亏损的，二成是盈亏持平的，剩下的一成才是赚钱的。这句话源于老百姓对投资结果的观察。

还有一个现象也可以佐证，我们回想一下身边的亲朋好友们，或许听说过他们中有人炒股赚钱了，但相比于买房，极少有人通过投资股票实现发家致富。

从数据上看也确实如此，2019 年，上交所曾做过一次统计：如果把散户当作一个整体，在 2016 年 1 月至 2019 年 6 月期间，这个整体并未能实现盈利。也就是说，即便有少数散户赚钱，但所有散户平均下来是亏损的。这个时间区间内并没有非常典型的牛市或者熊市，所以是比较具有代表性的。

股市看起来似乎比赌场还要残酷，毕竟赌博有输家就有赢家，但股市中似乎大部分人都是输家。

那么钱都被谁赚走了呢？主要是机构投资者以及公司法人投资

者，他们通过自身的专业优势或者成本优势能够在市场中长期生存，哪怕是短期的股价波动，他们往往也能更好地应对。但散户们不信邪，尽管他们大多数并没有通过股市赚到钱，但少有人相信自己是亏钱的那个。他们更愿意相信自己亏钱的原因是市场行情不好。

中国及海外股市的历史表现

市场中有一个观点，2010 年到 2021 年这十二年间，上证指数一直在 3000 点上下徘徊，于是得出结论：不是散户水平不行，而是 A 股不给力。

A 股真的不值得投资吗？

尽管中国股票市场与发达国家的市场相比还是一个较为年轻的存在，相关的制度体系仍在不断完善，但如果说 A 股总体上非常糟糕就有些言之过重了。如果光看上证综指（上海证券综合指数），我们可能很容易产生"股市太差"这种印象，那是由该指数的编制原理导致的。

上证综指以上海证券交易所挂牌上市的全部股票为样本，以发行量为权数进行加权平均计算。可见，公司市值所占的比重会对指数产生影响，市值越大的公司对该指数的影响越大。

然而，上证综指中前十大权重股的占比高达约 25%，且主要由"两桶油"（中国石化与中国石油）和金融股组成，这些公司的业绩十几年没有较大变化也是很常见的，甚至有些上市公司"出道即巅峰"，这种状况下指数想要大涨是非常困难的。

如果我们也像美股那样编制指数，收录代表不同行业的优秀公司，且对它们的"进出"实行动态管理，那么，我们就会发现一个不一样的 A 股。就像中学里选拔重点班，每次考试后把全年级成绩排在前面的学生放在一起，组成一个新的班级，这样的班级想不优秀也很难。

事实上，我们的 A 股也有类似的指标，比如沪深 300 指数，它收录的就是 300 只行业成分股。该指标从 2004 年到 2021 年年底，其平均年化收益率在 10% 以上，这是十分优秀的表现。毕竟在同样的时间段，我们认为涨幅极大的一线城市房产，其平均年化收益也就在 12% 左右。

这样的数据仿佛并不支持"卖房炒股"作为败家行为排行榜第一的现象。因此，市场行情不好并不是散户亏钱的根本原因。

如果我们把视野扩展到全球市场，并且再拉长一些时间看，股市的长期收益更是让我们大吃一惊。假如，我们在 1890 年用 1 美元买入股票、国债、黄金、房产等任意一种资产，到 2020 年会有怎样的表现？

如图 33-1 所示，假如购买房产，其价值将从 1 美元上涨到 76.1 美元，总共涨了 70 多倍。假如投入到股市，其价值将从 1 美元上涨到 18.4 万美元，足足是投资房产的 2000 多倍。

另外，若想知道资产的实际收益，还需参考代表物价的 CPI 的涨幅，从图中我们可以看到，一百多年间美国的 CPI 涨了近 30 倍。由此，我们发现，买房确实能起到长期保值的作用，但想要资产有飞跃式的增长，还得靠投资股票才行。

也许有人会问，这是不是美国特有的现象？

答案是否定的，只要是经济持续增长的国家、地区，股市几乎都是持续上行的，哪怕是遇到战争、经济危机等重大事件，最终还是会回到上升的轨道中。

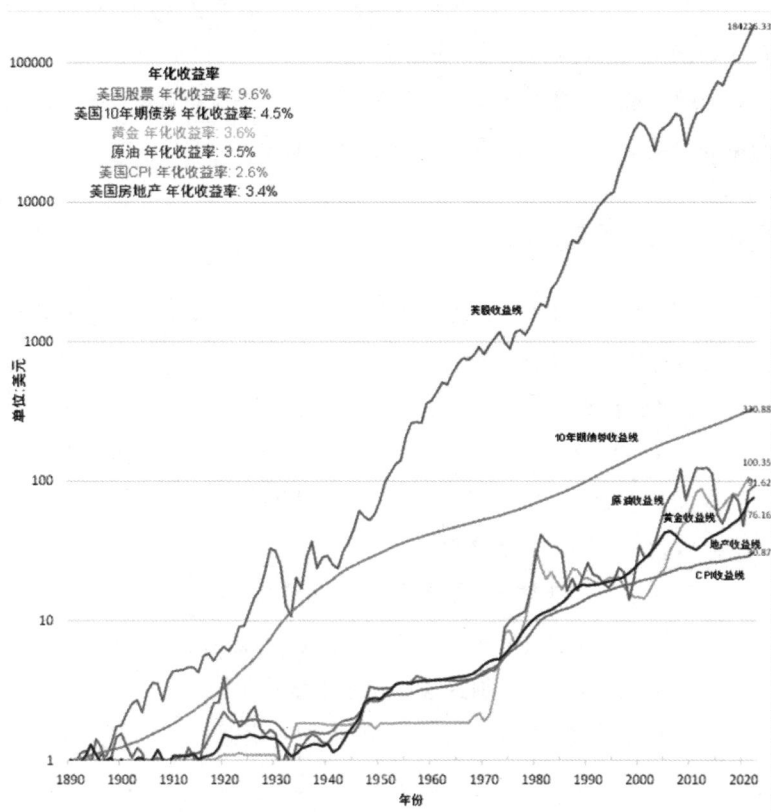

图 33-1　美国大类资产回报

数据来源：美联储官网、标普官网等

　　而股票作为一种较佳的投资资产，在收益率上打败其他资产成为最后的胜利者，根本原因在于，上市公司代表了社会经济中最具活力的部分。换句话说，虽然上市公司并不一定都是优秀的公司，但整体的发展水平还是高于社会其他企业的平均水平的。

当然，这些最有活力、发展最快的公司是经常在变的，从过去的石油钢铁托拉斯，到如今的互联网科技巨头。

因此，股票整体来说是一种好的资产这一点毋庸置疑，股市的长期走势也基本是朝上的，散户亏钱应该另有原因。

散户为什么亏钱

沃顿商学院杰里米·西格尔教授研究发现，对于股票、债券和票据剔除通胀因素后的平均收益率风险（以标准差来衡量），随着持有期增加到 15 年和 20 年，股票的平均收益率风险位于固定收益资产之后。经过 30 年，股票的平均收益率风险是债券和票据的 1/4。随着股票持有期的增加，平均来看，股票收益率风险的下降速度接近固定收益资产收益率风险降速的 2 倍[①]。

换句话说，长期来看，股票的风险反而低于债券和票据。

看到这里，你也许会感到困惑。既然投资股票的收益比其他资产大得多，风险还小得多，那为什么现实中炒股赚钱的人极少，而买房赚钱的人却很多呢？而且上文提到的这种差距似乎也和我们这几十年的经验背道而驰。

核心原因在于三个字：流动性。

虽说如今房产已然可以看作一种金融资产了，但大部分人买房是出于刚需，刚需就意味着买房之后一般不会轻易卖掉。和股票不同，股票的买卖在几秒钟之内就能完成。房屋买卖的手续则复杂得多，此

---

① 引自但斌《时间的玫瑰（全新升级版）》，中信出版集团 2018 年出版。

外，还要考虑大小、户型、离单位是不是近、周边有没有学校和医院，等等。再加上房屋买卖的税费较高，搬家十分麻烦等原因，人们自然愿意长期持有房产。

从事金融投资的人都明白一个道理，要想持续获得收益，就必须长期持有资产。房产的特性决定了普通人长期持有是相对容易的，且更加凑巧的是，随着中国经济的飞速发展，房地产迎来了长达二十多年的大牛市。于是，买了房的普通人自然就跟着"躺赚"，即便这对于大部分人来说也仅仅是"纸面财富"。

另外一个重要的原因：和专业投资者相比，散户们的投资往往毫无套路，大多热衷于"追涨杀跌"。

在资本市场中，只要是专业的投资者，无论是哪种风格门派，他们都很清楚自己赚的是哪种钱。换句话说，他们是"明明白白"赚钱，而散户总是"稀里糊涂"亏钱。

严格意义上说，股市并不是一个零和博弈的场所。因为零和博弈的本质特征是总量恒定，即假如张三赚钱了，那一定有个王五在亏钱。

股市是一个动态博弈的场所，一方面，股票具有可交易性，通过低买高卖的方式获取收益，这种赚的就是"别人口袋里的钱"，其往往强调资金的趋势变化，通过对趋势的把握获得收益。

另一方面，通过买入优秀公司的股票，与公司一起成长，就能分享上市公司盈利增长的价值，获取投资收益。这既可以通过公司分红实现，也可以通过公司成长后市值的提升实现。

对于大部分散户来说，他们不了解股市赚钱的核心逻辑，认为股市就是简单的资金搏杀，于是不自觉地选择了和机构进行零和博弈这条毫无胜算之路。而他们既没有专业的金融知识，也没有长期浸染在市场中的敏锐嗅觉，是猎人还是猎物，再明显不过了。

还有极少数散户，选择通过研究公司的内在价值来获得投资收益。这当然是一条相对正确的道路，但这条路也并不好走，用险象环生来形容都不为过。这条路有一个专业名称，叫作价值投资，我们在本书第 34 讲"股票投资的三条路径"中会有详细介绍。

2010 年后，价值投资在国内开始逐渐普及，尤其在年轻一代的投资者中很受追捧。然而学习的人众多，学成的人却极少。价值投资的本质是通过研究公司的内在价值，当价格严重偏离内在价值时选择买入或卖出。因此，最重要的是对公司内在价值的分析判断。但这对普通人来说是极其困难的，很多人想当然地认为那些大名鼎鼎的公司具有较高的内在价值，那是因为他们看到投资大师们选择了这类公司，于是他们认为只要买入那些著名公司的股票就能获得巨大收益。

这其实犯了因果倒置的错误，这些公司往往是在投资大师买入后才逐渐发展成知名公司的。换句话说，现在买入腾讯公司的股票和苹果公司的股票并不算真本事，能够买入未来的"腾讯"和"苹果"，且能不断找到这样有价值的公司才能称得上优秀的投资者。

2015 年后，一种新的投资势力在国内崛起，这让散户们的胜算更低了，它就是量化投资。简单地说，量化投资就是通过编写软件程序，根据自定义的收益率或其他标准来自动执行一些操作。

量化交易者认为，所有的决策都可以依据模型做出，这弥补了大部分投资者不具备的纪律性。在美国、英国等成熟资本市场，量化交易已经占据大部分。也就是说，散户的对手可能并不是人，而是机器。

在投资这件事上，人性在大部分时候是一种劣势，毕竟机器人永远不能体会什么是恐惧，什么是贪婪，它们只懂得在何种情况下买入和卖出。

随着量化交易在国内逐渐普及，股票投资进入了"热兵器"时代，而散户们还拿着"锄头"和"木棍"迎接战斗。

说了这么多，其实都在指向一个结论，即普通人想要在残酷的市场中赚钱是很困难的。

无论何种投资方式，对于普通人来说都存在较高的门槛。普通人想要投资成功只有一种可能，就是在某一条投资道路上练出真本事，或者至少让自己获得一样武器，而不是赤手空拳地冲进这个凶险的市场，否则等待他们的必然只有失败这一种结果。

现实也确实是这样：大部分散户都是在牛市最火热的时候进场，即最容易赚钱的时候进场，而在熊市中被"吊打"得"体无完肤"后离场，甚至暗暗发誓再也不炒股了。

散户的出路在哪里

在很多人的印象里，散户中也不乏高手，这些非科班的民间"股神"也经常被人们津津乐道，像杨百万、林园、冯柳等。此外，也有很多闷声发大财的人，但这些人对于整个散户群体而言，那就是寥若晨星了。

作为普通投资者，我们如果寄希望于自己成为高手，强到可以"吊打"大多数的专业投资者，显然是不现实的。那么，我们普通人最好的策略是这辈子远离股票吗？当然不是，在如今这个时代，如果不懂得股权投资，就等于失去了一条长期财富积累最主要的道路。正如上文所说，历史已经证明，把钱投入股市才是最为明智的选择。

更不用说，随着中国经济的持续发展，资本市场在中国的重要性不断提升，市场改革的步伐正在加快，尤其在"房住不炒"的大背景下，股市很有可能成为下一个货币的"蓄水池"，这对于我们普通人来说，可能是一次绝佳的机会。

事实上，面对残酷的市场，我们不是什么都做不了，恰恰相反，我们需要做的还有很多。

首先，我们要正视自己的投资目标。在股市中，我们不是为了实现一夜暴富，而是要努力实现财富的积累。财富的积累需要一个过程，我们不需要和任何高手比，我们只需要和自己比。在投资能力有限的情况下，可以选择主流的指数基金进行投资，以获取市场的平均收益率，而不是贸然进入股市挑选个股。

其次，要在市场中先学会保护自己，而不是急着赚钱。纵观过去，只要市场行情好，就必然有一批新的散户跑步进场。在股市中有一句话，叫作"人多的地方不要去"，散户大部分时候的"追涨杀跌"都是因为头脑发热，看着别人赚钱就心里着急。然而，大部分所谓的赚钱机会背后都是一把把"镰刀"在等着我们。

当然，最重要的还是要抓紧学习投资理财知识，找到适合自己的投资方式（接下来的内容会介绍），进一步说，还要形成系统性的股票投资方法。

总的来说，如果能做到这些，我们就有很大概率脱颖而出成为散户中的佼佼者，成为"七亏两平一赚"中的"一赚"。更重要的是，当下一个股权造富的时代到来时，我们才能抓住属于自己的机会。

第 34 讲
股票投资的三条路径

在日常生活中，如果稍加留心，我们会发现，在每家星巴克店内通常会摆一些二三十元的矿泉水。这些矿泉水少有人买，但也不会下架，这是为什么呢？

其实，正因为这些价格高昂的矿泉水才让更多的人买咖啡。一杯二三十元的咖啡并不算便宜，但是，当消费者看到二三十元的矿泉水时，自然会产生价格对比的想法：既然一瓶矿泉水都能卖这么贵，那咖啡卖二三十元也算便宜了。

事实上，这二三十元就成了人们的价格锚点，商家就是通过设置对比价格，来影响消费者对产品价格的评估。

在股票投资中，也经常出现锚定效应（详见第 16 讲"行为经济学：做一个理性人"），尤其是那些并不具有专业能力的个人投资者，往往会陷入所谓的股票价格锚点陷阱。当一只股票的价格上涨到前一次的高点，或下跌至前一次的低点时，人们就容易产生一种心理定式，把这些高点或低点当作所谓的锚点。

他们往往把股票价格的锚点当成了买入或卖出的信号，但这显然是一种错误的投资思路。理由也很简单，即所有关于股票投资的要素中，股价并不是最重要的。

假设一只股票的价格为 100 元，发行量为 100 股，而另一只股票的价格是 50 元，发行量为 200 股，这两只股票的市场价值是一样的，但不少投资者却认为价格 100 元的股票更"贵"。

可以说，在市场中有这样想法的散户绝不少。他们热衷于买低价股，以为低价就是便宜的、安全的。但殊不知，大多数低价股才是危险的。很多股票的价格之所以长期低迷，是因为业绩不佳持续下跌所致，而没有业绩支撑的股价无论多低都有下调的空间。即便有些公司的股价只有 1 元钱，但很快可能就跌到 0.5 元，而这意味着损失高达50%。

当然，散户之所以会被股价锚点影响，是因为他们对投资没有基本认知，而股价是最直观的参照物。对股票稍有了解的散户会找一些诸如市盈率、市净率这样的参照物。但无论如何，这些零散的认知都不能构成有效的投资体系，历史上已经证明有效的投资体系其实只有三种。

趋势投资：寻找股价变动的规律

有一句话是这么说的：世上本没有路，走的人多了，也便成了路。股票投资这条路其实也是前人探索出来的。

17 世纪初，当世界上第一个交易所——阿姆斯特丹证券交易所成立之时，人们对于股票投资这件事情是毫无认知的。早期人们对待股票的态度和对待赌博差不多，因为股票的价格实在是捉摸不定。直到在 300 多年后的美国，才开始有了体系化的股票投资方法。

对股市略有了解的朋友应该都听说过一本书，叫作《股票大作手回忆录》，这本书介绍了 20 世纪初美国金融界的传奇人物——杰西•利弗莫尔，第一个挖掘出趋势交易规律的交易员。

和所有刚进入证券市场的小白一样，利弗莫尔一开始也是痴迷于研究价格波动，试图通过过去的行情来推导未来。但和一般人不同的是，他在交易的过程中坚持做到了四点：

第一，坚持观察和记录行情。

第二，告诉自己要注重趋势。

第三，遵守交易纪律——不在看不懂的行情里交易。

第四，只看成败，不看得失。

经过长年累月的积累，他逐步找到了股价变化的根本规律，并且把当时所有零碎的交易原则结构化，形成了一套行之有效的方法论。在这套方法的支持下，他成了那个时期最成功的投资者。据说在巅峰时期，他的财富超过了1亿美元，换算到今天，约等于1000亿美元。

利弗莫尔的整个投资操作可以简单总结为四个字："顺势而为"。实际上，他摒弃了投资需要依靠锚点的思路。

举个例子，对于大部分个人投资者来说，股价突破新高往往就会认为股价到顶了，卖出才是一个明智的选择。但对于趋势投资来说，突破意味着很有可能形成新的上升趋势，追加投资才是正确的思路。

需要注意的是，这只是一种主观判断，只要是判断，就有犯错的可能。因此，他给自己留了后手，即顺着趋势只能试探性地买入或者卖出，等到趋势确定，即在一个较长的时间段（三个月或者半年）内，股票价格持续这种走势，再不断加码，这就是所谓的"金字塔原则"。

基于趋势，他还衍生出"跟随龙头"的原则，因为股票市场是一个赢者通吃的世界，资金会朝着头部聚集，并形成强者恒强的局势。跟随龙头则意味着选择那个最大的"势"，获得的利润自然更加丰厚。

和投资者盯着价格的锚相比，趋势投资这种方法对投资的理解更为深刻。它希望找到一种更加根本性的规律，事实上也确实存在这种规律，这种规律就是周期规律。

"物极必反"是周期规律，"否极泰来"也是周期规律。一旦找到趋势，就仿佛乘坐了飞机、高铁，比起走路自然要快得多。但对于"势"的把握并没有那么简单，因为失去了作为判断标准的锚，在具体应用上就很容易出现不同的理解。

这对投资者的判断力、纪律性以及灵活性有非常高的要求。因此，利弗莫尔的传奇很难复制，哪怕是他自己在晚年也很难驾驭这种策略。

不过，在不可复制的特殊性中寻找到普遍规律，是人们一直以来追求的目标。与利弗莫尔同时代的威廉·江恩，就希望通过技术分析的方式来发现趋势，并且预测趋势。

技术分析对于大多数投资者来说都耳熟能详，因为它规则清晰且自成体系。

通常来说，技术分析是趋势投资的一个分支。从刚才的讨论中我们知道，趋势投资强调跟随趋势。但技术分析旨在建立趋势的锚，这些锚代表股价在不同周期内趋势的拐点，并以这种思想建立起了非常复杂的指标体系。

不知读者朋友发现没有，从某种程度上说，技术分析和趋势分析背道而驰。因为它妄图预测实际上难以预测的趋势，甚至忽略了在趋势面前人才是渺小的这一基本前提。另外，更为重要的一点是，当越来越多的人掌握了技术分析的工具后，其作用就变得更小了。

按照索罗斯的反身性理论，当所有人都参与了某一种预测时，预测的结果就发生了改变。换言之，对社会行为的研究不像科学实验那样能够置身事外，得到一个客观结果。

举个例子，假设某只股票之前多次跌到 5 元时就会反弹，当所有人都发现了这个规律后，这只股票就不可能跌到 5 元了，因为每当接近 5 元时就会有资金买入。

金融投资作为一种群体性社会行为，每一个参与者共同塑造了最终的结果，即结果是不可预测的。正因如此，现在主流的投资者对技术分析的应用越来越少，或者最多用来参考，但趋势投资的思想始终没有过时。

对于证券市场这个错综复杂的系统，我们既要有宏观格局，也要有微观观察，不仅要了解大盘的历史轨迹，也要兼顾行业背景、个股价格变化特征。比如，经过了熊市低迷期的盘整和牛市高潮期的回落，我们会看到整个市场大势有一个方向性的选择，对于趋势投资者而言，此时就要顺应趋势，采取果断的措施。

价值投资：寻找价格的锚

股票投资的另一条路径，来自一位颇有威望的人物，他就是本杰明·格雷厄姆。

1914 年，格雷厄姆从哥伦比亚大学毕业，同年夏天，他来到纽伯格·亨德森·劳伯公司，不久后就升职为证券分析师。他认为，在自己所处的这个时代，证券分析仅仅停留在较为原始、粗糙的阶段，与其说是股票投资，倒不如说是股票投机。

的确，他就是如此自信，并认为自己的这套方法才称得上是股票投资。

　　后来，人们称他的这种投资思路为价值投资。之所以如此称呼，是因为他认为股票的价格并不是那么重要，真正重要的是股票的内在价值。

　　至于内在价值是什么，他认为是可以计算出来的。简单地说，就是公司的净资产。具体而言，假设一家公司因经营不善倒闭了，那么这家公司的所有者就有权变卖公司的全部资产，而这就是公司的内在价值。如果某家公司当前的股价比内在价值还要低，即意味着这家公司初步具备了投资价值。

　　这种想法看起来是如此科学，但很可惜，这套方法并没有指导格雷厄姆走向投资的成功。可能是他的这套理念太超前了，面对当时混乱的资本市场，他并没有取得很好的成绩。

　　不过这种思路却在另一个人的身上发扬光大，这个人就是他的学生沃伦·巴菲特。中国的投资者对沃伦·巴菲特大多很熟悉，很多投资者对他的投资经历也是如数家珍。

　　巴菲特把对一家公司的股权投资当作实体投资，这种思路意味着他看重的是公司业务本身，而非公司股价。

　　更绝对一些的说法是，优秀的公司有没有在证券市场中交易并不重要，重要的是一家公司有没有"护城河"，比如品牌价值、行业壁垒、特许经营权或专利权等，并且能够以此不断地创造利润，或者更准确地说是现金流。

　　从这里我们可以看到，尽管巴菲特认同了公司内在价值的概念，但他认为的内在价值是一家公司创造未来现金流的能力。换句话说，他更多地关注价值创造的方面，而不是价值毁灭后还剩多少残值。不得不说，价值投资到今天还有如此强大的生命力，离不开它逻辑自洽的一面。

从本讲一开始我们就提到，个人投资者总是容易把股票价格当作一种锚点，但是，股价本身是充满不确定的。后来，趋势投资发现了股价变动的规律，那就是股价总是顺着某种周期运动，即涨多了要跌、跌多了要涨。

价值投资回答了另一个问题，那就是，这股价涨跌背后的根源是什么，即公司能否持续创造现金流，而所有关于公司内在价值的分析都属于基本面的分析范畴。

很多人把价值和价格比作人在遛狗。狗（价格）有时会跑在人（价值）前面，有时会跑在后面。因为价格围绕价值波动，狗绳（估值偏离幅度）可能比你想象的长，却不会断。更形象地说，如果趋势投资实际上是追着狗（价格）跑，那么价值投资就是追着人（价值）跑。

我相信，这和我们大部分投资者的投资学习路径也类似：从对股价波动的感知开始，然后去研究各种趋势，最后认识到基本面研究才是最关键的。

量化投资：克服人性的弱点

很多人投资做不好的原因并非不懂投资的基本原理，而是无法控制自己的情绪。成熟的投资者认为，投资的纪律性才是决定胜负的关键。这很好理解，就好比打靶时瞄得再准，只要发射时手抖，就难以命中目标。

有没有一种投资方法能够彻底摆脱人为的干扰，按照既定的投资策略没有偏移地执行，从而寻找投资机会呢？

这就不得不提到量化投资，在量化投资看来，无论是趋势投资还是价值投资，都被冠以"主观投资"的称呼。

主观意味着不够严谨科学，依赖计算机技术和数学模型的量化投资，才能称得上是"客观投资"。尽管量化投资诞生时间比较晚，但因其独特的优势，于 20 世纪末，在美国各种对冲基金中得到了广泛应用。

要想理解量化投资，首先要明白量化投资的基本原理，它是通过数量化的方法，对金融市场进行分析判断，总结交易的策略、算法，并通过计算机程序执行的。

我们举一个最简单的例子，假设我们创建一种策略，这种策略只有一条规则，即每天卖出所有的股票后，买入市场中最便宜的一只股票。我们将这个规则输入计算机程序，未来所有的买入/卖出操作就只会根据这个策略执行。

由此可见，量化投资最关键的就是投资策略。趋势投资者可以按照某些量价关系的指标设计策略，价值投资者也可以根据公司的基本面来设计策略。量化投资与其说是一种投资方法，倒不如说是一种投资工具。

但是，我们绝不能小瞧工具的作用，在人类历史上，工具革新极大地提高社会效率的例子屡见不鲜，量化投资在刚刚开始运用时，它在资本市场简直所向披靡。

许多量化投资的从业者一开始是程序员，他们和华尔街本来并没有太多交集。但当量化投资兴起后，华尔街除了西装笔挺的投行精英以外，开始出现越来越多穿休闲装的程序员们。

量化投资在某种程度上甚至改变了整个金融行业，如今越来越多的金融公司开始招聘算法工程师，大量传统的金融公司也逐步向金融科技公司转型。

　　普通投资者离量化投资很远吗？其实不然。只要通过学习，拥有一定的编程能力，大家都能参与到量化投资中来。换句话说，量化投资的门槛不在于对工具的掌握，而在于怎么用好工具。

　　要想用好量化工具，就得学会设定锚点，因为计算机不会毫无理由地做出决策，而是根据投资者事先设置好的条件，即锚点进行交易。而这背后依然需要投资者掌握某一种投资思想。

　　当然，从目前来看，量化投资依旧是一个充满着创新的领域。它和传统投资不同的是，它更像是一个供投资者试验想法的场地。因为任何一种策略，不管看起来多么离谱，我们都可以通过计算机去推演一遍，这是主观投资无法做到的。未来很难说在这个领域不会产生出更加出色的投资思想。

　　不过，量化投资的问题在于它就像计算机软件一样很容易被复制，策略一旦被大量应用，基本都会失效，这就需要不断地对策略做出调整，想要一劳永逸地赚钱是不可能的。

普通投资者如何选择投资之路

　　经过上文的介绍，我们已经把市场上主流且可行的投资路径梳理了一遍。我们发现，不同投资体系对于投资的思路是截然不同的。

　　比如，我们问一个做技术分析的人有关基本面的问题，他可能无法回答你。反之，你问一个价值投资者现在这个点位是否应该加仓，他只会让你自己去看公司的财务报表。

　　股票投资是一个错综复杂的领域，其包含数学、经济学、金融学、投资学、心理学、财务管理、工商管理等一系列学科。很多新手在刚入门时，往往一头雾水，不知从何学起。于是就去书店或者图书馆查找相关资料，结果发现市面上有大量所谓的"炒股秘籍"。

当我们深陷其中时，可能就会发现，这些技巧性的知识有时候不仅不能帮我们建立投资的基本认知，反而容易带来认知的混乱。

但我们也不用气馁，所谓大道至简，股票投资本质上也就刚才说的这几种思路。只要我们能够摆脱对于股价锚点的依赖，已然是一种进步。接下来，我们才有可能建立起自身的投资逻辑，甚至投资体系。

当然，这几种投资路径并没有高下之分，俗话说"没有不赚钱的股票，只有不赚钱的操作"。要知道，没有哪一种投资方法是绝对有效的，不管哪种投资方法，只要运用得当，都能取得不错的效果，只不过这一切都是建立在我们不断学习和积累的前提下。

如果非要说什么是最好的投资，那一定是对自己的投资。

第 35 讲
投资成长股还是价值股

我们大部分人或许都萌生过这样一种想法，那就是开一家属于自己的店铺，无论是奶茶店、咖啡店、服装店还是包子铺。因为在我们的想法中，只要拥有一家成功的店，就可以实现自己"躺赚"的理想。

理想很丰满，现实却很骨感，光是 2021 年，中国就有将近 1000 万家实体店倒闭。当然，也很少有人有勇气这么做，因为创业的风险是巨大的。

事实上，要想成为"有产者"，我们未必需要自己动手去开一家店，或者说创业开一家公司。因为我们完全可以通过投资股票的方式实现。

没错，投资股票和做生意没什么本质区别，都是为了拥有或者部分拥有一家公司，并且通过公司为我们持续带来利润。

如果说创业是我们自己去创造一种生意，那么投资股票就是参与一种现成的生意。换句话说，从创业到投资股票，我们从"做"的那个人转变成了"看"的那个人。

"看"就是要看懂一家公司以及公司的商业模式。"看"比"做"要轻松，但"看"不见得比"做"要容易。其中最重要的，是能够看懂一家公司所处的发展时期。

所有的公司都会经历"生老病死"

所有的公司都会经历"生老病死",公司发展也会有 4 个阶段:初创期、成长期、成熟期、衰退期。这一点与人类的生长周期很类似。

不同的是,公司的发展周期并非完全是线性的,优秀的公司总是在成长,而平庸的公司总是快速地奔向死亡。

公司与公司的命运也是截然不同的。有的公司活了几百年,有的公司只活了几个月。当今我们看到许多欧洲的公司有着几百年的历史,比如那些奢侈品大牌,它们是幸运的,因为在它们的背后是数以亿计的公司倒在了历史的尘埃中。

我们投资者一定要知道公司处在何种阶段,是蓬勃发展的"少年",还是垂暮之年的"老人"。

事实上,我们投资股票有一种天然的优势,那就是能够进入我们选择范围的公司,都已经经过了一轮残酷的筛选。一家公司能从初创走向上市,在世俗意义上已经代表着成功。

当然,这并不意味着所有的上市公司都是可以投资的。过去,很多公司上市后,面对巨大的财富诱惑,创始股东们往往会选择套现走人,随后公司便陷入了长久的衰退期。而如今,随着科创板的推出,很多公司选择在创业初期上市,其中的风险不言而喻。

因此,选择真正值得投资的好公司也要看公司的发展阶段。对于风险承担能力极为有限的个人投资者而言,只有成长期和成熟期的公司才具有投资价值。

成长股投资：做时间的朋友

成长股，顾名思义指的是公司处于成长期所发行的股票。

成长是相对概念，一般而言，如果一家公司有一定潜力，在市场中发展迅速，收入和利润增长相对较快，或者说高于平均水平，我们就把这类公司的股票称为成长股。形象地说，成长股如同 20～30 岁的奋斗青年，工作努力积极，精力充沛，有较好的发展前景，但也有失败的可能。

成长股是最受投资者青睐的品种。选择成长股的投资者通常具有更高的风险偏好，对当下的估值容忍度较高，对公司的成长性也有较高的预期。成长股的股价长期处于高位，具有高市盈率特征。很多偏保守的价值投资者不太认可成长股的投资逻辑，因为大部分成长股的估值实在过高了。

估值偏高的原因有很多，其中最为主要的一条是：在信息光速传播的当下，资金的共识往往会快速形成。换句话说，当一个公司或行业的潜力被发现时，几乎所有的投资者都会蜂拥而上。2021 年之后，新能源行业就呈现出这种景象。

此时若想让高估值回归到合理水平，就显得有些天真了。因为尽管前面的资金大举进入将成长股的估值推升到高位，依然难以阻挡后续资金的热情。后者认为，只要公司未来的成长空间较大，那么高估值迟早会被消化。

举个例子，如果一家公司一年的净利润是 1 亿元，假设合理估值是 15 倍 PE（市盈率），当前市值恰好就是 15 亿元，估值十分合理。

随着时间的推移，市场部分观点认为，该公司未来几年的业绩将呈现爆发式增长，未来 3 到 5 年的净利润可能达到 10 亿元到 20 亿元。

此时，当前 15 倍的估值看起来就实在过低，于是资金不断涌入，股价在几个月内涨了好几倍，最终市值提升到了 100 亿元。这时的价格贵吗？如果公司未来几年的业绩被证实，这些看似追高的资金实则投资在了低点。在这种逻辑的不断自我推演下，公司的估值就始终难以下降。所以，投资成长股看重的是预期增长，只要公司未来收入和利润持续高增长，若干年后回头来看，当时的买入价格就是"地板价"。

还是那句话，所有人赌的都是未来，他们相信高估值终究将被消化，更重要的是，后入场的人也是这么想的。

回到刚才这个例子，公司达到 100 亿元的市值后，如果两三年内公司的净利润真的达到 20 亿元，前面所有阶段进入的投资者都将赚得盆满钵满。

什么时候这样的逻辑站不住脚呢？那就是公司的增长开始放缓，甚至增长完全停滞的时候。届时随着主流资金的撤离，估值就会逐步回到所谓的合理水平。

由此可见，投资成长股，实则是用低于未来价值的价格买入股票。

随着成长的概念越来越被市场接受，市场中有很多所谓的热门股会悄悄将自己伪装成成长股。这些公司所谓的"高速成长"往往只是昙花一现，在短暂几年内高速成长而后迅速衰退，这其实并非真正的成长股。比如乐视网，一个让投资者又爱又恨的公司，辉煌的过去并不能掩盖其悲惨的结局。

现实中，有时候的成长还可能是上市公司给投资者造成的一种假象，即把自己包装为成长股。这种包装的代价很小，只需要通过某些"财技"，让某些年份的业绩表现得好看一些，而后在某一年彻底"摆烂"。

这些操作往往在大资金撤离之前进行，在此之后留下的普通投资者，只能蒙受巨大的投资损失。

这就像学生时代上自习，只要老师在的时候，学生们就会装作很认真的样子。而当老师不在时，马上就原形毕露，开始嬉戏打闹起来。如果我们真的以为所有的上市公司都是"好学生"，那就很容易踏入成长的陷阱。

有人的地方就有江湖，利益关系错综复杂的上市公司，当然也不例外。

总的来说，成长股是一块可口的蛋糕，但不少蛋糕可能是有毒的。投资成长股的好处是做时间的朋友，用合理的价格买入未来有价值的公司的股票，长期持有，直到逻辑充分演绎。

然而纵观市场，我们发现有能力不断投资成长股的都是真正的行家。因为只有对成长股背后的公司、行业有深刻的洞察，才有机会透过现象看本质，而不是仅仅停留在具体的财务数字层面，更何况很多投资者连这些数字是什么都不了解。

那么，有没有一种投资品种比成长股更直接一些呢？

价值股投资：坚守"值得"的公司

当公司从成长期迈入成熟期，随着市场的饱和以及竞争格局形成，有些成长股会转化为价值股。

资本市场最看重的是预期。正如上文所说，一旦公司失去成长性，市场对其的估值也将迅速下降，甚至有可能下降到低估的程度。

2006 年之后，中国的几大国有银行纷纷上市，当时银行正处在高速成长阶段，市场便给出了较高的估值。像工商银行一上市就成了全球市值第一的公司，足以看出当时市场对银行股的追捧。没多久，各大银行的业务就出现了增长放缓的势头，市场也开始给出反馈，即银行板块的估值开始不断降低，市值长期普遍低于账面净资产，银行股成为典型的价值股。

从这个例子，我们对价值股的定义有了些了解。首先，价值股是那些处在成熟期公司的股票；其次，它当前的价值往往被低估，即股票价格低于公司内在价值。

价值股主要出现在诸如银行、保险、建筑等行业，这些行业市场空间相对饱和、增长潜力有限，主流资金并不青睐它们，故而它们时常被低估。

价值股犹如 40 岁左右的中年人，家底殷实，成熟稳重，但缺乏年轻人的冲劲。

价值股最大的投资价值在于其稳定性。

首先是估值比较稳定，假设市场给一只价值股 10 倍 PE 的估值，那么大部分时候，估值的确将在 10 倍 PE 附近。

正如前文所言，市场不会给它们过高的估值，但因为有其业绩作为支撑，低估也是有限度的。

估值的稳定在某种程度上对投资是一个有利条件。具体地说，将有利于投资者更好地把握投资的节奏，只要能够坚守一个方向，通常都能获得不错的收益。

业绩稳定也是价值股的优势之一。真正的价值股的业绩一定是稳定的，这也是我们考察价值股最关键的一个方面。稳定的业绩不是毫无变化，而是在过去的基础上能够持续地小幅提升。

举个例子，有些公司每年的业绩增幅并不高，大约在 5% 到 10%

左右，但由于其业绩增长稳定，这种情况持续了几十年，并且，在可预期的未来将继续保持，那么公司的内在价值会随着公司的发展稳步提升。

价值股的另一个优势我们时常忽略，即稳定的分红，高分红是价值股的显著特征之一。

所谓"一鸟在手胜于二鸟在林"，现在不少价值股的分红率都高于银行定期存款利率，这相当于投资者获得了一笔稳定的现金流。投资者可以回收一部分投资成本，让分红成为可以自由支配的在手资金。

此外，分红在一定程度上还提高了投资者对价值股的认可度，很多投资者会用分红再买入，不仅有利于个人享受更高的复利和提升未来的分红基数，在此时机的加仓还能为牛市的到来积蓄能量。

长此以往，持有成本将越来越低，甚至接近于零，这相当于凭空创造了一个能够不断产生现金流的资产。这就像我们通过买房收租，最后租金覆盖了买房成本，并且在未来还能够不断产生租金，岂不美哉。

当然，价值股也不是完美的，价值股投资者最害怕的就是遇到"价值陷阱"。正如前文所说，所有的公司都将经历"生老病死"，价值股的内在价值一旦出现崩溃，之前的所有逻辑都将被摧毁。价值股投资最怕的就是，坚守着不该坚守的公司。

比如，索罗斯反复提到一个概念叫作"反身性"，这个概念也可以应用于价值股投资。还拿银行股来说，银行股长期估值低于净资产，这个现象已经影响了银行持续增发股票募集资金的能力，一定程度上也会限制银行的发展。"反身性"在这里实际上说的就是价格对价值形成了负面作用，从而使得银行股有迈入"价值陷阱"的风险。

并不是所有的价值股都像可口可乐这么走运，它诞生一百多年来股价涨了 46 万倍！在 A 股，可能还需要一些时间证明哪些才是真正经得起历史考验的价值股。

成长股与价值股的选择

有人说，投资成长股还是价值股，代表着投资者不同的性格。

一般来说，投资成长股的人更冒进，但也更加进取，而投资价值股的人可能偏保守，但往往更稳重。不管哪种风格，都有优秀的投资者用业绩证明了自己，证明这些道路是可行的。

事实上，对我们普通投资者而言，投资风格无所谓好坏，只有适合不适合自己。

平均来看，哪种投资风格的收益率更加出色呢？

在很多人的直观印象里，大概认为成长股将胜出。然而，美林证券的一项调查显示，1926 年到 2016 年间，美股价值股的平均收益率是 17%，而成长股的平均收益率为 12.8%，价值股的收益高于成长股。

原因很简单，成长陷阱比价值陷阱更加常见，最主要的原因就是，成长股往往被市场寄予过高的期望（估值过高）。再叠加"羊群效应"和市场炒作，成长股的价格往往被炒得远远高于内在价值，这就需要多年高增长来消化这种高估值（甚至永远消化不了）。

最典型的案例莫过于电影行业。2015 年前后，大家都愿意相信中国电影市场前景广阔，事实确实如此，随后几年中国的电影票房呈现出持续高增长的态势。但是，这样的暴涨却还是始终低于人们对电影行业"不切实际"的增长预期，加上机构大肆炒作，散户盲目跟风，致使众多电影公司股价在 2015 年末触顶后，便开启了长达七年的估值消化（见图 35-1，以万达电影的股价走势图为例）。

类似的案例还有很多。

对于普通人来说，验证成长股的成长性往往需要对商业模式，甚至整个行业的专业知识有深入理解，但是，这对很多连"商业模式"都不懂的普通人来说是非常困难的。因此，相对来说，价值股更适合普通人长期投资。

另外，在一个市场中，成长股和价值股在不同时期的表现往往是大不相同的，大多数时候甚至表现出周期性轮动。

A 股有一种说法：牛市买成长股，熊市买价值股。

不去深究这句话的对错，从现象上看，当市场资金足够泛滥时，资金对于成长股的追捧会更加强烈。而当市场资金匮乏、信心不足时，由于成长股的较高估值和业绩不确定性，投资者就会倾向于投资价值股。

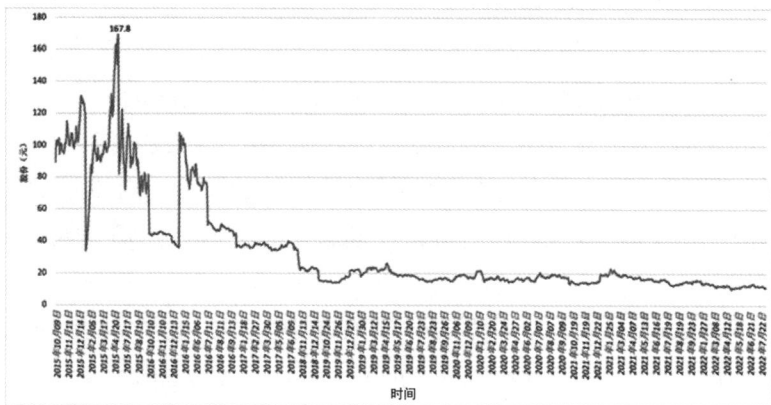

图 35-1　万达电影（002739.SZ）2015 年—2022 年股价走势图

数据来源：新浪财经

美股也不例外，2008年国际金融危机后，美联储利用货币政策不断下调联邦基金利率，开启史无前例的量化宽松政策，市场流动性泛滥，成长股的收益率显著上升。

投资价值股是巴菲特和伯克希尔取得超额收益的法宝，但在2009年至2019年的后金融危机十年中，他们的投资业绩并不是很理想，一定程度上也受到了这种大环境的影响。与此同时，市场中许多善于投资成长股的基金颇受人们的追捧。

当然，对于投资，我们还是要更加清醒一些。在市场不断变化的过程中，价值股和成长股的轮动是不是一种普遍规律还很难说，或许这仅仅是对历史经验的总结。

回顾过去，我们发现无论是成长股还是价值股，都产生了不少"大牛股"。而那些能够被大众所熟知的"大牛股"，除了自身经营良好以外，事实上大多还遇上了"历史性"机遇。从这个角度来看，每家公司的成功都是不可复制的。

比如，最具代表性的价值股——可口可乐公司，历经百年长盛不衰，它最大的历史机遇就是随着美国的崛起走向了全世界。

再如，21世纪以来，现代信息技术的飞速发展为互联网企业的崛起提供了条件。小米创始人雷军曾提到，"站在风口上，猪都会飞"，成功的本质是找到风口，顺势而为，也就是要碰上机遇，而这样的机遇可能几十年才会有一次。

读到此，大家应该可以发现，我们需要辩证统一地看待成长股和价值股。理想的成长股必定有"价值"作为支撑；理想的价值股必定也不是毫无"成长"的。二者本质的区别在于，价值股着眼于现在，成长股着眼于未来。价值股赚的是估值修复的钱，成长股赚的是预期变现的钱。本质上，都在研究公司"价值"是否被低估。

　　之所以在此区分，只是由于二者关注的时间点不同，客观上要求不同的关注角度而已。因此，对于普通投资者来说，与其纠结于选择价值股还是成长股，倒不如好好把一些行业和公司研究透，这才是我们获得投资成功的根本。

第 36 讲
如何算出一家公司的价值

假如我们决定去买一套房子，此时房产中介小哥把两套房源推荐给了我们，其中，A 房的价格是 100 万元，B 房的价格是 120 万元。

尽管 A 房比 B 房价格便宜，但两者的租金都是 3000 元/月。这样看起来，B 房比 A 房贵了 20%。

当我们正准备选择 A 房的时候，中介小哥又提醒了我们：和 B 房同样小区、楼层以及户型的房子目前已经卖到 130 万了，买了它就等于立马赚了 10 万。

此时，我们开始犹豫了，到底应该买哪套房？

这是我们大多数人都会遇到的一种场景，我们之所以会对这类问题感到困惑，是因为我们不知道如何给一个对象估值。这种情形在股票投资中更加常见，尽管我们都知道一个朴素的道理，股票只有低买高卖才能赚钱，然而对究竟什么是"高"、什么是"低"，大多数人却没有概念。

好在，价值投资针对这个问题给出了答案。

价值投资是什么

很多读者都听说过价值投资，但大多数人对价值投资存在误解。

有人认为价值投资就是长线持股，也有人认为价值投资就是买蓝筹股，还有人认为价值投资就是买便宜的股票。

这些观点不能说是完全错误的，但可以看出的是，他们都没有抓住问题的本质。就像盲人摸象一样——有人摸到了象鼻说大象是长的，有人摸到象腿说大象是粗的。

价值投资究竟是什么？

如果用一句话来概括，价值投资就是通过判断公司的内在价值，买入或卖出那些市场价格偏离内在价值的公司。

从这里，我们应该能发现两个关键点。

第一，任何公司都有一种叫作内在价值的东西，内在价值说白了就是公司的真实价值。

曾经有个教授在课堂上做过一个测试，他将一张崭新的 20 美元拿在手中，问学生们谁要？学生们自然是争先恐后地举手。而后他将 20 美元揉成一团，问了同样的问题，学生们的手依然举着。最后他将 20 美元扔在地上并狠狠地踩上一脚，又一次重复了问题，学生们还是没有表现出任何犹豫。

这个测试说明了什么？说明了内在价值就像这张纸币一样，并不会因为形态的变化而产生价值的变化。

第二，市场并不总能反映公司的内在价值。

具体而言，股票价格总是围绕着内在价值上下波动。某个时点的股票价格实际上只是反映某一个时间点交易双方的意愿、资金量等。

假如老王是某上市公司千千万万股东中的一个，他在某个时间点卖了一定数量的股票给老李，那么这个时间点公司的股价，就是这笔交易的成交价。这个成交价只是反映老王和老李认同的价格，而无法反映万千其他股东的心理价格，更无法反映整个公司的真实价值。所谓的"公司市值"，是用某时点的股价乘以股票数量的数字，并不能充分体现公司的内在价值。

由于任何时候买卖双方的意愿、资金量、动机等都是不同的，因此股价总是时刻在变化着的。然而，这种变化又不是毫无规律的，优秀公司的股价长期趋势是向上的，尽管可能在短期内存在巨大的波动。

股市短期是"投票机"，而长期是"称重机"，说的就是这个道理。

绝对估值法：自由现金流才是"真金白银"

从价值投资的定义来看，其最关键的部分就是分析判断公司的内在价值，也就是如何给企业估值。

估值既重要，又困难，以至于我们很多人听到"估值"两个字都认为那一定是专业人士干的事情。事实上，估值的原理并不复杂，人类自从学会交易之后就每时每刻都离不开估值，那些投资中看似复杂的估值方法，背后依然遵循着最为朴素的原则。

言归正传，我们先了解第一种估值方法：绝对估值法。

应用较为广泛的绝对估值法是自由现金流贴现法（Discounted Cash Flow，简称为 DCF）。自由现金流贴现法考核的是公司的现金流状况，就是将公司未来能够产生的全部现金流进行贴现之后加总，所得的数值就是公司的内在价值。

投资股票就是在投资一家公司，因此，越赚钱的公司，自然越有投资价值。

怎样的公司算是赚钱的公司？当然就是能赚到"真金白银"的公

司。"真金白银"不是会计报表的净利润，净利润只是一个数字，从某种程度上来说，它毫无意义。会计本质是一种人为的准则，既然是人为的准则，就能被人为利用来"粉饰太平"。

衡量一个公司究竟能不能赚钱，从价值投资者的角度来看，就要看它是否能赚到"真金白银"，也就是企业的自由现金流（Free Cash Flow），自由现金流好的公司才是赚钱的公司。会计数字会骗人，自由现金流并不会。

对于一部分公司来说，自由现金流大约可以等同于净利润。但对于另一些公司来说，由于所谓的利润很可能只是一些"白条"，那么我们就不能简单地将二者等同起来。

除了人为捏造的原因，之所以会造成这样的差异，主要受到行业以及公司所处地位的影响。有些行业"先天不足"，现金流比较差，比如建筑行业，我们很少听说哪个承包商没有被欠款过。而在另一些行业，只要公司处于垄断地位，那么就能对上下游形成较强的把控力，比如，我们也很少说贵州茅台的经销商赊账的，一般是先付款，后交货。

理论上，如果能够准确获取一家公司的自由现金流情况，我们就可以计算出它的内在价值。

举个例子，假设一家包子铺每年收入 10 万元，扣除各项成本后得到 5 万元的净利润。这家包子铺所在的位置还不错，盈利比较稳定，且预计经营 10 年不存在倒闭的问题。那未来 10 年，这家包子铺所产生的自由现金流就是 5 万乘以 10，即 50 万元。

那么，这 50 万元是否就等同于这家包子铺未来十年经营权的内在价值了呢？或者换种说法，是不是只要以低于 50 万元的价格，买下这家包子铺未来 10 年的经营权就是划算的?

答案是否定的,因为我们还忽略了一点:货币的时间价值。更通俗地说,10 年后的 1 块钱绝不等于现在的 1 块钱,你今天把 1 块钱存进银行,10 年后去取,或多或少都是有点利息的。

由于这 50 万元是未来 10 年的时间内获得的,因此还需要将其打一部分折扣,这在财务中就是"贴现"的概念。具体而言,计算总的自由现金流时,我们需要将未来每一年的钱折算到当前,最后再相加。

现在,我们假设贴现率是 5%,未来每年的现金流 5 万元对应的现值如表 36-1 所示。

表 36-1 现值对应表

时　　间	对应的现值(万元)
第 1 年	5
第 2 年	5/(1+5%)
……	……
第 10 年	$5/(1+5\%)^9$

将这 10 年的所有现值加起来约为 40.5 万元,这就是这家包子铺 10 年经营权的内在价值。这是非常简单的数学问题。

如果有人愿意将这家包子铺未来 10 年的经营权以低于 40.5 万元的价格转让给我们,那么按照绝对估值法,它至少是合理的。如果价格比这还低得多,它也可以说是划算的。然而,绝对估值法最难的部分并不在于计算,而在于如何对一家公司未来的现金流做出合理的推断。比如同样是包子铺,老王能够经营成功是因为手艺好,而换了老李可能就要赔本了(人力资本的重要性)。

因此,从某种程度上说,绝对估值法的适用场景是比较有限的。

它首先需要一个发展相对成熟的行业，成熟意味着行业的竞争格局、公司的盈利状况比较稳定。此外，这门生意本身必须是简单的，最好是那种无论换了谁都能经营好的生意（企业制度的重要性）。

对于我们普通投资者来说，能够运用绝对估值法的前提是要对某个行业和公司有足够深刻的了解和认知，否则，也许我们开始计算的时候，就已经走在了错误的道路上。

还记得本讲开头关于 A 房和 B 房的选择问题吗？租金（不考虑成本）大体可以被视为房子的自由现金流。按照绝对估值法的思路，在租金相同且（假设）未来租金增幅相当的条件下，A 房和 B 房的内在价值是相同的。由于 A 房的房价更加便宜，所以与 B 房相比，A 房是更值得购买的。

相对估值法：找到能够比较的"参考指标"

相对估值法是一种更加灵活且应用范围更广的估值方法。

尤其在新兴行业，连许多公司的创始人都不知道其公司的内在价值，据说当年马化腾差点以 50 万元的价格卖了 QQ 这个产品线。对投资者而言，我们既不知道未来在这些行业里哪些公司会胜出，也不知道这些公司的天花板在哪里。

此时，我们就需要一些参照物，通过对比的方式来估算出一家公司的内在价值，这就是相对估值法。

就像老王不知道自己种出来的西瓜值多少钱的时候，他需要到市场上看看别人卖多少钱（参照物）。实际上，在西瓜市场形成之前，没有任何人知道一个西瓜值多少钱，这就是相对估值法的意思。

实际上，我们大多数人在买房这件事上，已经将相对估值法运用得炉火纯青。

按照相对估值法，A 房的价格不比同类房屋便宜，B 房却比同类房屋整整便宜了 10 万元，所以 B 房显然是更划算的。这一点对于中国的老百姓更是如此，在"房价持续上涨"的坚定信念之下，人们投资房产大多希望获得的是房产的增值部分，而非租金。

那么对应到股市，相对估值法又该对比哪一个指标呢？可以对比的指标很多，但其中最常用的指标就是市盈率（PE ratio）。

经常炒股的读者朋友对这个指标并不陌生，市盈率等于公司的股价除以每股收益（PE = Price/ Earning Per Share），将等式右侧两项同时乘以股数后，可见市盈率也等于该公司市值和净利润的比值。

市盈率的含义也较容易理解：如果把市值当作买下这家公司所需要的资本，净利润则代表公司每年净赚的钱，市盈率大约可以理解为投资一家公司需要几年回本。例如，市盈率是 5 倍，则代表如果投资这家公司，5 年可以收回所有的投资成本（这里假设净利润保持稳定）。

市盈率不需要手动计算，股票软件上通常都会直接显示出来。唯一需要注意的是，市盈率又分为静态市盈率和滚动市盈率[①]。

那么相对估值法究竟该如何"对比"公司的投资价值呢？

首先可以尝试将其与同类公司做比较。毕竟在同一个行业中，公司的业务也是类似的，类似的生意应该享有同样或者相差不大的市盈率（估值）水平。

但是这里，我们可能就犯了刻舟求剑的错误，投资股票和投资房

---

① 静态市盈率是用上一整年的净利润作为分母，滚动市盈率通常叫作 PE-TTM，TTM 的全称是 Trailing Twelve Months，即使用了最近 12 个月的净利润之和作为分母。

产在这一点上大不相同。对于房产来说，同一地段、同一楼层、同一户型的两套房子，价值应当差别不大。但对于公司来说，同一个行业的公司并不代表都处于同一水平线上。就像一个班级的同学，总有学习成绩好的和学习成绩一般的。学习成绩好的同学往往更受老师和家长的喜爱，在资本市场中就表现为受到资金的青睐，这就是行业龙头（优等生）最受追捧，而非龙头企业（成绩一般的学生）则很难享有这样的待遇的原因。

因此，在股市里，横向比较往往难以得到有效的结论，资本市场对于不同质地的公司总是用"脚"投票，"捡漏"的机会不多，除非被比较的两个公司状况十分接近。一个典型的例子是，美的集团和格力电器的市盈率在历史上很多时候都是非常接近的。因此，我们可以经常看到二者"同涨同跌"的行情。但这种现象是短暂的，比如2020年两者的差距就被逐渐拉大，因为其中一个学生的发展潜力不再被老师（市场）看好了。

如果不和同类公司比较，而是和公司自身的历史数据相比较呢？

众所周知，一家公司的市盈率总是在变动。市盈率处于历史低位时，我们通常认为其估值是便宜的。如果一家公司的业绩是绝对稳定的，那么我们可以这么认为，可惜现实并不是这么回事。

作为投资者，我们希望投资那些业绩持续向上、估值较低的公司，但历史市盈率的变化并不能揭示这一点。我们知道，市盈率等于市值和净利润的比值。因此，市盈率升高有可能是股价上涨，也有可能是净利润下降。

有没有一种方法找到那些业绩既在上升通道，同时估值又相对合理或者被低估的公司呢？有，这就是十分实用但并不广为人知的

PE-BAND，即市盈率通道法。

市盈率通道法：找到能够比较的"参照系"

简单地说，市盈率通道就是一种参照系，即在过去几年净利润已知的情况下，通过假定市盈率的不同数值，来计算其理论股价的曲线。

通常，市盈率通道的上轨是由公司在一段时期内所有较高的市盈率连接而成的，下轨由所有较低的市盈率连接而成，中间的轨道则是上轨和下轨的平均值。我们将真实的股价与这些曲线（理论股价）进行对比，就会得出高估或者低估的结论。换句话说，股价会随着市盈率通道走动，这样进行估值是不是就更直观、明晰了？

为了便于理解，我们选取贵州茅台 2017 年至 2021 年的股价走势作为例子。

如图 36-1 所示，根据贵州茅台的 PE-BAND 数据，横轴代表时间，纵轴代表股价。从上到下有五条折线，分别代表约 53 倍市盈率、45 倍市盈率、36 倍市盈率、32 倍市盈率和 28 倍市盈率对应的理论股票价格。

按照前文对市盈率通道的介绍，上轨由较高市盈率连接，此处我们选取了 53 倍和 45 倍市盈率。下轨由较低市盈率连接，此处我们选取了 32 倍和 28 倍市盈率，中间的轨道取上轨和下轨的平均值，即 36 倍市盈率[1]。

---

[1] 大体上，市盈率的选取并没有绝对标准，不同机构在计算方法上略有差异，但选取标准一定是上轨对应这段时间内较高的市盈率，下轨则对应较低的市盈率。

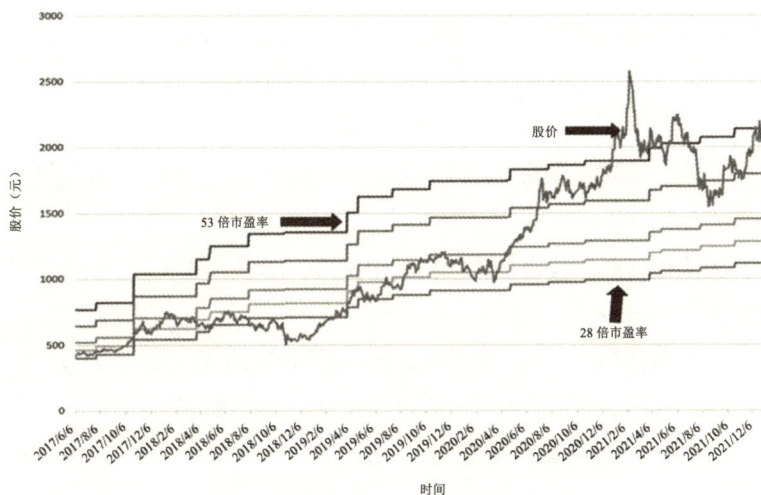

图 36-1　贵州茅台股价走势及 PE-BAND

数据来源：新浪财经网

只要公司业绩持续增长，净利润在提高，那么相应地，代表不同市盈率的轨道线也有所提高。换句话说，股价向上的通道被打开了。反之，如果公司业绩不稳定，或者业绩在下滑，在图 36-1 上也能直观地体现出来。从这张图看，贵州茅台显然属于前者。

再看看代表股价的这条线，即上下波动幅度最大的这条线。尽管股价的波动没什么规律，但总体来看，会随着市盈率通道的方向变动，即价格围绕着价值波动。只不过在有些时候，市场会给出较高的估值水平，另一些时候给出较低的估值水平。

对比历史估值水平，此时市场对这个公司是高估了还是低估了？答案一目了然。

说到这里，我们对价值投资应该有了一些了解。什么是价值投资？一句话总结就是：选择那些业绩不断增长的公司，在价格合理或低估时买入，当估值过高时选择性卖出。如何知道估值高低，可参考PE-BAND。

当然，价值投资绝没有这么简单，这里只不过提供了一种最具有操作性的思路。

因为做过股票投资的人明白一个道理：简单的是理念，困难的是实践。

另外需要补充一点，本讲只是简单介绍了价值投资最为主流的估值方法，具体地说，能展开的内容还有很多，比如不是所有的行业都能用市盈率来估值，市盈率通道同样可以替换为市净率通道（PB-BAND）、市现率通道（PS-BAND）。

进一步说，估值方法本身并不难学，难的是找到支撑估值成立的背后的原因，这需要真正理解这个公司和行业。

好在，千里之行，始于足下，学会估值已经是一个好的开始，这代表着我们开始寻求投资的确定性，而不是像随机扔骰子一样做投资。

第 37 讲
安全边际：便宜才是硬道理

1929 年 10 月 24 日，美股道琼斯指数发生了史诗级崩盘，从此拉开了大萧条的序幕。无数的证券经纪人在这一天失魂落魄，不少人在经历股票和债券的断崖式下跌后濒临破产。价值投资的奠基者，当时还是一名证券经纪人的本杰明·格雷厄姆身在其中，毫无意外地没有逃脱巨亏的厄运。

好在一个重要的观念拯救了他，使他最终没有破产，更加令人惊奇的是，到了 1933 年，他不仅挽回了所有的损失，还获得了 50% 的收益。

这个重要的观念就是"安全边际"。"安全边际"是价值投资的核心思想之一。

我们经常听到有人把价值投资的选股标准概括为"好行业、好公司、好价格"。好价格就是指买入价格要符合安全边际的原则，即买入价格要明显低于股票内在价值。

安全边际的概念本身其实非常简单，如果非要用一句话总结，那就是：便宜才是硬道理。

什么才是便宜的股票

买入任何一种资产时，便宜都很重要，这一点毋庸置疑，但究竟什么才是便宜？

很多新手投资者往往会犯一个错误，那就是把便宜等同于价格低，对应到股市就是股价低或者市值低。

事实上，股价 1 元或者市值 10 亿这样的数字，并不能说明公司就是便宜的，相反，有时恰恰代表很贵。便宜是一个相对概念：一部 500 元的手机可以说很便宜，但一个 500 元的面包简直就是天价。

不同公司之间的差距可能远远大于手机和面包的差距。因此，如果想了解一家公司的股票是否便宜，我们先要搞清楚这家公司本身的"质地"如何。

一家公司的"质地"取决于公司的真实价值，在价值投资中也称为内在价值。与不断变动的股价相比，内在价值是相对稳定的。

在之前的章节我们也提到，通过科学的估值方法，能够计算出公司的内在价值。接下来要做的，就是将公司的股价和内在价值做比较。现在的问题是，如果一家公司的股价低于其内在价值，是否一定代表当前的股价就是便宜的？

按照经典价值投资的解释，只有当一家公司的股价符合安全边际时才是值得买入的。也就是说，一家公司的股价光便宜还不行，要便宜到一定程度才可以，这个程度的多少就是安全边际。安全边际有一个计算公式：

安全边际=（内在价值−股价）/内在价值

举个例子，一家公司的内在价值是 10 元/股，当前股价是 8 元，那么这家公司当前的安全边际就是 20%。一般来说，安全边际越大，意味着亏损的概率越小，未来的利润空间也就越大。

关于安全边际最为生动的解释，可以参照格雷厄姆"捡烟蒂"的投资理念。所谓"捡烟蒂"，就是到大街上捡免费的烟抽。那些符合安全边际的公司，就像被抽了几口就丢掉的香烟，实际上还有不小的价值。

格雷厄姆认为，只有当每股价格小于或等于股票价值的 2/3 时，这只股票才算有足够的安全边际。

巴菲特在早期的投资生涯中，曾热衷于"捡烟蒂"，后来在费雪和查理·芒格的影响下，开始更多地关注成长股。但无论如何，从他的历年持仓来看，他并没有抛弃安全边际的原则。

便宜为什么很重要

安全边际可以说是股票投资中十分重要的思想。正如本讲开头提到的，它使价值投资的鼻祖格雷厄姆没有在金融危机中破产。

从巴菲特关于投资的两条铁律来看：第一，永远不要亏损；第二，永远不要忘记第一条。不要亏损的前提就是用符合安全边际的价格买入股票。然而我们却少有人理解它为何如此重要。

首先，安全边际能帮助投资者有效地抵御系统性风险[1]。

正如"系统"两个字揭示的那样，系统性风险具有不可分散和影响市场上所有资产的特点，当系统性风险来临之时，恐慌情绪可能主

---

[1] 按照风险管理理论，股票市场的系统性风险指的是单一风险事件在市场内迅速传递，进而损害整个市场的信用和流动性，甚至导致市场崩溃的风险。

导整个市场，市场的有效性将被彻底打破。

这就好比一个馒头的正常价格是 1 元，但当所有人十分饥饿，即发生系统性风险时，馒头的价格可能就涨到 100 元。

经历过熊市的投资者，应该都能深刻地体会什么叫系统性风险，比如在 2015 年的 A 股牛市转熊市的过程中，首先是因为股市见顶而出现大量抛售，接着大量融资仓位出现爆仓，被动清盘，进而导致市场上出现了"千股跌停"的惨状，很多公司的股价在短短几天内就腰斩了。

这个时期，无论是成长股还是价值股，一律不能幸免，甚至很多人对于股票投资的信念都发生了动摇。此时，安全边际就很有可能成为投资者的救命稻草。

虽然安全边际可能无法让投资者避免损失，但绝对可以让投资者大幅减少损失。并且，只要公司的基本面没有问题，就等于给投资者创造了再次低价买入的机会，也就是"捡烟蒂"的时候到了。此时投资者应该更多地感到兴奋，而不是恐慌。

其次，安全边际能减少投资者因为犯错而造成的损失。

哪怕是专业的投资者，也不可能不犯错，更不用说我们普通人。有经验的投资者通常都是从错误中吸取教训，进而获得成功的。也就是说，错误并不可怕，唯一需要担心的是，我们还有没有改正的机会。

就比如趋势投资者错判形势是家常便饭，因此，他们一般会通过设定止损点来及时纠正错误。如果预测趋势向上，但实际走出了相反的趋势，股价一旦到达止损点，他们就会立即卖出。价值投资很少有止损的说法，可是价值投资者犯错也并不罕见。

价值投资者最容易犯的错误就是对公司的内在价值产生误判。

估值是对公司过去的总结，进一步说是根据以往的业绩来预测公司未来的成长性。然而，市场也好，公司也罢，都处在一个不断变化的过程中。

比如，我们一开始认为某家公司利润高、成长好，于是选择买入。但随着市场环境的变化，公司之后步入了下行通道，那么其内在价值可能就发生了变化。如果这种变化不能被及时捕捉，那么估值本身就变得不再准确。

有了安全边际的思想，即便出现了判断失误，错误的代价或许也在我们的可承受范围之内。说得更直白一些，有的投资者犯了错会损失掉一半的本金，有的则只损失 10%，后者留有安全边际，使得损失要小得多。

最后，安全边际能让投资者获得更高的收益。道理很简单，一只股票的持有成本有多低，未来的收益就有多高。

很多普通投资者投资多年，总是在赚小钱、亏大钱的过程中被逐渐蚕食掉了本金。如果打开他们的账户，就会发现，他们的持有成本都很高。这样即便投资了部分好公司，也很难获得满意的回报。对于大部分普通投资者而言，他们并没有将安全边际的意识植入脑中。

当真正按照安全边际的原则投资股票时，尽管可能错过一些机会，但长期来看，股票投资收益都将实现稳健增长，并且，随着优秀公司的成长，股票价格不断升高，远超最初的持有成本，这会让股票持有变得更加轻松自如。

便宜也有陷阱吗

安全边际既然如此重要，那么安全边际是不是越大越好呢？比如安全边际达到 80%，则意味着某种资产的账面价值打了 2 折。

　　然而，我们却不能得意太早，应该想想为什么市场上有如此大的捡便宜的机会，却没有人发现。

　　我们投资股票的目的是获得高回报。要想做到这一点，就需要公司能够持续地成长并创造效益。然而便宜的股票之所以无人问津，大多是因为公司本身的"质地"不好。

　　格雷厄姆所处的年代，是美国股市泡沫破裂后，股票市场无人问津、垃圾股横飞的时期，要想找到优秀的公司，就好比在石头堆里找黄金。于是，他创造了"捡烟蒂"的投资方法。

　　这是一种防守型的投资方法，即通过投资那些清算价值（当公司破产时，内在价值约等于清算价值）大于公司市值的股票获利。

　　这种思路并没有什么问题，然而在今天看来，却很有可能遇到价值陷阱。什么叫价值陷阱？

　　价值陷阱是由于投资者错估了公司的内在价值，从而导致投资的失败。

　　价值陷阱有两种情形，一种是对公司内在价值的考察不够全面。就以"捡烟蒂"为例，当我们计算某家公司的清算价值时，能否完整考虑到资产的真实性、流通性和折旧程度等，都决定了我们对公司的估值是否准确。

　　举一个地产行业的例子，地产公司的市净率一般都很低①，这是由于在房价持续上涨的过程中，其土地储备大多价值不菲。

　　比如，一家市净率是 0.6 的公司，投资它大致相当于用 6 折买下其储备的土地，这看起来十分便宜。但如果真到了破产清算的那天，

———————————————————

① 市净率等于每股股价除以每股净资产。

这些土地恐怕打 6 折都难以出售。

价值陷阱的另一种情形则更为普遍，那就是一家公司一旦陷入衰退的境地，公司的内在价值就会不断降低，而所谓的便宜就会很快变成不便宜，甚至变得很贵。

巴菲特早期也犯过这个错误，如今的伯克希尔是世界上最成功的投资公司，但当年他买入时，伯克希尔不过是一家亏损多年的纺织企业，并且在买入后依旧亏损多年。这家公司之所以低价卖出，是因为纺织产业劳动力的转移和行业产能过剩，公司业绩出现了严重的问题。更重要的是，这些问题并不能通过优化经营水平得以改善，因为这是由当时整个行业的衰落引起的。

直到巴菲特受到了查理·芒格的启发，才对安全边际有了进一步的思考，这也为他之后能够不断获得投资成功奠定了基础。

巴菲特认为，对价格折扣的要求不用那么苛刻，安全边际中最主要的是我们对企业发展前景的判断。

原因在于，一旦你买入了平庸公司的股票，即便买入时股价低于清算价值，但随着时间的推移，公司经营情况可能越来越糟糕，清算价值会慢慢地被消耗殆尽，起初看似便宜的公司股票会越来越贵，此时就陷入了"价值陷阱"中。

后来，这种投资方法被总结为：以合理的价格买入优秀公司的股票，而不是以便宜的价格买入平庸公司的股票。

说到这里似乎有一些矛盾：一开始，我们说投资股票必须遵守安全边际的原则，然而安全边际越大，公司的"质地"可能就越差，公司"质地"变差意味着内在价值在降低，由此可能产生价值陷阱。

那么，安全边际到底应不应该坚持呢？

其实巴菲特对安全边际的进一步思考已经给了我们答案，那就是安全边际不是一个机械的数值，而是一种坚持底线的投资思想。

基于对公司内在价值的理解，不参与投机，才是安全边际的真正含义。

安全边际过时了吗

A 股一直以来都有一种颇为流行的观点，那就是只要公司的"成长性"足够好，估值高也不用担心，因为市场终将消化掉高估值。

这种观点持续影响整个市场，很多概念股打着未来发展前景巨大的口号，吸引了不少资金，把股价炒到了难以置信的水平。于是，我们总能看到那些高估值的公司越来越贵，而低估值的公司越来越便宜。

这似乎在告诉我们：投资股票要选贵的，不要选便宜的。

此外，如果严格按照安全边际的原则选股，投资者能选择的公司正变得越来越少。尤其是 21 世纪以来，全球化、信息化的到来，使资本市场环境发生着剧变。

信息的愈发透明使得资本的流动速度明显加快，一旦某个行业的前景被挖掘，大量的资本就会蜂拥而上，从而推高整体估值，想要以便宜的价格买到优质的公司将变得更加困难。即便这样，我们还是不能忽视安全边际的价值。

首先一点，对于大部分所谓前景好的行业或公司，发展前景好被证伪或者阶段性证伪的可能性是极大的。任何一个行业的发展绝不是一帆风顺的，都有一个曲折前进的过程。但大部分投资者没有耐心去等待这个过程实现，更多的是提早布局赌上一把，只要后面有资金接盘即可。在这个击鼓传花的过程中，一旦行业或公司的发展受挫，股价就会如流水般倾泻而下，比如 2015 年的全通教育、乐视网等。

因此，坚持安全边际的思想可能会错失一些前景好的行业的机会，但留有安全边际至少能够避免大部分投资损失。

另外一点，大部分真正优秀的公司通常都能等到最佳的投资机会。

很多公司因为足够优秀，在股市中能够长年享有高估值。然而，这样的公司其股价也绝不是坚不可摧的，一旦遇到系统性风险或者"黑天鹅"事件，往往就会出现非常诱人的价格，那时就是坚持安全边际的投资者绝佳的买入机会。

可惜的是，大部分投资者遇到这样的机会往往会变得犹豫不决，因为每当这时，总会有一大堆看空的观点动摇自己的决心。

另外需要注意的是，很多公司看起来"不便宜"，实际却很"便宜"。

举个例子，假设一家公司一年的净利润为 1 亿元，公司的市值是 30 亿元，此时的市盈率是 30 倍，这个估值对于价值投资来说并不算便宜。但如果这家公司刚好在业务加速发展期，根据测算第二年的净利润很可能达到 4 亿~5 亿元，那么 30 亿元的市值就显得很便宜了。

当然，这样的结论需要对行业和公司深入了解后才能得出，也就是第二年的净利润能不能达到 4 亿~5 亿元。显然，这也没有违背安全边际原则。

安全边际是一种重要的投资思维，经过这么多年的发展，至今仍被证明是一种有效的策略。

在学习投资的道路上，我们还是应该对安全边际加以重视，在每次做出投资决策时，要考虑其是否反映了所有最坏的情况，是否有足够的容错空间。

孙子兵法有云："故善战者，立于不败之地，而不失敌之败也。是故，胜兵先胜而后求战，败兵先战而后求胜。"

投资是一场残酷的战争，普通人想要生存并且求发展，先要做到主动防御，立于不败之地，最终才有机会获得投资的胜利。

后记

一个婴儿在哭闹的时候，最简单的安抚他的办法是什么？塞给他一个奶嘴。

一个工作了一整天，然后挤完地铁、拖着疲惫身躯的成年人，回到家一头倒进沙发，最能让自己放松的方式是什么？打开手机"刷"视频、娱乐新闻。

......

1995 年，在美国旧金山举行的一场会议，集合了美国前总统老布什和英国前首相撒切尔夫人等全球数百位政治、经济领域的顶尖人物。这个会议的重要议题之一，正是讨论如何给成年人"塞奶嘴"。

据德国作家 Hans-Peter Martin 回忆，这场会议谈到了贫富分化问题会因为全球化而加剧，80%的财富会逐渐集中在 20%的人手中。在谈到如何安抚绝大多数"普通人"的时候，美国前国家安全顾问布热津斯基说道：最好的办法，也可能是唯一的办法，是给这群人塞上"奶嘴"，让他们安于为他们量身打造的娱乐信息中，慢慢丧失热情、抗争欲望和思考的能力。

在商业领域，请大家思考一个问题：流量怎么获得？

一个商场，刚开业的时候往往需要一些大众喜欢的品牌入驻，来激活初始的客流；一款社交或资讯 APP 需要请某些明星互动，来积累初始用户；一个短视频创作者需要创作一些"爆款"视频，来吸引初始关注者。

一切的一切都是为了让人在商场、社交或资讯 APP、短视频频道停留更久一些。因为停留时长直接决定了消费转化率。任何商业模式，实际上也都是在争夺大众有限的"注意力"。

政治和商业如此，信息领域当然也不例外。

信息茧房（Information Cocoons）这个概念，来自哈佛大学凯斯·桑斯坦教授的《信息乌托邦》一书。人类社会存在一种"信息茧房"现象。

从表面意思理解，信息茧房的意思是每个人所能接收到并且能真正吸收的信息，大部分实际上只是我们希望看到的。当代发达的信息网络，看似增强了人们获取信息的能力和速度，实则是对独立思考能力的破坏。

因为，你所看到的，只是你希望看到的。

这就是互联网的"算法"，根据你的阅读习惯、信息接受偏好所"算"出来的，下一条要推送给你的信息。为了让你停留更长时间，信息提供者可以利用现代科技轻易过滤掉那些你不喜欢、不认同的信息。

久而久之，你自己将给自己织出一张像虫茧一样的网，限制住可以接收到的知识范围，从而与自己不感兴趣的信息隔绝，限制自己的认知和思考能力。

人们为什么会"作茧自缚"？因为人性是固执的。

当看到和自己认知相左的现象和观点时，人性本能的反应是抵触，甚至愤怒。人性的"本"叠加科技发展的"规律"，这个趋势只会愈演愈烈。这会带来一个非常可怕的结果：你失去了客观判断世界的信息来源，离真相越来越远。

更可怕的是，几乎没有人能同时意识到这一点并做出改变。

从这个角度来看，科技的发展到头来究竟是人类之幸还是一场悲剧？就像经济学和现代金融理论的发展，到头来究竟是推动人类迈入一个新的发展阶段，还是会加剧分配不公和系统不稳定，从而给大多数人造成灾难？

我无法给出答案，并且这个答案也没有那么重要。

本书多次提到"大道至简"，一方面是想说明任何经济现象都有它极简的底层逻辑，另一方面，是想引用老子口中的"道"来说明他的"对立统一"哲学观。

任何事物都有两面性，重要的是我们要抱着开放的心态去接受它，适应它。"对立统一"哲学帮助我们看清世界和把握世界，世界现象背后的问题并没有正确答案，世界现象本身才是正确答案。

读万卷书，行万里路，本质上是逼着你走出"信息茧房"，看到更多你不认同、不喜欢的事物，因为这些往往才是世界的真相。

共勉。

汤山老王

2022 年 10 月

于加拿大汤山

新冠肺炎康复后

反侵权盗版声明

电子工业出版社依法对本作品享有专有出版权。任何未经权利人书面许可，复制、销售或通过信息网络传播本作品的行为；歪曲、篡改、剽窃本作品的行为，均违反《中华人民共和国著作权法》，其行为人应承担相应的民事责任和行政责任，构成犯罪的，将被依法追究刑事责任。

为了维护市场秩序，保护权利人的合法权益，我社将依法查处和打击侵权盗版的单位和个人。欢迎社会各界人士积极举报侵权盗版行为，本社将奖励举报有功人员，并保证举报人的信息不被泄露。

举报电话：（010）88254396；（010）88258888

传　　真：（010）88254397

E-mail：　dbqq@phei.com.cn

通信地址：北京市万寿路 173 信箱

　　　　　电子工业出版社总编办公室

邮　　编：100036